IT용어
상식사전

IT 용어 상식 사전

초판 1쇄 발행 · 2025년 4월 15일

지은이 · 강소희, 김주희, 김지현, 김희연, 박수빈, 오유경, 윤선영, 이두리, 이은무, 임병주, 정화정, 최보미
발행인 · 이종원 · **발행처** · (주)도서출판 길벗 · **출판사 등록일** · 1990년 12월 24일 · **주소** · 서울시 마포구 월드컵로 10길 56(서교동)
대표 전화 · 02)332-0931 · **팩스** · 02)323-0586 · **홈페이지** · www.gilbut.co.kr
책임편집 · 최준란(chran71@gilbut.co.kr) · **디자인** · 강은경 · **제작** · 이준호, 손일순, 이진혁
영업 · 김진성, 한준희 · **영업관리** · 김명자 · **독자지원** · 윤정아
교정교열 · 장도영프로젝트 · **전산편집** · 박은비 · **인쇄 및 제본** · 금강인쇄

- 이 책은 저작권법의 보호를 받는 저작물로 이 책에 실린 모든 내용, 디자인, 이미지, 편집 구성은 허락 없이 복제하거나 다른 매체에 옮겨 실을 수 없습니다.
- 인공지능(AI) 기술 또는 시스템을 훈련하기 위해 이 책의 전체 내용은 물론 일부 문장도 사용하는 것을 금지합니다.
- 잘못 만든 책은 구입한 서점에서 바꿔 드립니다.
- 책 내용에 대한 문의는 길벗 홈페이지(www.gilbut.co.kr) 고객센터에 올려 주세요.

ISBN 979-11-407-1451-3 03000 (길벗 도서번호 060142)
정가 22,000원

독자의 1초까지 아껴주는 정성 길벗출판사

(주)도서출판 길벗 | (주)도서출판 길벗 IT단행본, 성인어학, 교과서, 수험서, 경제경영, 교양, 자녀교육, 취미실용 www.gilbut.co.kr
길벗스쿨 | 국어학습, 수학학습, 주니어어학, 어린이단행본, 학습단행본 www.gilbutschool.co.kr

유튜브 · @GILBUTEZTOK | 인스타그램 gilbut_eztok | 네이버포스트 gilbuteztok

IT용어 상식사전

강소희 · 김주희 · 김지현 · 김희연 · 박수빈 · 오유경 ·
윤선영 · 이두리 · 이은무 · 임병주 · 정화정 · 최보미 지음

길벗

머리말

정보통신기술(ICT)이 발전하면서 우리의 삶은 빠르게 변화하고 있습니다. 인공지능(AI), 사물인터넷(IoT), 빅데이터, 클라우드 컴퓨팅 등의 첨단 기술이 우리의 일상에 깊숙이 파고들면서 우리는 이전에는 상상조차 할 수 없었던 편리함을 누리고 있습니다. 동시에 이러한 기술의 발전은 우리에게 새로운 도전 과제를 안겨 주고 있습니다.

이 책은 이러한 시대적 흐름 속에서 컴퓨팅 시스템의 기본 개념과 원리를 이해하고, 문제 해결을 위한 컴퓨팅 사고력을 기르는 데 도움을 주고자 집필되었습니다. 특히 중고등학생들이 쉽게 이해할 수 있도록 실생활과 밀접한 예시를 통해 설명하고 있으며, 다양한 그림과 표를 활용하여 시각적인 이해를 돕고 있습니다.

이 책은 크게 다섯 부분으로 구성되어 있습니다.

첫 번째 파트에서는 컴퓨팅 시스템의 기본 구성요소인 하드웨어와 소프트웨어에 대해 다룹니다. 컴퓨터의 주요 부품들의 역할과 작동 원리, 그리고 이들이 어떻게 상호작용하는지를 설명합니다. 또한 운영체제, 응용 소프트웨어 등 소프트웨어의 종류와 기능에 대해서도 자세히 알아봅니다.

두 번째 파트에서는 데이터와 정보의 개념, 그리고 이들이 컴퓨터에서 어떻게 표현되고 처리되는지에 대해 설명합니다. 아날로그와 디지털의 차이, 비트와 바이트, 문자 인코딩, 압축 등의 개념을 소개하고, 데이터베이스와 빅데이터의 기본 원리에 대해서도 다룹니다. 특히 데이터의 수집, 분석, 시각화 과정을 통해 데이터가 어떻게 의미 있는 정보로 변환되는지 이해할 수 있도록 구성하였습니다.

세 번째 파트는 알고리즘과 프로그래밍에 관한 내용입니다. 알고리즘의 기본 개념과 다양한 알고리즘 표현 방법, 그리고 탐색, 정렬 등 주요 알고리즘에 대해 설명합니다. 또한 프로그래밍의 기초 개념인 변수, 연산자, 제어 구조 등에 대해 이해하기 쉽게 구성하였습니다.

네 번째 파트는 인공지능에 관한 내용입니다. 인공지능의 개념과 특성 및 다양한 인공지능 기술의 원리와 활용 분야에 대해 설명합니다. 컴퓨터 비전, 음성인식, 자연어 처리 등 주요 인공지능 기술의 작동 원리와 머신러닝의 기본 개념과 학습 방법에 대해 설명합니다. 인공지능의 성능 평가 지표와 윤리적 고려 사항도 함께 구성하였습니다.

다섯 번째 파트는 디지털 문화에 대한 내용입니다. 디지털 시대의 새로운 기술 및 개인 정보 보호, 저작권 등 디지털 시대에 꼭 알아야 할 윤리적 이슈들에 대해서도 다루어 학생들이 책임감 있는 디지털 시민으로 성장할 수 있도록 돕고 있습니다.

이 책의 특징 중 하나는 '알면 플러스' 코너를 통해 심화 학습 내용을 제공한다는 점입니다. 이를 통해 기본 개념을 충분히 이해한 학생들은 더 깊이 있는 내용을 학습할 수 있습니다. 또한 '생각해 보기' 코너를 통해 학생들이 배운 내용을 실생활과 연관 지어 생각해 볼 수 있고, '따라해 보기' 코너를 통해 관련 실습을 할 수 있습니다.

이 책의 특징이 하나 더 있습니다. 용어마다 난이도 표시를 했다는 것입니다. 용어 옆에는 별 표시가 하나(*) 혹은 두 개(**) 있는데, 별 하나는 그 용어가 중학교 수준임을 의미하고, 별 두 개는 그 용어가 고등학교 수준임을 의미합니다.

이 책은 단순히 컴퓨터 관련 지식을 전달하는 데 그치지 않고, 학생들이 컴퓨팅 사고력을 기르고 문제 해결 능력을 향상할 수 있도록 구성되었습니다. 이 책을 통해 학생들은 단순히 컴퓨터를 사용하는 것을 넘어 컴퓨터가 어떻게 작동하는지, 이를 어떻게 효과적으로 활용할 수 있는지에 대해 깊이 있는 이해를 얻을 수 있을 것입니다. 나아가 4차 산업혁명 시대에 필요한 핵심 역량을 기르는 데 도움이 될 것입니다.

저자들은 이 책이 학생들에게 컴퓨팅의 세계로 들어가는 흥미로운 안내서가 되기를 바랍니다. 또한 이 책을 통해 학생들이 미래 사회의 주역으로 성장하는 데 필요한 지식과 스킬(skills)을 갖출 수 있기를 희망합니다. 컴퓨팅은 더 이상 특정 분야 전문가들만의 영역이 아닙니다. 모든 분야에서 컴퓨팅 기술이 활용되는 현대 사회에서 컴퓨팅에 대한 이해는 모든 이에게 필수적인 소양이 되었습니다. 이는 학생들도 예외가 될 수 없습니다.

 이 책이 정보화 시대를 살아갈 학생들에게 컴퓨팅의 세계를 탐험하는 즐거운 여정이 되기를 바랍니다. 호기심을 가지고 끊임없이 질문하고, 도전하고, 실험해 보시기를 바랍니다. 여러분의 상상력과 창의력이 미래를 만들어 갈 것입니다. 이 책이 그 여정에 작은 도움이 되기를 진심으로 바랍니다.

저자를 대표하여
강소희

목차

머리말   004

PART 1 | 컴퓨팅 시스템

001	중앙처리장치*	016
002	기억장치*	018
003	네트워크**	022
004	인터넷*	027
005	아두이노*	029
006	운영체제**	031
007	파일과 폴더*	034
008	장치 드라이버*	037
009	응용 소프트웨어*	039
010	컴퓨터의 역사(에니악, PC, 스마트폰)*	041
011	센서*	045
012	모터**	048
013	LED**	050
014	센서 보드*	052
015	마이크로비트*	054
016	햄스터*	058
017	사물인터넷(IoT)*	060
018	마이크로컨트롤러**	063
019	피지컬 컴퓨팅*	064

PART 2 | 데이터

001	아날로그와 디지털*	068
002	비트와 바이트*	070
003	부호화(인코딩)와 복호화(디코딩)*	073
004	압축**	076
005	암호화와 복호화**	079
006	빅데이터*	081
007	데이터 형태(정형, 비정형, 반정형)*	084
008	데이터 수집*	087
009	데이터 속성**	090
010	데이터 전처리(결측치, 이상치, 정규화)**	092
011	데이터 시각화*	096
012	데이터 분석**	098
013	인포그래픽*	100
014	데이터베이스**	102
015	데이터 마이닝*	104
016	데이터 보안*	107
017	크롤링**	110

PART 3 | 알고리즘

001	알고리즘 조건*	114
002	알고리즘 표현 방법*	115
003	추상화*	120
004	제어 구조*	123
005	탐색 알고리즘*	127
006	분할 정복 알고리즘**	130
007	정렬 알고리즘*	133
008	병합 정렬**	138
009	알고리즘 복잡도**	141
010	그래프**	143
011	깊이 우선 탐색**	147
012	너비 우선 탐색**	151
013	트리**	155
014	프로그래밍언어*	157
015	프로그래밍 환경*	160
016	자료형*	162
017	입력과 출력*	165
018	변수*	167
019	연산자*	170
020	배열*	173
021	리스트*	175

022	함수*	178
023	클래스와 인스턴스**	181
024	스택**	184
025	큐**	187
026	해싱**	190

PART 4 | 인공지능

001	인공지능(AI)*	194
002	튜링 테스트*	196
003	인식*	198
004	지능 에이전트*	202
005	컴퓨터 비전*	205
006	음성인식*	208
007	인공지능의 언어 이해*	211
008	추론**	214
009	정답, 범주**	216
010	정확도, 정밀도, 재현율*	218
011	머신러닝(기계학습)*	220
012	지도 학습*	222
013	비지도 학습*	224

014	강화 학습*	226
015	분류-KNN 알고리즘**	228
016	분류-로지스틱 회귀 모델**	230
017	회귀**	232
018	군집화**	234
019	딥러닝*	236
020	인공신경망(퍼셉트론)**	238
021	심층신경망(다층 퍼셉트론)**	240
022	생성형 인공지능**	242
023	인공지능 윤리*	244
024	트롤리 딜레마*	246
025	인공지능 윤리 지침(로봇 3원칙)**	248

PART 5 | 디지털 문화

001	정보 기술(IT)*	252
002	소셜 네트워킹 서비스(SNS)와 소셜 미디어*	254
003	온라인과 오프라인*	256
004	초연결 지능화*	258
005	디지털 리터러시*	260
006	클라우드 컴퓨팅 서비스*	262
007	웨어러블 컴퓨터*	265

008	가상현실과 증강현실*	267
009	메타버스*	269
010	5세대 이동통신 기술(5G)*	272
011	저작물 이용 허락 표시(CCL)*	274
012	소프트웨어 라이선스*	277
013	블록체인과 가상 자산**	279
014	대체 불가능한 토큰(NFT)**	282
015	핀테크*	284
016	해킹*	286
017	빅브라더*	288
018	디지털 포렌식*	290
019	딥페이크*	292
020	기술적 특이점**	295
021	개인 정보 보호*	297
부록	찾아보기(가나다순)	299

베타테스터단에 참여해 주신 중·고등학교 정보 선생님께 감사드립니다.

강유진(원당고), 고희림(포천일고), 구현주(신원고), 권민정(심원고), 김수연(대전복수고), 김은비(고성중), 김재남(가재울중), 김태윤(고척고), 박경희(여수정보과학고), 박철희(영일고), 배나래(안동중), 백승균(용인고), 서영미(물금중), 신정은(충현고), 신현의(포천일고), 심지영(반곡고), 심현철(광주효광중), 안정은(동광양중), 오현진(덕인중), 이윤정(심원중), 이지현(인천과학고), 장문선(운남중), 정영훈(상계제일중), 정예슬(장흥고), 정은주(영종국제물류고), 최명진(지평고), 한정신(세종과학고), 한종천(수원공업고), 황윤주(명일중)

PART 1

컴퓨팅 시스템

중앙처리장치*

컴퓨터의 하드웨어에는 다양한 장치가 있습니다. 컴퓨팅 시스템을 구성하는 하드웨어는 기능에 따라 입출력장치, 통신 장치, 기억장치(메모리), 중앙처리장치 등으로 구분할 수 있습니다. 그중 **중앙처리장치(CPU: Central Processing Unit)**는 인체에 비유하면 뇌와 같은 역할을 합니다.

중앙처리장치는 덧셈·뺄셈·곱셈·나눗셈 등 산술연산과 같은 연산을 수행하는 연산장치, 해야 할 일을 순서대로 실행하도록 제어하는 제어장치, 그리고 레지스터(기억장치)로 구분됩니다. 레지스터는 중앙처리장치 내부에서 처리할 명령어가 처리 중인 중간 결과를 임시로 기억하는 '임시 기억장소'라고 할 수 있습니다.

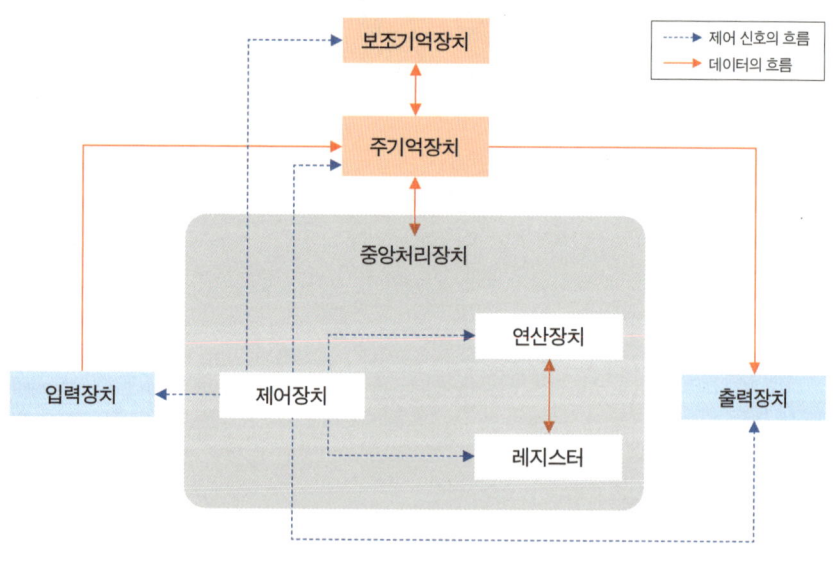

중앙처리장치(CPU)의 구조

중앙처리장치(CPU)

> **알면 플러스**   **하드웨어와 소프트웨어**

컴퓨터는 하드웨어와 소프트웨어로 구성되어 있습니다. 하드웨어란 컴퓨터를 구성하는 장치로, 쉽게 말해 우리가 눈으로 보고 만질 수 있는 장치입니다. 소프트웨어는 하드웨어처럼 눈에 보이지는 않지만 운영체제, 응용 프로그램처럼 컴퓨터를 효율적으로 운영할 수 있게 사용자를 도와줍니다. 우리가 사용하는 애플리케이션(카카오톡, 유튜브, 게임 등)과 윈도, MacOS, 한컴오피스 등의 프로그램이 모두 소프트웨어입니다.

기억장치*

우리가 수업 시간에 사용하는 칠판과 노트처럼 정보를 저장하고 보관하는 공간을 컴퓨터에서는 **기억장치(Memory Unit)**라고 합니다. 기억장치는 주기억장치와 보조기억장치로 구분됩니다. 주기억장치는 칠판에 적힌 내용처럼 수업이 끝나면 지워집니다. 그러나 수업에 중요한 내용을 빨리 찾을 수 있다는 장점이 있습니다. 보조기억장치는 노트처럼 저장 공간이 크고 많은 자료를 보관할 수 있지만, 필요한 내용을 찾는 속도가 느립니다.

주기억장치

주기억장치는 중앙처리장치가 처리하는 내용을 기억하는 장치입니다. 중앙처리장치의 명령에 의해 기억장소에 직접 접근하여 파일을 읽고 쓸 수 있습니다. 램(RAM: Random Access Memory)과 롬(ROM: Read Only Memory)이 대표적인 주기억장치입니다.

램(RAM)은 글씨를 썼다 지웠다 하는 칠판과 같은 것으로, 프로그램을 사용할 때 필요한 내용을 기억하는 역할을 합니다. 예를 들어, 우리가 한글 문서를 작성할 때 데이터는 주기억장치 중 램에 저장이 됩니다. 램이 없으면 컴퓨터는 작동하지 못합니다. 램에 복사된 정보는 빠른 속도로 처리할 수 있다는 장점이 있지만, 프로그램을 닫거나 컴퓨터 전원을 끄면 그 내용은 삭제됩니다.

롬(ROM)은 글씨를 새기는 석판과 같은 것으로, 전기가 공급되지 않아도 데이터가 남기 때문에 많은 전자 기기에 사용되고 있습니다. 예를 들어, 냉장고가 음식을 신선하게 유지하려면 일정한 온도를 유지하는 프로그램이 필요한데, 이럴 때 롬이 사용됩니다.

기억장치의 구성 및 램과 롬

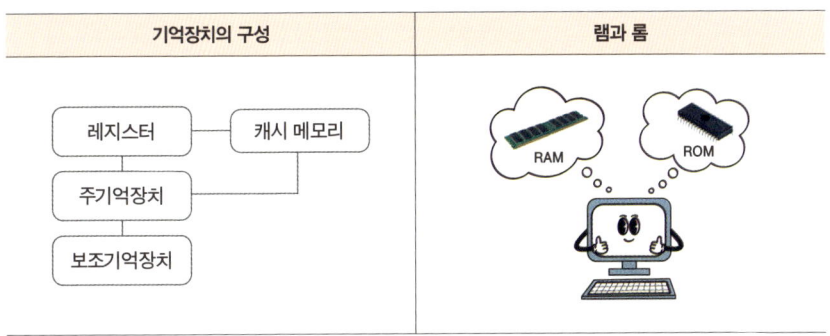

보조기억장치

반도체로 만들어진 주기억장치는 처리 속도가 빠르기는 하지만 전원이 끊기면 내용이 삭제되어 많은 양의 자료를 오래 보관할 수 없습니다. 그리고 가격이 비쌉니다. 이런 한계를 보완하기 위해 보조기억장치를 사용합니다. 보조기억장치는 속도가 상대적으로 느리지만 전원이 차단되어도 기억된 내용이 지워지지 않습니다.

보조기억장치로는 자기테이프, 자기디스크와 같이 자기를 이용하는 것, 레이저 디스크와 같이 빛을 이용하는 것, 광자기디스크처럼 빛과 자기를 모두 이용하는 것이 있습니다. 개인용 컴퓨터에 많이 사용되는 하드디스크 드라이브('하드디스크'라고 줄여서 말하기도 합니다), CD-ROM 등도 보조기억장치입니다.

보조기억장치의 예

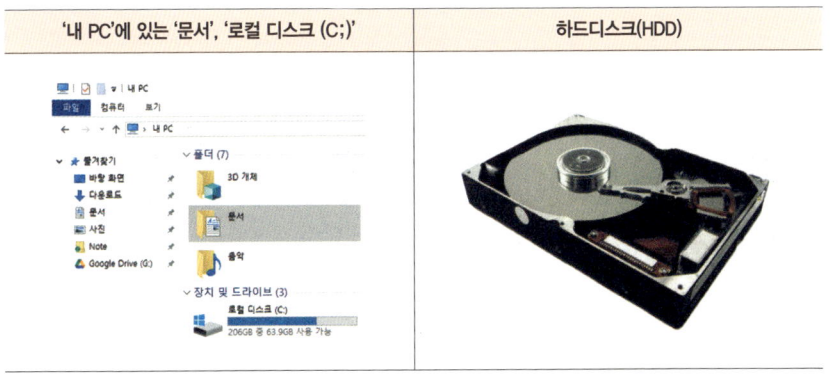

주기억장치와 보조기억장치의 비교

구분	주기억장치	보조기억장치
전원이 꺼질 경우	저장된 내용이 사라져요. (휘발성)	저장된 내용이 유지돼요. (비휘발성)
가격 대비 용량	가격 대비 용량이 적어요.	가격 대비 용량이 커요.
접근 속도	빨라요.	느려요.

이동형 저장장치

CD-ROM 및 DVD

1980년대 후반부터 CD-ROM이 사용되었고, 나중에는 더 큰 용량을 제공하는 DVD로 발전했습니다. CD-ROM은 주로 음악, 비디오, 소프트웨어 등을 저장하는 데 사용되고, DVD는 높은 해상도의 비디오와 대용량 파일을 저장하는 데 이용됩니다.

USB 메모리

USB 메모리는 가지고 다닐 수 있는 이동식 기억장치로, 배터리가 필요 없고 저장 용량에 따라 많은 양의 정보를 저장할 수 있어 매우 편리합니다. '플래시메모리'를 이용하기에 전원이 끊겨도 저장된 정보가 지워지지 않고, 정보를 자유롭게 저장하거나 삭제할 수 있다는 특징이 있습니다. 기술의 발달 덕분에 USB 메모리의 크기는 줄어드는 반면 저장 용량은 점점 늘어나고 있습니다.

이동형 저장장치의 예

USB 메모리를 이용하면 집에서 만든 발표 자료 파일을 학교에서 쉽게 열어 볼 수 있습니다. 가볍고 편리한 USB 메모리는 장점만 있는 것이 아닙니다. 작고 가벼워서 휴대하기 편한 대신 잃어버리기 쉽고 고장도 잦습니다. 또한 컴퓨터바이러스에 쉽게 노출될 수 있다는 문제점도 있습니다. 따라서 아주 중요한 정보를 USB 메모리에 저장해야 한다면 주의하며 사용해야 합니다.

외장형 하드디스크 드라이브

외장형 하드디스크 드라이브(External Hard Disk Drive)는 컴퓨터에 사용되는 보조기억장치인 하드디스크 드라이브(HDD: Hard Disk Drive)를 휴대용으로 만든 것입니다. '외장 하드'라고 줄여 부르며, 휴대용으로 데이터를 저장하는 기기 중에서는 가장 용량이 크기 때문에 사진, 파일 등의 정보를 백업용으로 저장하거나 대용량 데이터를 담아 이동할 때 주로 사용됩니다.

클라우드 컴퓨팅

'클라우드(CLOUD)'의 의미는 컴퓨터 통신망이 구름(cloud)처럼 내부가 보이지 않지만 사용자는 내부 구조를 몰라도 자신이 원하는 작업을 할 수 있다는 의미입니다. 요즘 가장 떠오르는 저장 방식이라고 할 수 있습니다. 인터넷만 있으면 어디서든 자신의 계정에 로그인해 가상의 공간에 파일을 저장하고 공유하고 활용할 수 있습니다. USB나 외장 하드처럼 들고 다니지 않아도 된다는 장점이 있으나, 하루아침에 데이터가 사라지거나 제3자에게 유출되거나 공개될 수 있다는 단점이 있습니다. 대표적인 클라우드 컴퓨팅으로는 구글 드라이브, 네이버 클라우드, 애플의 iCloud, 드롭박스 등이 있습니다.

네트워크**

네트워크(Network)란 넓은 의미로는 서로 떨어져 있는 장치들(전화기, 팩스, 컴퓨터, 핸드폰 등) 간에 정보를 교환할 수 있도록 이들 장치의 상호 접속에 사용되는 전기 통신기기, 장치 등을 말합니다. 좁은 의미로는, 컴퓨터나 단말기 사이에 정보교환과 정보처리를 위한 데이터 통신망을 의미합니다. 네트워크의 규모에 따라 근거리 통신망(LAN), 도시권 통신망(MAN), 광역 통신망(WAN), 세계적 통신망 등으로 분류됩니다.

랜

랜(LAN)은 근거리 통신망을 의미합니다. '로컬 영역 연결(Local Area Network)'의 줄임말이며, 네트워크를 구성하는 가장 기본적인 장비입니다. 빠른 속도로 외부 네트워크에 접속하고 데이터를 통신할 수 있게 돕는 장비라고 할 수 있습니다. 컴퓨터는 인터넷이 안 되면 성능이 아무리 뛰어나도 의미가 없습니다.

> **알면 플러스** **UTP 케이블**
>
> '랜 선(LAN 線)'이라고도 합니다. 학교에서 선생님들이 노트북에 인터넷을 연결하기 위해 꽂는 케이블이 있습니다. 이 케이블의 명칭은 UTP 케이블입니다. UTP 케이블을 연결하면 와이파이를 연결하지 않아도 인터넷이 됩니다.
>
>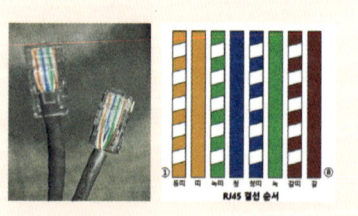

와이파이

노트북, 스마트폰과 같은 휴대용 컴퓨터 사용이 늘어나면서 반드시 케이블로 네트워크에 연결해야 하는 랜만으로는 한계가 있었습니다. 따라서 1990년대 초반부터 랜을 무선화하려는 시도가 시작되었고 그 결과 랜을 무선화하는 **와이파이(Wifi)**가 개발되었습니다. 무선 공유기를 랜 선으로 접속한 뒤 집 안에 설치하면 주변에 있는 노트북, 스마트폰 등에서 무선으로 인터넷을 사용할 수 있습니다.

와이파이는 설치가 쉽고, 비용도 적게 들며, 데이터 전송 속도가 빠릅니다. 하지만 하나의 무선 공유기에 동시 접속한 기기끼리 개인 정보 유출이나 해킹이 시도될 수 있으며, 다른 사용자들이 무단으로 접속할 경우 통신 속도가 느려질 수 있습니다. 따라서 공용 와이파이를 이용할 때는 방화벽이나 바이러스 백신 같은 보안 대책을 마련해 두는 것이 좋으며, 개인용 공유기는 반드시 접속 비밀번호를 설정하여 아무나 접속하지 않게 하는 것이 좋습니다.

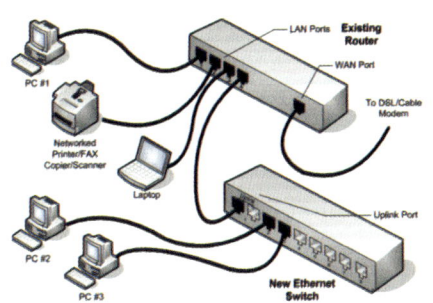 

LAN 포트와 와이파이 공유기

정보 보안 수칙

- **첫째,** 윈도 방화벽, 바이러스 백신을 실행하기
- **둘째,** 출처가 불분명한 링크와 파일은 열지 않기
- **셋째,** 'https://'로 시작하는 웹사이트만 방문하기
- **넷째,** 개인용 공유기에는 반드시 비밀번호 설정하기

허브, 스위치, 라우터

허브(Hub), 스위치(Switch), 라우터(Router)는 컴퓨터 네트워킹에서 중요한 역할을 수행하는 장치들입니다. 이 장치들은 각각 다른 방식으로 작동하며, 고유한 용도와 기능을 가지고 있습니다. 허브, 스위치, 라우터의 주요 차이점에 대해 자세히 알아보겠습니다.

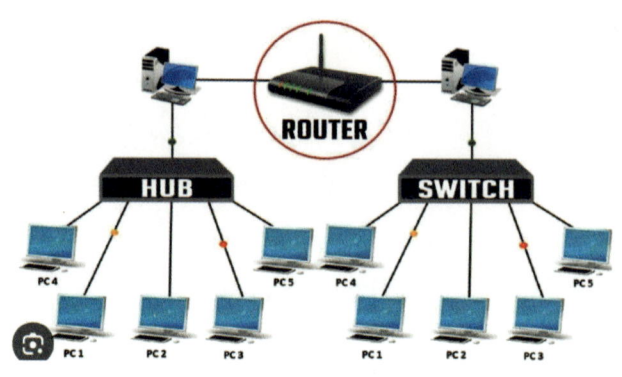

허브, 스위치, 라우터

허브

허브(Hub)는 네트워크 디바이스 간의 데이터 전송에 사용되는 장치입니다. 물리적으로 연결된 장치들을 감지하고 연결하는 역할을 합니다. 허브는 보낸 데이터를 포트에서 받아들이고, 받은 데이터를 연결된 모든 포트로 전송합니다. 이처럼 허브는 데이터를 전송하는 기능을 갖고 있지만 데이터 패킷* 충돌이 발생할 수 있습니다. 우리가 택배나 우편을 보내려면 받는 사람의 주소가 필요한데, 보내려는 목적지의 맥 주소(MAC address)*를 모르기 때문에 목적지뿐만 아니라 다른 호스트에게도 데이터를 전송하여 네트워크 성능이 떨어질 수 있습니다.

* 데이터 패킷: 데이터 전송에서 사용되는 데이터의 묶음입니다. 정보교환을 위한 통신망을 통해 송신되는 데이터의 단위입니다.
* 맥 주소(Media Access Control Address): 컴퓨터네트워크상에서 각각의 기기를 구분하기 위해 사용되는 주소로, 기기 고유의 번호입니다. IP 주소와 달리 기기를 교체하거나 네트워크 부품을 교체하지 않는 이상 변하지 않습니다. 우리나라의 주민등록번호와 같은 것입니다.

> **알면 플러스** 　**내 컴퓨터의 맥 주소(MAC address)를 확인하는 방법**
>
> 1. Windows 검색 아이콘(돋보기)을 클릭합니다.
> 2. 'cmd'를 입력합니다.
> 3. '명령 프롬프트' 앱을 실행합니다.
> 4. 'ipconfig/all'을 입력합니다.
> 5. '이더넷 어댑터 Bluetooth 네트워크 연결'을 확인합니다.
> 6. '물리적 주소' 항목의 12자리 주소가 내 컴퓨터의 맥 주소입니다.

```
이더넷 어댑터 Bluetooth 네트워크 연결:

   미디어 상태 . . . . . . . . : 미디어 연결 끊김
   연결별 DNS 접미사. . . . :
   설명. . . . . . . . . . . . . . . . : Bluetooth Device (Personal Area Network)
   물리적 주소 . . . . . . . . : B0-7D-64-33-52-01
   DHCP 사용 . . . . . . . . . : 예
   자동 구성 사용. . . . . . : 예
```

스위치

스위치(Switch)는 허브와 유사해 보이지만 성능은 더 뛰어납니다. 임의의 호스트에서 받은 데이터를 모든 호스트에 전송하는 허브와 달리, 스위치는 해당 목적지의 호스트에만 전송합니다. 스위치는 연결된 디바이스와의 통신을 위해 맥 주소를 사용하며, 이를 통해 데이터를 정확한 포트로 전송해 줍니다. 스위치는 자신에게 연결된 디바이스들의 맥 주소와 포트가 기록된 맥 주소 테이블을 가지고 있어서 데이터가 오면 그것의 목적지를 파악해 그 디바이스에 데이터를 보내기 때문에 트래픽이 훨씬 효율적입니다.

또한 스위치는 데이터의 전송 에러 등을 복구하는 기능이 있습니다. 서버의 경우 사용자들이 많기 때문에 허브보다 스위치를 사용하는 것이 좋습니다.

다만 스위치는 자신의 테이블에 없는 목적지를 가진 데이터 패킷이 오면 해당 패킷을 연결된 모든 장치에 전송합니다. 그런 경우에는 허브와 동일하게 동작하는 것입니다.

라우터

라우터(Router)는 IP 주소를 바탕으로 한 네트워크에서 다른 네트워크로 데이터를 라우팅하거나 전달하는 장치입니다. 경로(Route)를 찾아주는 공유기 같은 것입니다. 데이터 패킷의 위치를 추출하여 그 위치에 대한 최적의 경로를 지정하며, 이 경로를 따라 데이터 패킷을 다음 장치로 전달하는 역할을 합니다. 즉 서로 다른 네트워크 간에 최적의 경로를 찾아내는 알고리즘을 활용해 중계 역할을 하는 장치라고 할 수 있습니다. 우리가 어딘가를 가려고 할 때 지도 애플리케이션으로 목적지를 검색한 후 최적의 경로를 찾아가는 것처럼 말이죠.

라우터는 게이트웨이의 역할도 합니다. 이를 위해 라우터는 IP 주소를 사용하여 패킷의 전송 경로를 결정하며, 외부 네트워크와의 통신을 가능하게 해줍니다. IP 주소란 인터넷상에서 각각의 컴퓨터를 고유하게 구분할 수 있도록 부여한 번호입니다.

허브, 스위치, 라우터의 차이

	역할	사용하는 주소	
허브	전기적인 신호를 증폭시켜 랜(LAN)의 전송 거리를 연장시키고, 여러 대의 디바이스를 연결하여 네트워크를 만듭니다.		
스위치	허브의 충돌 문제를 해결한 장비입니다. 데이터 프레임을 목적지에 보냅니다. 데이터의 전송 에러를 복구합니다.	맥 주소	
라우터	랜(LAN)을 연결시켜 줍니다. 정보를 주고받을 때 송신 패킷에 담긴 수신처의 주소를 읽고, 가장 적절한 통신 경로를 이용하여 다른 통신망으로 전송합니다.	IP 주소	

004 인터넷*

인터넷(Internet)을 통하면 세계의 모든 사람과 정보를 주고받을 수 있습니다. 이메일, SNS, 유튜브 등을 통해서 말이죠. 인터넷이라는 이름은 1973년 빈튼 서프와 로버트 칸이 모든 컴퓨터를 하나의 통신망 안에 연결(International Network)하고자 하는 의도에서 '인터넷(Internet)'이라고 처음 불렀던 것이 시초입니다. 이후 인터넷은 '정보의 바다'라고 불리면서 컴퓨터로 TCP/IP를 이용해 정보를 주고받을 수 있게 되었습니다. 인터넷으로는 전자우편(e-mail), 파일 전송, 뉴스, 정보검색, 화상회의, 게임 등 다양한 서비스가 가능하기에 인터넷을 정보의 바다라고 하는 것입니다.

인터넷은 사회적·문화적·지리적 장벽을 넘어 정보와 아이디어를 공유하고, 다른 나라의 사람들과 연락할 수 있으며, 많은 정보를 쉽게 얻을 수 있다는 장점이 있습니다. 하지만 개인 정보 유출과 사생활 침해, 해킹, 사이버 폭력, 인터넷 중독 등 다양한 부정적인 영향도 생겨났습니다.

인터넷이 우리 사회에 미치는 영향은 사용자들이 인터넷을 어떻게 사용하고 규제하는지에 달려 있습니다. 그러므로 우리 스스로 정보를 분별력 있게 수집 및 분석하고, 책임감 있는 온라인 예절을 갖추는 것이 중요합니다.

웹 브라우저

웹 브라우저(Web Browser)는 인터넷의 모든 서비스와 자료에 접근하는 일을 지원하는 프로그램입니다. 사용자에게 전자우편 기능을 제공하거나, 검색을 하거나, 클라우드 컴퓨팅 서비스 등을 제공합니다. 대표적인 웹 브라우저로는 구글 크롬, 웨일, 마이크로소프트 엣지, 파이어폭스 등이 있습니다.

대표적인 웹 브라우저

> **알면 플러스** **TCP/IP**

TCP/IP란 컴퓨터가 인터넷에 접근할 수 있게 하는 네트워크 프로토콜의 모음으로, 가장 많이 사용되는 핵심 프로토콜인 TCP와 IP를 포함한 각종 프로토콜을 말합니다. 1980년 초 미국 국방부가 제정하였습니다. 프로토콜은 장비 간의 통신과 관련된 약속이라고 할 수 있습니다. 유닉스(UNIX)라는 운영체제에서 사용되고 인터넷에도 사용되었으며, 유닉스와 인터넷 사용이 늘어나면서 네트워크상에서 데이터를 전송하는 표준이 되었습니다.

개방형 시스템 상호 연결(OSI) 모델은 표준 프로토콜을 사용하여 다양한 통신 시스템이 통신할 수 있도록 국제표준화기구에서 만든 개념 모델입니다. 쉽게 표현하자면 OSI는 상이한 컴퓨터 시스템이 서로 통신할 수 있는 표준을 제공합니다.

현대 인터넷은 OSI 모델을 엄격하게 따르지 않음에도 불구하고, 네트워크 문제를 해결하는 데 여전히 OSI 모델이 유용합니다. 한 사람이 노트북에서 인터넷을 이용할 수 없게 되었거나 수천 명의 사용자가 이용하는 웹사이트가 다운되더라도 OSI 모델은 문제를 분석하고 문제의 원인을 분리하는 데 도움을 줍니다. 네트워크를 통해 사람이 읽을 수 있는 정보를 장치 간에 전송하기 위해서는 데이터가 송신장치 7계층 단계 중 제7계층부터 제1계층까지 통과한 후에 수신장치 제1계층부터 제7계층까지 순서대로 전달됩니다.

OSI 모델의 7계층	TCP/IP의 4계층
응용 계층 Application	응용 계층 Application
표현 계층 Presentation	
세션 계층 Session	
전송 계층 Transport	전송 계층 Transport
네트워크 계층 Network	인터넷 계층 Internet
데이터 링크 계층 Data Link	네트워크 접근 계층 Network Access
물리 계층 Physical	

005
아두이노*

피지컬 컴퓨팅(Physical Computing)은 스위치나 센서로 현실 세계의 온도, 습도, 빛의 밝기 등을 입력받은 후 그 정보를 컴퓨터에 알려주고 그 값을 처리하여 LED, 모터, 디스플레이, 스피커 등의 구동기(Actuator)로 정보를 표현하거나 물리적인 장치를 작동시키는 활동을 말합니다. 피지컬 컴퓨팅을 할 수 있는 플랫폼은 다양한 종류가 있는데 그중 **아두이노(Arduino)**는 단일 보드 마이크로컨트롤러입니다. 또한 오픈 소스 소프트웨어로 저작권을 지킨다면 누구나 무료로 사용할 수 있고 수정 및 공유를 할 수 있습니다. 그렇기 때문에 누구든지 아두이노를 제작할 수 있으며, 이미 제작되어 있는 상품들도 저렴하게 구매할 수 있다는 장점이 있습니다. 아두이노 보드는 크기나 모양이 다양한데, 가장 많이 쓰이는 건 아두이노 우노 보드입니다.

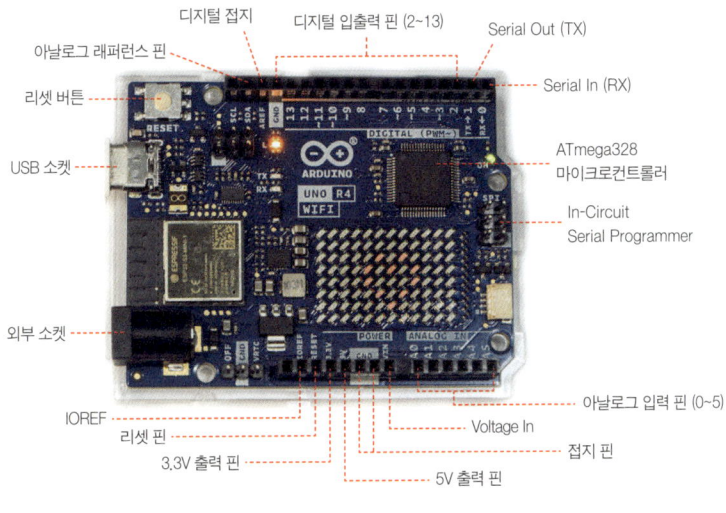

아두이노 우노 보드

아두이노의 핀들은 디지털 입출력 핀과 아날로그 입력 핀, 전원 핀 등으로 구분됩니다. 또한 컴퓨터와 연결 가능한 USB 소켓이 있으며, 아두이노를 초기화할 수 있는 리셋 핀이 있습니다.

디지털 입출력 핀은 14개입니다. 이 중 0번 핀과 1번 핀은 시리얼 입출력을 담당하며, 컴퓨터 및 다른 장치와 통신하는 역할을 합니다. 6개의 아날로그 입력 핀은 전압을 측정할 수 있게 해줍니다. 전압은 0~5V 사이의 값을 측정할 수 있으며, 아두이노를 동작시키기 위한 권장 전압은 7~12V입니다. 아두이노로 RC 카, 자동문, 무드 등과 같이 우리 생활에 필요한 다양한 물품을 만들 수 있습니다.

아두이노를 작동시키기 위해서는 전력 공급이 필수입니다. 이를 위한 것이 VCC와 GND입니다.

1. **VCC(Voltage Common Collector)**: 공통 콜렉터용 전압을 의미합니다. 아두이노에서 양극(+) 역할을 하는 전압 공급원입니다. 아두이노 내부 부품과 연결된 모듈, 센서, 모터 등에 전력을 공급합니다. 일반적으로 아두이노는 5V 또는 3.3V의 VCC를 사용합니다. 규정된 전압보다 높거나 낮은 전압은 부품을 손상시킬 수 있습니다.

2. **GND(Ground)**: 접지를 의미합니다. 0V 전압을 가진 VCC라고 생각하면 됩니다. GND는 VCC에서 사용된 전류가 돌아오는 경로를 제공합니다. 그러기 위해서 GND와 VCC는 정확하게 연결되어야 합니다. 만약 연결이 불안정하거나 저항이 발생하면 오작동이나 부품 손상이 발생할 수 있습니다.

VCC와 GND는 안정적인 전력을 공급하여 모든 부품이 제대로 작동할 수 있게 돕습니다. 이것들을 잘 사용하기 위해서는 정규 어댑터 또는 USB 케이블을 통해 적절한 전원을 공급해야 하고, 흔들리거나 끊어지지 않도록 단단하게 연결해야 합니다. 여러 모듈이나 센서를 이용할 때는 공통 GND를 사용하여 시스템 간 전압 레벨을 일관되게 유지해야 합니다. VCC와 GND는 아두이노의 핵심 요소로, 주의하여 올바르게 사용하도록 노력해야 합니다.

006 운영체제**

우리가 사용하는 스마트폰에 대해 안드로이드 폰, iOS 폰이라고도 하는데 혹시 들어 봤나요? 여기에서 말하는 '안드로이드', 'iOS'는 스마트폰의 운영체제를 말합니다.
컴퓨터와 스마트폰에는 운영체제가 설치되어 있습니다.
운영체제(OS: Operating System)는 사용자와 컴퓨터 혹은 스마트폰을 연결해 주는 소프트웨어입니다. 컴퓨터에 설치된 소프트웨어는 그 역할에 따라 시스템 소프트웨어와 응용 소프트웨어로 나눌 수 있습니다. 운영체제는 시스템 소프트웨어 중 하나로, 컴퓨터가 작동하기 시작할 때 함께 실행됩니다. 운영체제는 컴퓨터의 거의 모든 동작에 관여합니다. 우리가 보는 컴퓨터 화면, 실행되는 프로그램 모두 운영체제가 제어하고 관리합니다.
운영체제의 다양한 역할은 다음과 같습니다.

1. **입출력장치 관리**: 컴퓨터와 연결된 장치(모니터, 마우스, 키보드, USB 등)를 관리할 수 있습니다.
2. **기억장치 관리**: 여러 개의 프로그램을 실행할 수 있도록 저장 공간을 관리합니다.
3. **프로세스 관리**: 중앙처리장치를 효율적으로 활용하도록 실행 중인 프로그램을 관리합니다.
4. **파일 관리**: 컴퓨터에 저장된 파일을 효율적으로 관리할 수 있는 기능을 제공합니다.
5. **인터페이스 관리**: 사용자가 컴퓨터와 소통할 수 있도록 컴퓨터 화면(작업 표시줄, 아이콘)을 제공하고 관리합니다.

운영체제 없이는 컴퓨터가 동작할 수 없을 정도로 다양한 기능을 수행하고 있습니다. 컴퓨터에 따라 다양한 운영체제를 사용할 수 있습니다.

다양한 컴퓨터 운영체제

다양한 컴퓨터 운영체제

운영체제	소개
윈도 (Windows)	가정용 컴퓨터에서 가장 많이 사용하는 운영체제입니다. 우리에게 가장 익숙하고, 일반 사용자가 이용하기에 가장 편한 운영체제입니다. 단, 유료로 구입해 사용해야 합니다.
맥OS (MacOS)	애플의 컴퓨터(맥북 등)를 사용할 때 사용되는 운영체제입니다. 애플의 전용 운영체제이기 때문에 다른 컴퓨터에서는 사용하지 않습니다. 일반적으로 사용되는 윈도(Windows) 운영체제와 다르기 때문에 애플의 컴퓨터를 처음 사용한다면 적응하는 데 시간이 걸릴 수 있습니다.
리눅스 (Linux)	완전히 무료인 운영체제입니다. 코드를 수정할 수 있어서 많은 개발자가 리눅스를 이용해 자신만의 운영체제를 만들고 배포하고 있습니다. 무료라 누구나 사용할 수 있지만 일반적으로 사용하지는 않으며, 각종 오류가 발생했을 때 처리하기가 어렵습니다.

스마트폰도 컴퓨터와 마찬가지로 운영체제가 필요합니다. 삼성 스마트폰에는 안드로이드(Android) 운영체제가, 아이폰에는 iOS 운영체제가 설치되어 있습니다. 안드로이드는 구글에서 제작하여 배포하는 모바일 운영체제입니다. 안드로이드 운영체제는 오픈 소스 소프트웨어로, 운영체제의 소스코드를 공개해 누구나 수정하고 배포가 가능합니다. 그래서 삼성 스마트폰뿐만 아니라 다른 스마트폰에서도 안드로이드 운영체제를 사용할 수 있습니다. iOS는 애플 사에서 애플 기기만을 위해 만든 모바일 운영체제입니다. 안드로이드 운영체제와 달리 iOS는 애플 기기에만 사용할 수 있습니다.

운영체제에 따라 응용 소프트웨어도 달라집니다. 구글의 플레이스토어에서는 안드로이드 운영체제에서 사용할 수 있는 애플리케이션을, 애플의 앱 스토어에서는 iOS 운영체제에서 사용할 수 있는 애플리케이션을 찾아 설치할 수 있습니다.

알면 플러스 **컴퓨터 관리하기**

1. 윈도 운영체제에서 컴퓨터 화면의 아래에 있는 작업 표시줄을 우클릭하면 '작업 관리자' 메뉴가 나옵니다. '작업 관리자' 메뉴에서 운영체제가 자원을 어떻게 관리하고 있는지 확인할 수 있습니다.

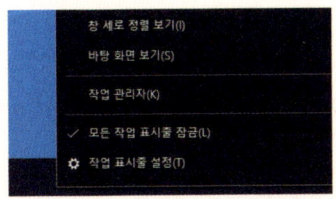

2. '작업 관리자'의 '프로세스' 탭에서는 현재 실행 중인 프로그램을 확인할 수 있으며, 응답 없는 프로그램을 선택한 후 작업 끝내기를 할 수 있습니다.

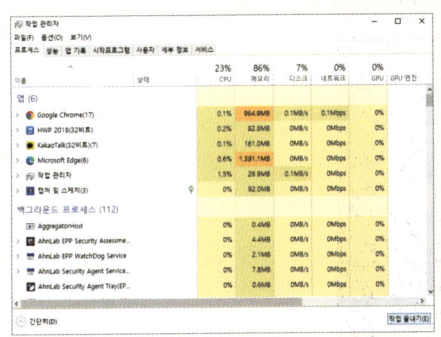

3. '작업 관리자'의 '성능' 탭에서는 중앙처리장치(CPU), 기억장치(메모리)를 얼마나 이용하고 있는지 확인할 수 있습니다. 인터넷 속도도 확인이 가능합니다.

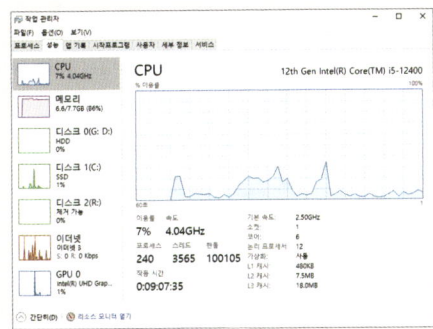

파일과 폴더*

컴퓨터는 다양한 프로그램을 이용해 자료를 만듭니다. 이렇게 만들어진 자료를 **파일(File)**, 파일을 보관하는 장소를 **폴더(Folder)**라고 부릅니다. 컴퓨터를 도서관에 비유하면 도서관의 책을 파일, 책을 종류에 따라 분류하고 정리할 수 있는 책장을 폴더라고 할 수 있습니다.

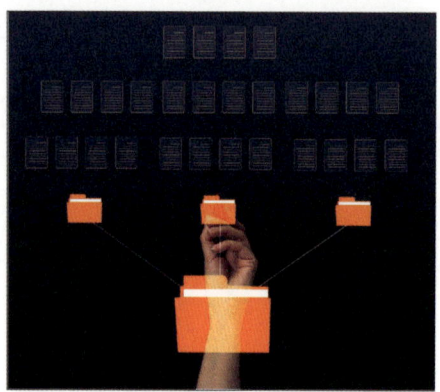

폴더와 파일

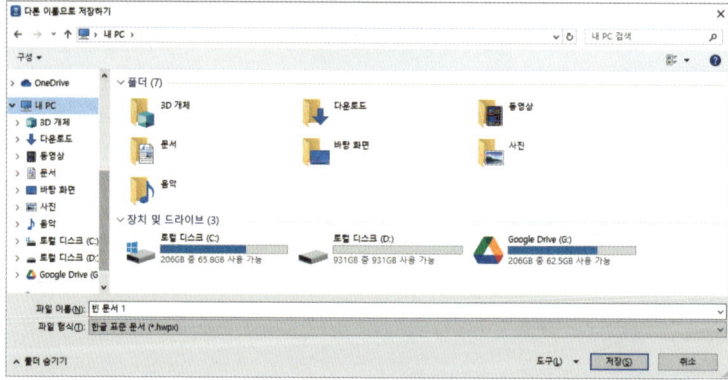

컴퓨터의 다양한 폴더들

폴더에는 다양한 파일을 저장할 수 있고, 폴더가 폴더 안에 포함되기도 합니다. 윈도 운영체제에서는 '내 PC'에 바탕화면, 다운로드, 동영상, 문서 등 다양한 폴더가 기본적으로 포함되어 있습니다. 인터넷에서 파일을 다운받을 때는 '다운로드' 폴더에, 컴퓨터에서 만든 작업물을 저장할 때는 파일에 따라서 '문서', '동영상', '사진' 등의 폴더에 저장하면 용도에 맞게 파일을 정리할 수 있습니다.

파일은 한글 문서, 사진, 동영상 등 형태가 다양합니다. 내가 만든 파일의 유형은 '파일 속성'에서 확인할 수 있습니다. 윈도에서 파일 아이콘을 마우스 우클릭하면 '속성'이라는 메뉴를 확인할 수 있습니다. '속성'을 클릭하면 아래와 같은 화면이 나옵니다.

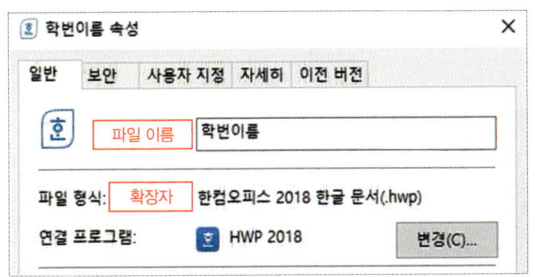

파일 속성 화면

우리가 한글 문서 프로그램으로 과제물을 작성하고 파일 이름을 '학번이름'으로 저장하면 파일 이름이 '학번이름.hwp'로 저장되는 것을 보았을 것입니다. 여기에서 '학번이름'이 파일 이름이고, '.' 뒤에 붙는 'hwp'가 확장자입니다. 위의 화면에서도 확인할 수 있습니다.

파일 이름은 내가 만든 작업물(글, 그림, 동영상 등)의 고유한 이름입니다. 응용 프로그램에서 작업물을 만든 후 '저장'을 누르면 파일 이름을 정한 후 저장할 수 있는데, 이때 만든 이름이 파일 이름입니다.

파일 형식은 파일의 형식과 종류를 구분해 줍니다. 다른 말로는 확장자라고 합니다. 파일 형식을 확인하면 파일이 어떤 종류인지 확인할 수 있습니다. 자주 사용되는 파일 형식은 다음과 같습니다.

자주 사용되는 파일 형식(확장자)

hwp, hwpx	한컴오피스 한글 문서	pdf	어도비 전자문서
docx	워드프로세스 문서	jpg, png, bmp	사진
xls	엑셀 문서	mp3, wav, wma	음원
txt	메모장 메모	mp4, avi, mkv	동영상

파일 형식에 따라 알맞은 연결 프로그램에 연결하면 작성한 파일의 내용을 확인할 수 있습니다.

> **알면 플러스** **'파일 탐색기' 활용하기**
>
> 윈도는 파일 탐색기를 이용해 폴더와 파일을 관리할 수 있습니다. '시작(■)'–'문서'를 클릭하면 파일 탐색기를 열 수 있습니다.
>
>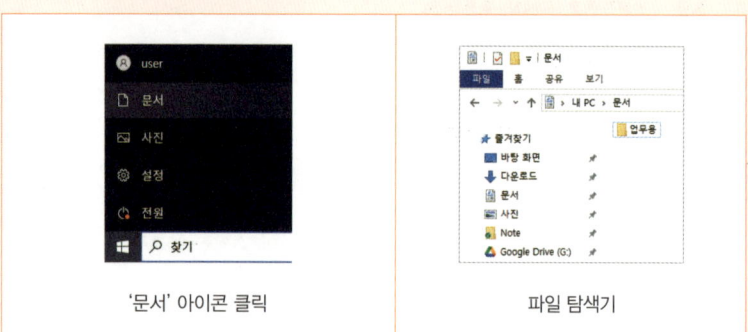
>
> | '문서' 아이콘 클릭 | 파일 탐색기 |
> |---|---|
>
> 파일 탐색기를 열면 왼쪽에 기본 폴더(바탕 화면, 다운로드, 문서, 사진 등)들이 보입니다. 원하는 폴더를 클릭하면 폴더 안에 담긴 파일을 확인할 수 있습니다.
>
> 파일 탐색기는 다양한 기능을 제공합니다.
> 1. **주소창**: 파일과 폴더의 경로를 알 수 있습니다. 그림의 '문서' 폴더는 '내 PC' 폴더 안에 있는 폴더입니다.
> 2. **즐겨찾기**: 자주 사용하는 폴더를 고정할 수 있습니다.
>   **즐겨찾기 추가**: 자주 사용하는 폴더를 마우스 우클릭 후 '즐겨찾기에 고정'을 선택하면 왼쪽 즐겨찾기 목록에 해당 폴더가 항상 고정되어 있습니다.
>   **즐겨찾기 해제**: 즐겨찾기 목록에서 제외하고 싶은 폴더를 마우스 우클릭 후 '즐겨찾기에서 제거'를 선택하면 왼쪽 즐겨찾기 목록에 있던 해당 폴더가 사라집니다.

장치 드라이버*

장치 드라이버는 컴퓨터에 연결된 각종 하드웨어를 제어하기 위한 프로그램입니다. 컴퓨터가 작동하려면 다양한 하드웨어가 사용되는데, 하드웨어를 만든 회사 혹은 만들어진 시기에 따라 제어하는 방법이 달라질 수 있습니다. 그렇기에 하드웨어를 제어할 수 있는 장치 드라이버라는 프로그램이 따로 있는 것입니다.

윈도 운영체제는 많은 장치 드라이버를 포함하고 있습니다. 키보드나 마우스를 연결할 때 별도의 프로그램을 설치한 적이 있나요? 그런 기억이 없을 거예요. 윈도는 하드웨어를 추가했을 때 이 하드웨어가 어떤 하드웨어인지 인식해서 알맞은 장치 드라이버를 사용하게 해주는 플러그앤드플레이(plug&play)라는 기능을 제공하고 있습니다. 그래서 별도의 프로그램을 설치하지 않아도 대부분의 하드웨어를 사용할 수 있는 것입니다.

장치 드라이버 관리하기

윈도 검색창에서 '장치 관리자'를 검색하면 컴퓨터에 연결된 다양한 장치를 확인할 수 있습니다.

'장치 관리자' 화면

각 장치를 클릭하면 그 장치에 대한 정보를 확인할 수 있습니다. 만약 장치가 제대로 동작하지 않는다면 '드라이버'에서 '드라이버 업데이트'나 '드라이버 롤백'(이전 상태로 되돌리기) 기능을 통해 이전 드라이버로 복구할 수 있습니다.

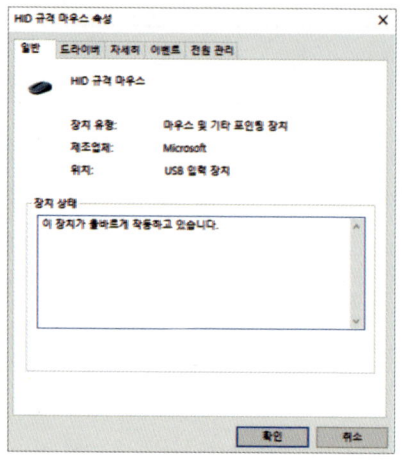
장치 정보 확인하기

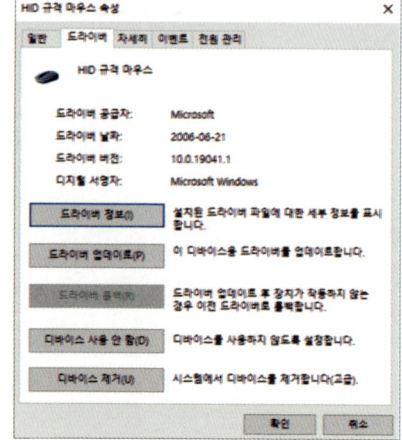
장치가 제대로 동작하지 않을 때

009 응용 소프트웨어*

운영체제와 드라이버는 우리가 컴퓨터를 잘 사용할 수 있도록 도와주는 소프트웨어이고, **응용 소프트웨어**는 사용자가 컴퓨터에서 다양한 작업을 할 수 있도록 기능을 제공해주는 소프트웨어입니다. 스마트폰이 보급되면서 스마트폰에서의 응용 소프트웨어는 애플리케이션(앱)이라고 부르지만 이제는 컴퓨터와 스마트폰을 구분하지 않고 응용 소프트웨어 또는 애플리케이션(앱)이라고 부릅니다. 사용자의 요구에 맞는 다양한 소프트웨어의 등장으로 컴퓨터와 스마트폰은 필수 기기로 자리 잡게 되었습니다.

윈도10의 응용 소프트웨어

스마트폰의 애플리케이션

1. **유틸리티 소프트웨어**: 백신, 압축 프로그램과 같이 컴퓨터 작업에 도움이 되는 소프트웨어
2. **사무용 소프트웨어**: MS오피스, 한글과 같이 업무 및 문서 작업을 위한 소프트웨어
3. **멀티미디어 소프트웨어**: 이미지, 동영상, 게임과 같은 멀티미디어 콘텐츠를 위한 소프트웨어
4. **통신용 소프트웨어**: 메신저, 메일, 웹 브라우저와 같이 사용자들이 자료를 주고받을 수 있는 소프트웨어

따라해 보기 앱 인벤터로 나만의 응용 소프트웨어 만들기

구글에서 만들고 MIT에서 관리 중인 MIT 앱 인벤터는 블록코딩을 이용해 스마트폰 애플리케이션을 만들 수 있습니다.

1. appinventor.mit.edu 사이트에 접속합니다.
2. 'Create Apps!'를 눌러 구글 계정으로 로그인하면 튜토리얼을 통해 나만의 애플리케이션을 만들 수 있습니다.

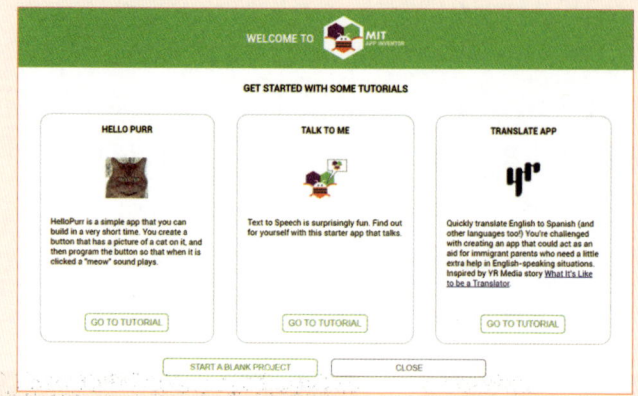

튜토리얼 선택 화면

3. 내가 만든 애플리케이션은 앱 스토어의 'MIT App Inventor'로 테스트할 수 있습니다.

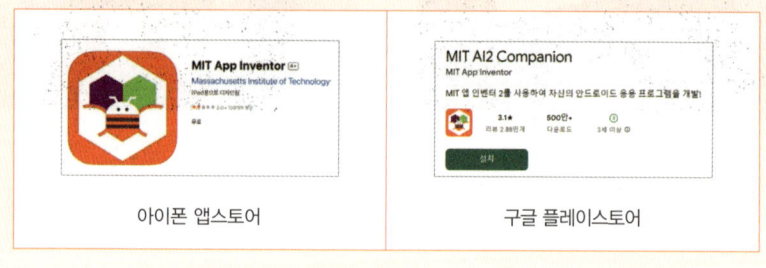

아이폰 앱스토어   구글 플레이스토어

010
컴퓨터의 역사
(에니악, PC, 스마트폰)*

| 전자식 계산기 | 에니악(1946) 에드박(1950) | → | 개인용 컴퓨터 | IBM 5150(1980) 매킨토시(1984) | → | 스마트폰 | 아이폰(2007) |

컴퓨터의 역사

'컴퓨터'라는 단어는 compute(계산하다)+er, 즉 '계산을 수행하는 사람'이라는 의미입니다. 사람의 계산 업무를 대신하던 시절부터 스마트폰을 사용하는 지금에 이르기까지 컴퓨터는 지난 세월 동안 빠르게 발전을 이뤄 왔습니다. 가장 초기의 컴퓨터라고 할 수 있는 에니악부터 현재 일상용품이 된 스마트폰까지 어떻게 발전해 왔는지 알아보겠습니다.

처음의 컴퓨터는 기계식 계산기에서 시작됐습니다. 톱니바퀴가 움직이면서 계산을 해주는 계산기의 등장 이후 전기가 보급되면서 전자식 계산기인 에니악의 등장으로 전자 컴퓨터의 시대가 시작되었습니다.

에니악(ENIAC)은 무려 30톤의 무게를 가진 매우 거대한 컴퓨터입니다. 에니악은 전쟁에서 대포의 궤도를 정확히 계산하기 위한 계산기로 개발되었지만, 이후 각종 수치 계산을 위한 공학용 계산기로 사용되었습니다. 지금과 같은 다양한 기능을 수행할 수 있는 컴퓨터가 아니었습니다.

에니악

에니악은 프로그래밍이 매우 불편하다는 단점이 있었습니다. 지금은 키보드로 손쉽게 프로그래밍을 하지만, 에니악에서는 에니악에 연결된 회로를 일일이 바꿔 가며 프로그래밍했습니다. 원하는 계산이 달라질 때마다 회로를 새로 배치해야 했으니, 프로그램을 만드는 데 오랜 시간이 걸렸습니다. 그럼에도 사람이 7시간 걸려 풀어낸 계산을 에니악은 3초 만에 해결하는 등 그 시기에는 어마어마한 성능을 자랑했습니다.

이후 에니악의 불편함을 보완한 **에드박(EDVAC)**이 탄생했습니다. 에드박은 이러한 에니악의 단점을 보완하기 위해 '폰노이만 구조(Von Neumann Architecture)'를 적용한 컴퓨터입니다. 중앙처리장치, 메모리, 프로그램으로 구성된 폰노이만 구조의 탄생으로 프로그램을 저장할 수 있게 되었습니다. 현재의 컴퓨터 대부분은 이 구조를 따르고 있습니다.

이러한 전자 컴퓨터에서 버그(Bug)라는 용어가 탄생했다는 사실을 알고 있나요? 프로그래밍에서 오류가 나면 이를 '버그'라고 하는데, 말 그대로 '벌레'라는 뜻입니다. 오류가 났는데 버그라는 용어를 사용한 이유는 최초의 여성 프로그래머 그레이스 호퍼가 'Harvard MK.2'라는 컴퓨터의 오작동 원인을 추적하다가 속에서 타죽은 벌레를 발견해 노트에 기록한 것이 어원으로 알려져 있습니다.

전자 부품의 크기가 점점 줄어들면서 1970년대 들어 개인용 컴퓨터가 등장했습니다. **IBM personal computer 5150**이 출시되면서 개인용 컴퓨터는 선풍적인 인기를 얻었고, 개인용 컴퓨터(Personal Computer), 즉 PC라는 명칭도 일반적으로 사용되었습니다.

IBM 5150

현재 우리는 컴퓨터 화면에 띄워진 아이콘을 마우스로 클릭해서 원하는 프로그램을 실행하거나 조작할 수 있지만, 이

때 만들어진 컴퓨터는 지금과는 다르게 아이콘 없이 사용했습니다. 만약 아이콘과 마우스가 없다면 지금 우리는 컴퓨터를 어떻게 사용하고 있을까요? 지금 우리가 사용하는 컴퓨터는 GUI(그래픽 사용자 인터페이스)가 적용된 컴퓨터라서 그림으로 쉽게 컴퓨터를 조작할 수 있지만, GUI 적용 이전의 컴퓨터는 키보드로만 명령을 입력할 수 있고 실행 결과가 모두 텍스트로 출력되었습니다.

GUI가 적용되기 시작한 것은 이후 애플의 **매킨토시(Macintosh)**라는 개인용 컴퓨터가 등장하면서입니다. 지금의 컴퓨터와 같이 마우스라는 장치를 사용해 컴퓨터 화면에 띄워진 아이콘을 클릭하면 원하는 프로그램을 사용할 수 있는 조작 방식으로 큰 성공을 거두었습니다.

개인용 컴퓨터(PC)의 보급과 함께 가정에 인터넷이 보급되면서 사람들이 인터넷을 이용해 정보를 공유하고 검색할 수 있는 시대가 되었습니다. 하지만 개인용 컴퓨터는 휴대할 수 없다는 단점이 있습니다. 이러한 단점을 극복하기 위해 휴대전화에 컴퓨터의 기능을 더한 스마트폰이 개발되기 시작했습니다.

매킨토시 128K

애플의 아이폰

여러 기업에서 스마트폰을 개발했지만 **애플의 아이폰**이 출시되면서 스마트폰 시장이 탄생했습니다. 단순히 인터넷 기능을 휴대폰에 적용한 것이 아니라, 컴퓨터에 소프트웨어를 설치하듯이 애플리케이션을 앱 스토어에서 다운로드해 다양한 기능을 사용합니다. 또한 마우스와 키보드의 기능을 터치 화면으로 구성하여 손

가락으로 다양한 조작을 할 수 있습니다. 이후 여러 기업에서 스마트폰을 출시하며 현재의 스마트폰 시장이 구축되었습니다.

> **따라해 보기** **명령 프롬프트(cmd)로 컴퓨터와 직접 소통하기**
>
> GUI 도입 이전에 컴퓨터에게 어떻게 명령을 내렸을지 체험해 보겠습니다.
>
> **1.** 윈도 검색창에 'cmd'라고 입력하면 '명령 프롬프트'라는 프로그램이 나옵니다. 명령 프롬프트에서 컴퓨터에 명령을 내리는 방법을 알아봅시다.

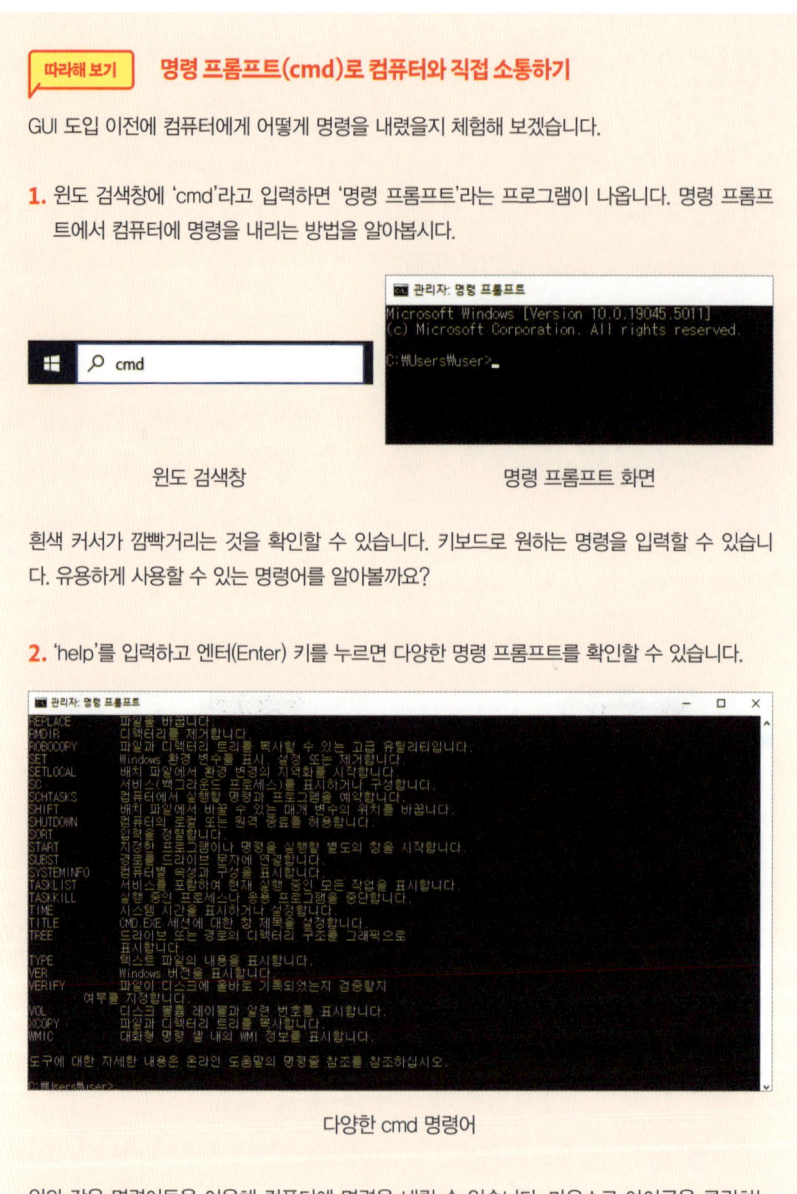

윈도 검색창　　　　　　　　　　명령 프롬프트 화면

> 흰색 커서가 깜빡거리는 것을 확인할 수 있습니다. 키보드로 원하는 명령을 입력할 수 있습니다. 유용하게 사용할 수 있는 명령어를 알아볼까요?
>
> **2.** 'help'를 입력하고 엔터(Enter) 키를 누르면 다양한 명령 프롬프트를 확인할 수 있습니다.

다양한 cmd 명령어

> 위와 같은 명령어들을 이용해 컴퓨터에 명령을 내릴 수 있습니다. 마우스로 아이콘을 클릭하는 것과 비교하면 현재의 컴퓨터가 얼마나 편리해졌는지 확인할 수 있습니다.

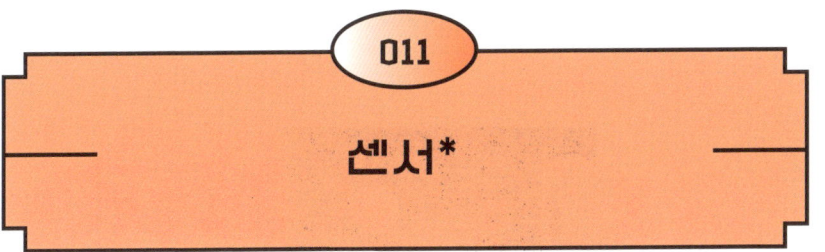

011 센서*

센서(Sensor)는 사람의 감각기관과 같은 역할을 합니다. 온도, 습도와 같은 현실 세계의 물리적인 변화를 전기적인 신호로 바꿔 주어 컴퓨터가 입력된 값을 사용할 수 있게 합니다.

다양한 센서들

센서	활용의 예
온습도 센서	화분의 온도와 습도를 감지해 화분 상태에 알맞게 온도를 유지하고 물을 줄 수 있습니다.
소리 센서	소리의 크기를 감지할 수 있어 층간소음 측정기를 만들 수 있습니다.
초음파 센서	초음파를 이용해 물체를 감지하고 거리를 측정할 수 있습니다. 자동차는 초음파 센서를 이용해 충돌 사고를 방지합니다.
기울기 감지 센서	스마트폰이 기울기 감지 센서를 이용해 기울기를 감지하면 기울기에 따라서 화면을 회전시켜 줍니다.

센서의 종류는 매우 다양하고, 사용 방법도 센서마다 다릅니다. 센서를 아두이노와 같은 마이크로컨트롤러에 연결하면 외부의 변화를 감지할 수 있는 피지컬 컴퓨팅 장치를 만들 수 있습니다. 센서를 아두이노에 연결하려면 센서에 장착된 핀의 역할을 이해해야 합니다. 각 핀의 역할을 확인해 봅시다.

소리 센서의 핀을 자세히 살펴보면 다음과 같습니다.

소리 센서

센서마다 **핀의 배치**는 차이가 있지만 기본적인 핀은 OUT(또는 SIG), GND, VCC(또는 5V)가 기본적으로 배치되어 있습니다. VCC 핀은 아두이노의 5V와 연결되어 전원을 공급받습니다. GND 핀은 아두이노의 GND(접지)와 연결되어 공급받은 전류가 접지를 통해 흐를 수 있게 해줍니다. OUT 핀은 값을 전달하는 역할을 하는데, 아두이노의 핀 번호와 연결해 소리 센서가 감지한 측정값을 아두이노에 전달합니다. 다양한 센서의 활용 사례를 살펴보겠습니다.

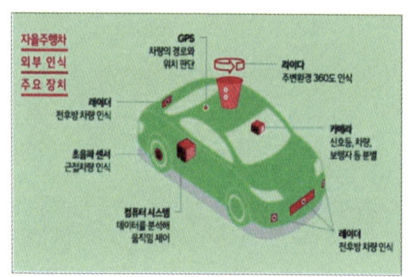

자율주행차

스마트폰

스마트폰은 지문 인식 센서로 사람의 지문을 감지하거나, 터치 화면의 센서를 통해 우리가 손으로 터치하는 신호에 따라 동작할 수 있습니다. 자율주행차는 초음파 센서를 통해 근접한 장애물을 인식하고 경고음을 울립니다. 이렇게 센서는 외부 상황을 감지하는 데 있어 매우 중요한 역할을 하며, 다양한 센서로 나만의 창의적인 피지컬 컴퓨팅 시스템을 만들 수 있습니다.

> **따라해 보기** **팅커캐드(Tinkercad)로 시뮬레이션하기**

교육용 피지컬 컴퓨팅 키트가 없어도 온라인으로 체험할 수 있습니다. 팅커캐드 사이트(www.tinkercad.com)는 피지컬 컴퓨팅을 위한 회로를 구성할 수 있고 코딩한 결과를 확인할 수 있는 시뮬레이터를 제공합니다.

1. https://www.tinkercad.com/ 사이트에 접속합니다.

2. 로그인 후 홈에서 회로를 선택합니다.

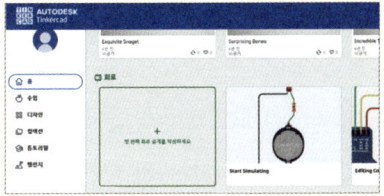

3. 화면 오른쪽에서 다양한 구성요소를 확인할 수 있습니다. 화면 왼쪽은 만들기 공간입니다.

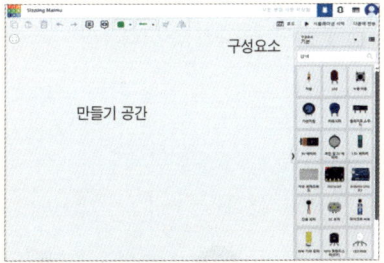

4. '구성요소-모두'를 선택하면 '입력' 카테고리에서 다양한 센서를 확인할 수 있습니다.

5. 원하는 센서를 만들기 공간에 가져오고 '시뮬레이션 시작'을 누른 후 센서를 클릭합니다. 센서를 클릭하면 외부의 변화를 직접 조절할 수 있습니다.

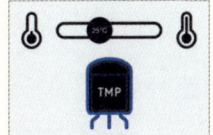
온도 변화

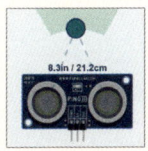
물체와의 거리 조절

012
모터**

자동차, 비행기와 같은 커다란 차체가 움직이는 모습을 보면 신기하지 않나요? 어떻게 동작하고 움직이는 걸까요?

자동차, 비행기에는 모터가 들어갑니다. <u>모터</u>는 전기에너지를 직선운동, 회전운동 등의 동력으로 변환시켜 주는 전자 부품을 말합니다. 우리가 일상에서 자주 사용하는 선풍기, 엘리베이터, 냉장고 등 동력을 필요로 하는 대부분의 전자 기기에도 모터가 들어 있습니다.

모터는 크기, 속도, 힘, 제어 기능 등의 특징에 따라 다양하게 분류됩니다.

모터의 종류

	AC모터	DC모터	스테퍼 모터	서보모터
특징	전기에너지를 기계적 에너지로 변환하기 때문에 효율과 신뢰성이 높다.	무선으로 사용하거나 정밀 작업을 할 경우, 방향 제어가 필요한 경우에 주로 사용한다.	정밀한 회전각 또는 거리 제어가 필요한 곳에 사용한다.	180도 또는 360도처럼 회전 범위가 한정되어 있다.
활용 예	산업, 가전제품, 냉난방 시스템	장난감, 전동 휠체어, 공작기계, 드론	CNC 머신, 3D 프린터, 보안 카메라	로봇 팔, 카메라 플랫폼, RC 비행기 조종 장치

<u>AC모터</u>는 교류 전원을 사용하여 회전운동을 생성하는 전동기입니다. 피지컬 컴퓨팅에서는 방향과 속도를 제어하기 위해 보통 DC모터를 많이 사용합니다. <u>DC 모터</u>는 직류 전원을 사용하여 회전운동을 생성하는 전동기입니다. 피지컬 컴퓨

팅 회로 연결에는 DC모터 외에도 스테퍼 모터, 서보모터를 사용합니다.

스테퍼 모터(Stepper Motor)는 펄스 신호를 사용하여 단계별로 회전하는 모터입니다. 단계(step)별로 정해진 각도나 거리만큼 회전하기에 '스텝퍼 모터'라는 이름이 붙었습니다. 특히 360도 이상의 연속 회전이 가능한 경우가 많습니다.

반면 **서보모터(Servomotor)**는 목표 위치를 각도로 회전하는 모터입니다. PWM(Pulse Width Modulation) 신호를 사용하여 주기적인 신호로 펄스 폭을 조절하여 서보모터를 제어합니다. 가장 많이 사용한 서보모터로는 SG90, MG90이 있습니다.

모터 연결 시 주의할 점이 있습니다. 모터는 전류가 많이 흐르는 부품이기 때문에 정상적인 동작에서는 괜찮을 수 있지만 모터에 부하가 급격하게 상승하는 경우에는 피지컬 컴퓨팅 장치가 타거나 망가질 수 있습니다. 또한 아두이노, 라즈베리파이와 같은 보드를 사용하는 데 있어 보드의 전류가 모터의 필요치보다 낮기 때문에 모터 드라이버를 사용해야 합니다. 보드 단자에서 낼 수 있는 전류는 20~30mA 정도이지만, 모터는 수백mA~수A를 필요로 합니다. 보드 단자의 파손을 막기 위해 반드시 중간에 모터 드라이브 회로나 모듈을 거쳐서 전압, 전류를 증폭시킨 다음 모터를 구동해야 합니다. 모터 드라이버는 작은 전류와 전압을 제어하는 프로세서와 큰 전류로 작동하는 모터 사이에서 중재 역할을 하는 장치입니다.

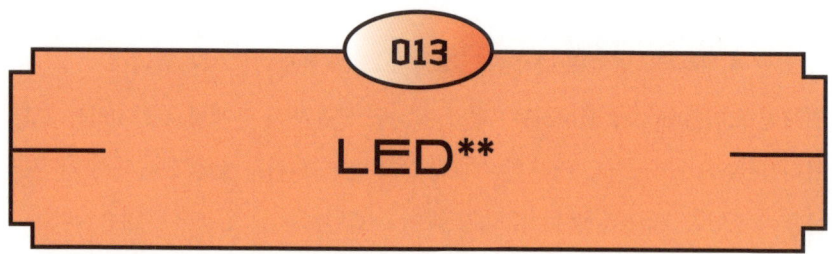

013
LED**

LED(Light Emitting Diode, 발광 다이오드)는 전기신호를 빛으로 변환하는 반도체 소자로, 전자회로에서 자주 사용됩니다. LED는 작은 전류로도 빛을 발산하기 때문에 전력 소비가 적으며, 다양한 색상으로 빛을 발할 수 있습니다.

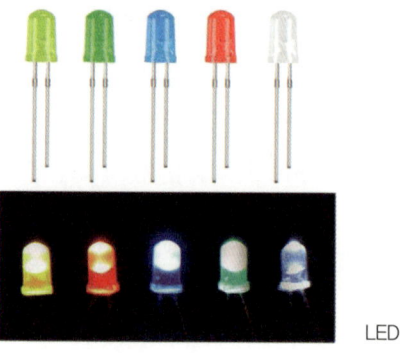

LED

아두이노와 같은 마이크로컨트롤러를 사용하면 LED를 간단히 제어할 수 있습니다. 아두이노의 디지털 핀을 사용해 LED를 켜고 끌 수 있으며, 아날로그 핀을 사용하면 PWM(Pulse Width Modulation)을 통해 LED의 밝기를 조절할 수 있습니다. LED를 직접 아두이노 핀에 연결하면 과도한 전류로 인해 LED가 손상될 수 있습니다. 이를 방지하기 위해 LED와 직렬로 적절한 값의 저항(보통 220Ω~1kΩ)을 연결해 전류를 제한합니다.

LED는 극성이 있는 소자이므로, 아두이노에 연결할 때 극성을 맞추어야 합니다. LED의 긴 다리(Anode, 양극)를 아두이노의 디지털 핀에, 짧은 다리(Cathode, 음극)를 저항을 거쳐 GND(접지)에 연결합니다.

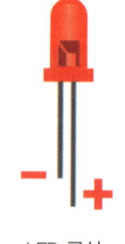

LED 극성

LED는 디지털로도 제어할 수 있고, 아날로그로도 제어할 수 있습니다.

디지털로 제어하고자 할 경우 아두이노의 디지털 핀과 연결하고 HIGH 신호를 주면 LED가 켜지고, LOW 신호를 주면 LED가 꺼집니다. 이를 통해 간단한 점멸 (블링킹) 프로그램을 구현할 수 있습니다.

반면 아날로그로 제어하고자 할 때는 아두이노의 아날로그 핀(PWM 기능이 있는 핀)을 사용하면 LED의 밝기를 조절할 수 있습니다. analogWrite() 함수를 사용해 0부터 255까지의 값을 주어 LED의 밝기를 부드럽게 변화시킬 수 있습니다.

> **따라해 보기** **팅커캐드(Tinkercad)로 LED 제어하기**

아두이노 보드와 LED를 연결하여 LED가 1초마다 깜빡거리도록 실습해 봅시다.

회로도	시뮬레이션 코드
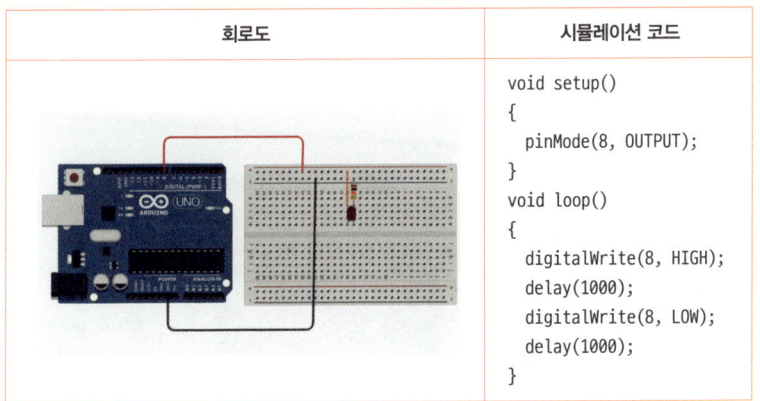	```\nvoid setup()\n{\n pinMode(8, OUTPUT);\n}\nvoid loop()\n{\n digitalWrite(8, HIGH);\n delay(1000);\n digitalWrite(8, LOW);\n delay(1000);\n}\n```

014
센서 보드*

센서 보드(Sensor Board)란 단일 또는 여러 개의 센서를 하나의 회로 보드에 통합해 구성한 것으로, 환경 변화에 따라 다양한 데이터를 수집할 수 있습니다. 여러 개의 센서를 통해 다양한 환경 정보를 감지하고 이를 전기신호로 변환해 아두이노나 라즈베리파이와 같은 마이크로컨트롤러로 전달하는 역할을 하는 전자장치입니다.

카이스트에서 제작한 e-센서 보드, 마이크로컨트롤러와 센서의 연결을 쉽게 만든 센서 확장 보드가 대표적입니다.

e-센서 보드의 구성도

<u>e-센서 보드</u>를 아두이노 보드와 연결하면 별도의 브레드 보드나 센서와 연결하지 않고도 소리, 온도, 거리, 빛을 감지할 수 있고 LED, 버튼이 연결되어 탑재되어서 손쉽게 사용할 수 있습니다. 블루투스, 모터의 경우 간편하게 핀에만 연결

하면 사용할 수 있다는 장점이 있습니다.

마이크로비트 센서 실드   아두이노 센서 실드

센서 확장 보드의 경우 마이크로비트나 아두이노에 내장된 기능 외에 다른 센서를 연결하고자 할 때는 브레드 보드나 납땜 과정 없이 핀 연결만으로 손쉽게 다양한 기능을 사용할 수 있습니다.

마이크로비트*

마이크로비트(Microbit)는 소형 전자장치로, 영국 BBC에서 개발한 교육용 프로그래밍 플랫폼입니다. 이 장치는 학생들과 초보자들이 컴퓨터 프로그래밍, 전자공학, 문제 해결 능력을 기르는 것을 돕기 위해 설계되었습니다. 마이크로비트는 다양한 기능을 갖추고 있어 창의적이고 혁신적인 프로젝트를 손쉽게 구현할 수 있습니다.

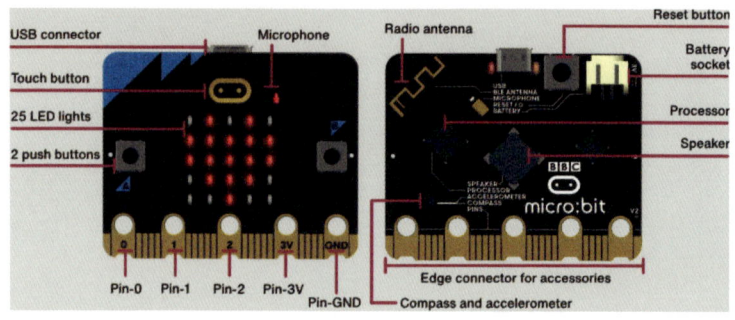

마이크로비트

마이크로비트의 주요 기능은 다음과 같습니다.

1 컴팩트한 디자인: 마이크로비트는 약 4×5cm 크기의 작은 보드로, 가벼우면서도 다양한 기능을 담고 있습니다.

2 LED 디스플레이: 5×5 격자 배열의 LED 디스플레이로 간단한 문자나 그래픽을 표시할 수 있습니다.

3 버튼: A와 B, 두 개의 버튼이 있어 사용자 입력을 받거나 프로그램을 제어할 수 있습니다.

4 센서: 온도 센서, 나침반, 가속도계 등의 센서를 내장하고 있어 환경 데이터를 측정하고 활용할 수 있습니다.

5 무선통신: 블루투스(Bluetooth) 기능을 통해 다른 마이크로비트나 스마트폰과 통신할 수 있습니다.

6 입출력 핀: 여러 가지 입력 핀 및 출력 핀을 제공하여 다양한 센서와 액추에이터를 연결할 수 있습니다.

마이크로비트는 교육, 창의적 프로젝트, 실험 등에 주로 활용됩니다.

1 교육: 마이크로비트는 코딩을 배우는 데 있어 실습과 이해를 돕기 위해 교육 현장에서 널리 사용됩니다. 간단한 게임 제작부터 로봇 제어까지 다양한 프로젝트를 통해 학습할 수 있습니다.

2 창의적 프로젝트: 마이크로비트를 활용하여 DIY 전자 기기, 스마트 장치, 로봇 등 창의적인 프로젝트를 만들 수 있습니다.

3 실험: 다양한 센서를 사용하여 환경 데이터를 측정하고 분석하는 실험을 수행할 수 있습니다.

마이크로비트의 활용

교육
 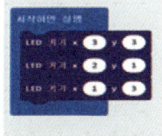 

창의적 프로젝트	실험

프로그래밍

마이크로비트는 블록 기반의 비주얼 프로그래밍언어인 메이크코드(MakeCode)와 파이썬(Python)을 지원합니다. 메이크코드는 드래그앤드드롭(Drog&Drop) 방식으로 코딩을 할 수 있도록 도와주며, 파이썬은 좀 더 복잡한 프로그램을 작성하는 데 적합합니다. 두 가지 방식 모두 웹 브라우저에서 접근할 수 있으며, 코드 작성 후 USB를 통해 마이크로비트에 업로드할 수 있습니다.

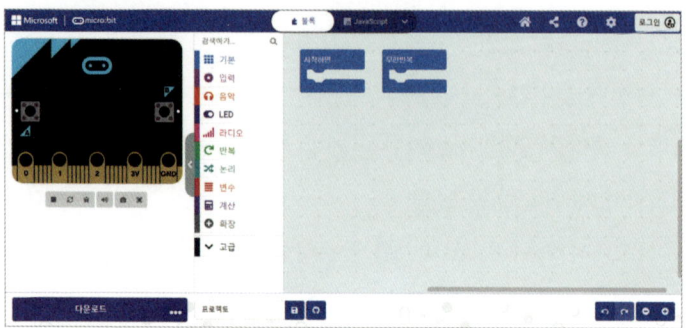

마이크로비트 블록 코딩 편집기

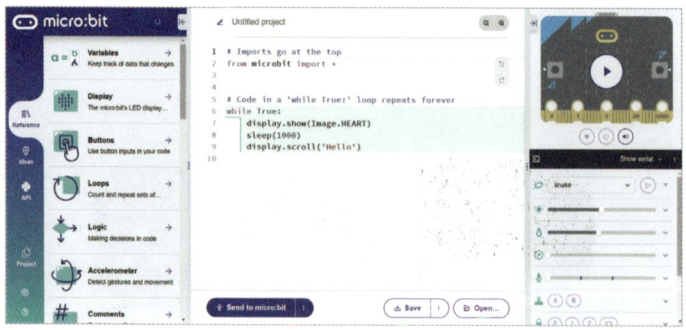

마이크로비트 파이썬 편집기

마이크로비트는 간단한 구조와 접근성 덕분에 여러 교과 교육을 시작하는 데 매우 유용한 도구로 자리 잡고 있습니다. 학생들과 초보자들이 프로그래밍과 전자기기 조작에 흥미를 느끼게 하여 이 분야에 대한 이해를 돕는 역할을 합니다.

따라해 보기 　**마이크로비트(Microbit) 시뮬레이터로 LED 하트 출력하기**

마이크로비트 사이트(https://microbit.org/code/)에 접속하여 프로그래밍 방식을 선택합니다.

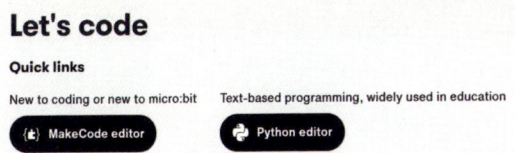

방법 1 블록 코딩으로 마이크로비트 프로그래밍하기

1. Makecode editor를 선택합니다.

2. '기본' 탭에서 '아이콘 출력(하트)' 블록을 '무한 반복' 사이에 넣습니다.

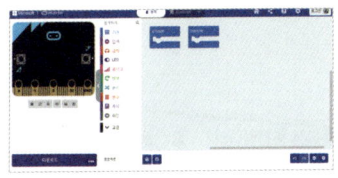
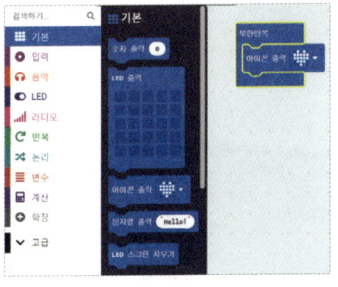

방법 2 파이썬으로 마이크로비트 프로그래밍하기

1. Python editor를 선택합니다.

2. 프로그래밍 코드 편집기에서 코드를 아래와 같이 작성합니다.

```python
1  # Imports go at the top
2  from microbit import *
3
4
5  # Code in a 'while True:' loop repeats forever
6  while True:
7      display.show(Image.HEART)
8      sleep(400)
9
10     display.clear()
11     sleep(400)
```

016 햄스터*

햄스터 로봇은 교육용 로봇으로, 주로 초등학생과 중학생이 로봇공학과 프로그래밍을 배우는 데 사용됩니다. 햄스터 로봇은 작고 귀엽지만 다양한 센서를 활용할 수 있고, 여러 가지 프로그래밍언어를 사용할 수 있다는 점에서 활용도가 높습니다. 햄스터 로봇 안에 스테퍼 모터가 탑재되어 있어 정확한 각도와 거리를 제어해 움직임을 제어할 수 있고 3축 가속도 센서, 바닥 센서, 스피커, 근접 센서, 밝기 센서를 활용하여 다양한 교육적 활용 주제들에 적용할 수 있습니다.

- 리튬이온 충전배터리
- 블루투스 4.0 BLE
- DC 모터 × 2
- 전방 거리 센서 × 2
- 바닥(라인) 센서 × 2
- 7가지 색의 LED × 2
- 3축 가속도 센서
- 조도 센서
- 내부 온도 센서
- 피에조 스피커
- 외부 확장 단자 × 2
- PC와 스마트폰 / 태블릿에 연결 가능

햄스터 로봇의 기능

햄스터 로봇을 활용한 교육적 활동들로 아래와 같은 주제들이 있습니다.

햄스터 로봇을 활용한 교육적 활동 예

경로 탐색		햄스터 로봇을 프로그래밍하여 복잡한 미로를 통과하도록 설정합니다. 햄스터 로봇의 근접 센서를 이용해 장애물을 피하고 최단 경로를 찾는 문제 해결 능력을 기를 수 있습니다.

라인 추적		햄스터 로봇을 라인 위에서 주행하도록 프로그래밍하여 라인의 변화를 감지하고 따라가는 학습을 합니다. 이를 통해 센서 활용과 프로그래밍의 기본 개념을 익힐 수 있습니다.
미션 완수		주어진 미션을 완료하는 프로젝트를 진행합니다. 예를 들어, 햄스터 로봇이 특정 지점에 물체를 옮기거나 지정된 위치에 도달하도록 하는 미션을 수행하면서 목표 설정과 문제 해결 방법을 배웁니다.
팀 프로젝트		햄스터 로봇이 다 함께 춤을 추는 군무나 햄스터 로봇의 특정 기능을 프로그래밍하여 통합된 솔루션을 만드는 과정에서 협동과 커뮤니케이션 능력을 향상시킬 수 있습니다.

최근 햄스터 로봇을 프로그래밍할 수 있는 언어들이 많아졌습니다. 블록 코딩으로 스크래치(Scratch), 엔트리(Entry)뿐만 아니라 스크립트 언어로 플레이봇(PlayBot), 프로세싱(Processing), 파이썬(Python), 자바스크립트(JavaScript)에서도 프로그래밍이 가능합니다. 고급 언어인 C언어, 자바(Java) 언어로 안드로이드에서도 구현이 가능합니다.

햄스터 로봇을 활용한 다양한 교육 활동 주제들은 계속 늘어나고 있습니다. 인공지능과 관련하여 자율주행, 컴퓨터 비전 구현도 가능합니다.

017 사물인터넷(IoT)*

사물인터넷(IoT: Internet of Things)은 다양한 물리적 장치와 사물들이 인터넷에 연결되어 서로 정보를 주고받으며 소통하고 자동으로 동작하는 기술입니다. 사물인터넷은 일상의 사물들을 지능적인 네트워크의 일원으로 변환시켜 효율적이고 자동화된 시스템을 구축합니다.

사물인터넷은 센서, 액추에이터, 네트워크로 구성되어 있습니다. 사물인터넷 장치는 센서를 통해 환경 데이터를 수집하고, 액추에이터를 통해 물리적 작업을 수행합니다. 다양한 통신 프로토콜을 통해 인터넷에 연결되어 장치 간의 데이터 전송과 원격 제어를 하고, 해당 데이터들을 수집 및 분석하여 장치 동작을 최적화합니다.

사물인터넷은 다양한 분야에서 활용될 수 있습니다.

사물인터넷의 활용 예

| 스마트 시티 | 스마트 홈 | 헬스케어 | 스마트 팩토리 | 스마트 팜 |

1 **스마트 시티**: 최신 정보통신기술(ICT)을 통해 도시의 다양한 문제를 해결하고, 도시 서비스를 효율적으로 관리하는 혁신적인 도시 모델입니다. 스마트 시티는 다양한 데이터 수집 및 분석 기술을 활용하여 도시 운영을 최적화합니다. 교통 체증의 문제를 해결하기 위해 교통 흐름을 실시간으로 모니터링하고 분석하는 시스템을 갖추고 있으며, 효율적인 대중교통 운영과 교통 예측 기능을 통해 혼잡을 줄이고 이동의 편리성을 증진시킵니다. 또한 스마트 에

너지 관리, 환경 모니터링 관리, 스마트 안전과 보안이 가능합니다.

2. **스마트 홈**: 정보통신기술(ICT)과 자동화 기술을 통해 집 안의 다양한 장치와 시스템을 연결하고 제어합니다. 스마트 홈 시스템은 편리함, 효율성, 안전성을 향상시키기 위해 설계되었습니다. 스마트 홈의 기본 구성요소는 인터넷에 연결된 다양한 스마트 장치들입니다. 이러한 장치에는 스마트 조명, 스마트 온도 조절기, 스마트 잠금장치, 스마트 플러그 등이 포함됩니다. 스마트 홈 시스템을 제어하는 모바일 애플리케이션은 사용자가 스마트 장치를 원격으로 제어하고 상태를 모니터링할 수 있게 해줍니다.

3. **헬스케어**: 환자의 건강 데이터를 실시간으로 모니터링하고 분석하여 원격 진료와 맞춤형 건강관리가 가능합니다. 웨어러블 기기들이 건강 상태를 지속적으로 추적합니다.

4. **스마트 팩토리**: IoT 기술을 통해 제조업과 산업 현장의 장비와 공정을 실시간으로 모니터링하고, 자동화된 조치를 통해 효율성을 높입니다. 예를 들어, 센서를 통해 기계의 상태를 모니터링하고, 예방적 유지 보수를 수행합니다.

5. **스마트 팜**: 센서를 사용하여 토양의 수분, 온도, 작물 상태 등을 모니터링하고, 자동으로 급수 시스템을 조절하여 농작물의 생산성을 향상시킵니다.

이처럼 사물인터넷은 다양한 분야에서 혁신을 가져오며, 우리의 생활을 더 편리하고 효율적으로 만들어 줍니다.

> **생각해 보기**
>
> 사물인터넷과 관련된 문제점이나 극복해야 할 과제들은 무엇이 있을까요? 보안, 프라이버시(사생활 보호), 상호 운영성 측면에서 기사를 찾아 자신의 의견을 작성해 봅시다.

알면 플러스 [ICT가 좋다] AI와 IoT를 합친 기술, AIoT에 대해 알아보자!

1. 국내 스마트 시티 개발 현황이 궁금하다면?

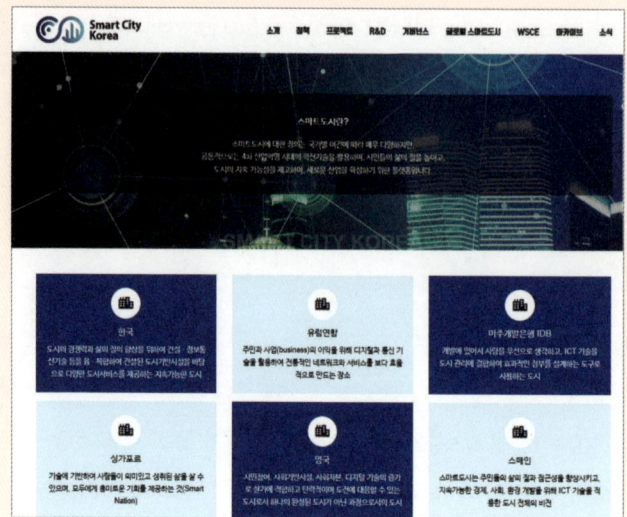

2. 스마트 시티 동영상 자료

[스마트 시티, 행정 중심 복합도시] 최초 한국형 스마트 도시 서비스, 행복 도시 국가시범 도시!
스마트 시티 세종 국가시범 도시 미래를 그리다
도시에 스마트함을 입힌다! 스마트 시티

마이크로컨트롤러**

마이크로컨트롤러(MicroController)는 컴퓨터의 기능을 단일 칩에 통합한 소형 전자장치입니다. 이 장치는 특정 작업을 자동으로 수행하도록 프로그래밍할 수 있으며, 일반적으로 입력을 처리하고 출력을 제어하는 데 사용됩니다.

마이크로컨트롤러는 프로세서, 메모리, 입출력 포트, 통신 모듈 등으로 구성됩니다. 프로세서는 전자 기기와 시스템의 뇌 역할을 하며, 다양한 응용 분야에서 핵심적인 역할을 합니다. 마이크로컨트롤러의 중앙처리장치(CPU)로, 프로그램의 명령을 실행하고 계산을 수행합니다. 메모리는 프로그램 코드와 데이터를 저장하는 역할을 합니다. 입출력 포트는 외부 장치와의 상호작용을 위한 핀과 회로로, 디지털 및 아날로그 신호를 입력받거나 출력할 수 있습니다. 이를 통해 LED를 제어하거나 버튼 입력을 읽는 등의 작업을 수행합니다. 통신 모듈은 다른 마이크로컨트롤러나 장치와 데이터를 주고받을 수 있도록 만들어졌으며 UART, SPI, I2C 등 다양한 통신 프로토콜을 사용할 수 있습니다.

대표적인 교육용 마이크로컨트롤러로 마이크로비트, 아두이노, 라즈베리파이, 라즈베리파이 피코 등을 활용할 수 있습니다.

대표적인 교육용 마이크로컨트롤러

마이크로비트	아두이노	라즈베리파이	라즈베리파이 피코

019
피지컬 컴퓨팅*

피지컬 컴퓨팅(Physical Computing)은 컴퓨터와 물리적 세계를 통합하여 소프트웨어가 하드웨어와 상호작용하도록 설계하는 기술입니다. 이 접근법은 컴퓨터가 단순히 데이터를 처리하는 것을 넘어 실제 물리적 장치나 환경과 연동되어 동작하는 시스템을 구축하는 데 중점을 둡니다.

센서	마이크로컨트롤러	액추에이터
물리적 환경의 변화를 감지하고 이를 전기적 신호로 변환합니다. 환경 정보를 입력받는 용도로 사용합니다.	센서와 액추에이터를 제어하고, 입력 신호를 처리하여 적절한 출력을 생성하는 소형 컴퓨터입니다.	컴퓨터의 명령에 따라 물리적 동작을 수행합니다. 컴퓨터의 값을 출력하는 용도로 사용합니다.

피지컬 컴퓨팅이 주요하게 활용되는 곳은 스마트 가로등, 환경 모니터링, 로봇공학 등입니다.

스마트 가로등	환경 모니터링	로봇공학
조도 센서를 사용하여 주변의 밝기에 따라 LED 출력값을 조절합니다.	온습도 센서를 활용하여 데이터를 수집하고, 만약 온습도가 너무 높거나 낮을 경우 팬 모터, 서보모터를 활용하여 문을 열거나 바람을 일으켜 온습도 값을 제어합니다.	다양한 모터들을 활용하여 물건을 집어 올리는 산업용 로봇이나 휴머노이드를 제작할 수 있고, 장애물을 감지하고 피하는 자율주행 로봇을 만들 수도 있습니다.

따라해 보기   **팅커캐드(Tinkercad)를 활용하여 스마트 가로등 제작하기**

조도 센서 값에 따라서 LED의 밝기가 제어되는 스마트 가로등을 제작해 봅시다.

회로도	프로그래밍 코드
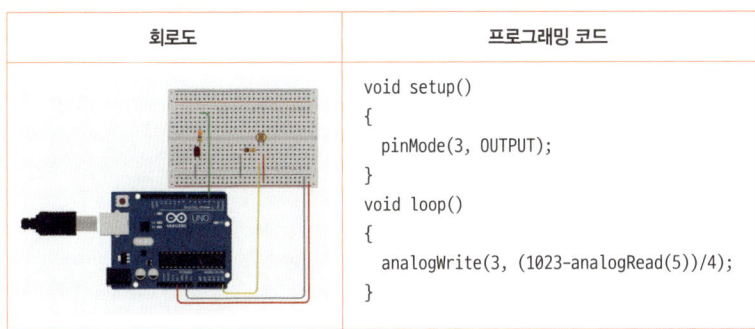	```\nvoid setup()\n{\n pinMode(3, OUTPUT);\n}\nvoid loop()\n{\n analogWrite(3, (1023-analogRead(5))/4);\n}\n```

PART 2

데이터

001 아날로그와 디지털*

아날로그 카메라와 디지털카메라의 차이점에 대해 생각해 본 적 있나요? 아날로그 카메라는 빛에 반응하는 필름을 활용합니다. 그래서 아날로그 카메라인 필름 카메라, 폴라로이드 카메라는 사진을 찍은 뒤에 출력하기 전까지 결과물을 확인하기가 어렵습니다. 반면에 디지털카메라는 사진을 찍는 순간 찍힌 정보를 바로 디지털화하여 저장하기 때문에 즉시 확인이 가능하며 언제든 수정, 삭제, 보관할 수 있습니다. 우리가 눈으로 보는 풍경과 디지털카메라로 담은 풍경의 표현 방식에는 어떤 차이점이 있고, 디지털화의 원리는 무엇인지 살펴봅시다.

 VS

필름(아날로그 방식)   이미지 센서(디지털 방식)

우리가 일상생활에서 흔히 볼 수 있는 현상을 연속적인 값으로 표현하는 것을 **아날로그(Analog)**라고 합니다. 시침과 분침이 있는 시계, 눈금이 있는 온도계, 자연현상 등이 모두 아날로그입니다. 이렇게 아날로그는 미세한 값의 변화까지 표현할 수 있지만, 사람마다 해석하는 방법이 다를 수 있기 때문에 임의의 순간을 정확하게 포착하고 전달하는 데에는 어려움이 있습니다.

반면, 연속적으로 변화하는 값을 일정한 간격으로 끊어서 수치로 표현하는 방식을 **디지털**(Digital)이라고 합니다. 휴대폰 디스플레이에 나타난 시계, MP3 파일, 영상 등이 디지털에 해당합니다. 디지털은 수치로 값을 표현하기 때문에 값을 기록하거나 전달하기 쉽고, 여러 가지 계산이 가능하다는 장점이 있습니다. 이러한 장점을 활용하기 위해 최근 많은 분야에서 아날로그 정보를 디지털 정보로 바꾸려는 시도가 활발히 이루어지고 있습니다. 디지털화는 데이터의 저장 및 공유가 용이하며, 분석과 처리의 효율성을 극대화하기 위한 필수 과정이 되었습니다.

> **알면 플러스** **컴퓨터는 어떻게 소리를 받아들일까?**
>
> 우리가 일상생활에서 접하는 소리는 공기의 떨림에 의해 발생합니다. 공기의 떨림의 크기나 높낮이를 시간에 따라 나타낸 것을 소리 데이터라고 합니다. 이러한 아날로그 신호의 떨림 정도를 신체의 일부인 귀가 감지해 낼 때 '소리를 듣는다.'라고 할 수 있습니다. 그렇다면 소리는 어떻게 0과 1로 표현되는 것일까요? 소리 데이터는 총 3단계를 거쳐 변환됩니다.

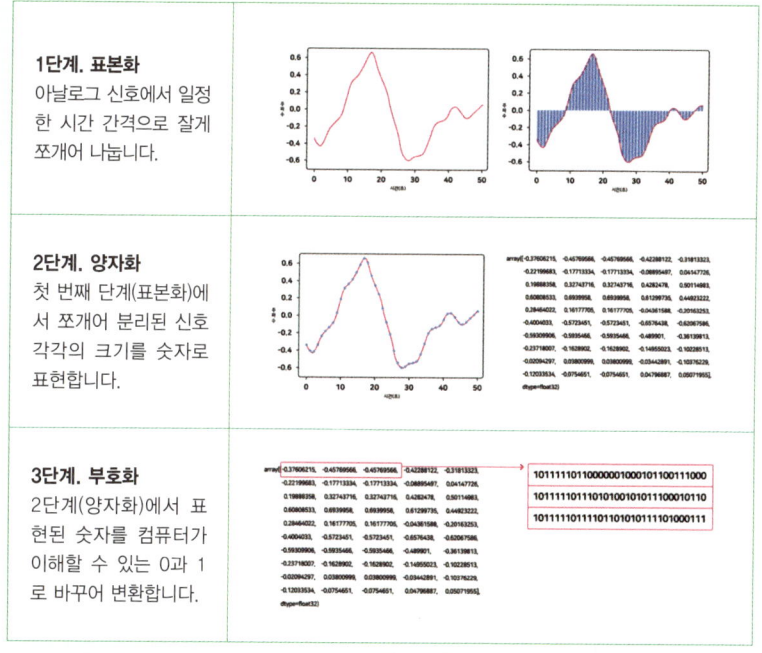

1단계. 표본화
아날로그 신호에서 일정한 시간 간격으로 잘게 쪼개어 나눕니다.

2단계. 양자화
첫 번째 단계(표본화)에서 쪼개어 분리된 신호 각각의 크기를 숫자로 표현합니다.

3단계. 부호화
2단계(양자화)에서 표현된 숫자를 컴퓨터가 이해할 수 있는 0과 1로 바꾸어 변환합니다.

비트와 바이트*

우리는 일상에서 0부터 9까지의 숫자를 사용하는 10진수에 익숙하지만, 컴퓨터는 내부적으로 0과 1만 사용하는 2진수로 정보를 처리합니다. 한 자리에 몇 개의 숫자 혹은 기호로 수를 표현하느냐에 따라 10진수(0~9), 2진수(0, 1), 8진수(0~7), 16진수(0~9, A~F) 등으로 구분할 수 있습니다.

10진수, 2진수, 8진수, 16진수의 비교

10진수	2진수	8진수	16진수
0	0	0	0
1	1	1	1
2	10	2	2
3	11	3	3
4	100	4	4
5	101	5	5
6	110	6	6
7	111	7	7
8	1000	10	8
9	1001	11	9
10	1010	12	A
11	1011	13	B
12	1100	14	C
13	1101	15	D
14	1110	16	E
15	1111	17	F

비트(Bit)는 Binary Digit(2진 숫자)의 줄임말로, 컴퓨터가 정보를 표현하는 가장 작은 단위를 뜻합니다. 하나의 비트에는 0 또는 1의 값만 저장할 수 있습니다. 마

치 전구가 꺼져 있을 때를 0, 켜졌을 때를 1로 표현하는 것과 같지요.

비트 하나로 표현할 수 있는 정보는 두 가지입니다. 예를 들어, 왼쪽과 오른쪽을 나타내고자 할 때 왼쪽에 0을, 오른쪽에 1을 표현하기로 약속을 하면 됩니다. 그런데 이에 더해 위쪽과 아래쪽까지 포함해서 4개의 정보를 1비트로 표현할 수 있을까요? 그건 불가능합니다. 따라서 비트를 하나 더 추가하여 2비트로 표현해 보면 00은 왼쪽, 01은 오른쪽, 10은 위쪽, 11은 아래쪽으로 할당할 수 있습니다. 이렇듯 n개의 비트로는 최대 2^n개의 정보를 표현할 수 있습니다.

바이트(Byte, B)는 컴퓨터에서 데이터를 처리하고 메모리를 구성하는 기본 단위이면서도, 데이터의 저장 용량 단위로 많이 사용됩니다. 1바이트는 8개의 비트로 구성되고, 최대 2^8=256개의 정보를 표현할 수 있습니다. 보통 대소문자 알파벳, 숫자, 특수문자를 표기하는 데는 1바이트면 충분합니다.

바이트로 나타내는 저장 용량 단위

표기	단위	계산(바이트 수)	계량 단위
B	Byte (= 8bits)	$2^0 = 1$	일
KB	KiloByte	$2^{10} = 1,024$	천
MB	MegaByte	$2^{20} = 1,048,576$	백만
GB	GigaByte	2^{30}	십억
TB	TeraByte	2^{40}	조
PB	PetaByte	2^{50}	천조
EB	ExaByte	2^{60}	백경
ZB	ZettaByte	2^{70}	십해
YB	YottaByte	2^{80}	자

한 개의 음악 파일의 용량이 평균 5MB라고 할 때, 64GB의 저장 장치에 최대 몇 개의 음악 파일을 저장할 수 있을까요? 이를 구하려면 먼저 음악 파일의 크기와 저장 장치의 용량을 같은 단위로 맞춰야 합니다. GB를 MB로 변환하여 봅시다. 1GB는 1,024MB이므로, 64GB는 64×1,024=65,536MB가 됩니다. 그다음, 저장 장치에 최대 몇 개의 음악 파일을 저장할 수 있는지 구하기 위해 저장 장치의 전체 용량(65,536MB)을 음악 파일 한 개의 크기(5MB)로 나눕니다. 계산하면, 65,536÷5=13,107.2가 됩니다. 여기서 0.2는 파일 하나를 다 채우지 못하는 용량이지요. 파일의 개수는 자연수로 나타내야 합니다. 따라서 64GB의 저장 장치에 저장할 수 있는 최대 음악 파일의 개수는 13,107개입니다.

> **생각해 보기** **디지털 탄소 발자국 저감을 위한 노력**
>
> 데이터 전송 시에는 네트워크 장비의 전력이 소모되고, 데이터를 저장할 때는 데이터 센터의 냉각을 위하여 전력이 사용됩니다. 이 과정에서 이산화탄소가 발생할 수밖에 없습니다. 스마트폰 사용이 대중화되고 빅데이터 시대가 열리면서 이전보다 훨씬 더 많은 데이터가 전송되고 저장되고 있습니다. 그래서 '디지털 탄소 발자국'을 줄이는 노력이 필요합니다.
> 데이터 저장 용량과 디지털 탄소 발자국은 어떤 관련이 있을까요?
> 일상에서 디지털 탄소 발자국 저감을 위해 실천할 수 있는 것은 무엇이 있을까요?
>
> ★ 일상 속에서 쉽게 줄이는 디지털 탄소 발자국 (윤대원, 전기신문, 2023년 8월 21일)
> https://www.electimes.com/news/articleView.html?idxno=324666

003

부호화(인코딩)와 복호화(디코딩)*

컴퓨터 내부에서는 숫자, 문자, 이미지, 소리, 동영상 등 모든 자료를 약속된 방법인 0과 1의 코드(Code, 부호)로 표현합니다. 이 과정을 **부호화(인코딩, Encoding)**라고 하는데, 우리가 입력한 문자나 기호를 컴퓨터가 알아들을 수 있는 코드로 변환하는 것입니다. 때로는 데이터를 압축하는 과정도 포함됩니다. 반대로, **복호화(디코딩, Decoding)**는 이 코드를 원래 정보로 바꾸는 것을 의미합니다.

문자 정보의 부호화

문자를 부호화하는 대표적인 방법에는 **아스키코드(ASCII Code**: American Standard Code for Information Interchange)가 있습니다. 아스키코드는 이름 풀이에서 알 수 있듯 미국의 표준 코드이며, 영문 대소문자, 숫자, 특수기호 등을 표현하기 위해 7비트를 활용합니다. 반면, **유니코드(Unicode)**는 전 세계의 다양한 언어를 동시에 표현하기 위해 16개 이상의 비트를 활용합니다.

> **알면 플러스**　**1바이트가 8비트가 된 이유**
>
> 옛날에는 바이트가 지금처럼 '8비트'로 고정된 개념이 아니었습니다. 바이트는 단순히 '작은 데이터 덩어리'를 의미했으며, 컴퓨터마다 그 크기가 달랐습니다. 그러다 사람들이 '컴퓨터끼리 데이터를 주고받을 때 모두 같은 기준을 쓰면 좋겠다.'고 생각하게 되었고, 그 결과 아스키코드라는 문자 코드의 표준이 마련되었습니다. 아스키코드는 한 문자를 저장하는 데 7비트가 필요했는데, 7비트만으로는 컴퓨터가 실수할 수도 있어서 오류를 확인할 수 있는 1비트를 더 추가해 8비트를 사용하게 되었습니다. 게다가 8은 2의 3제곱으로, 비트로 모든 것을 처리하는 컴퓨터가 계산하기에 효율적인 숫자이기도 합니다. 그리하여 8비트가 가장 이상적인 1바이트의 크기로 자리 잡게 되었습니다. 만약 한국이 처음으로 바이트를 정의했다면 어땠을까요? 한글의 특성이 반영되어 바이트의 크기나 개념이 현재와는 다르게 정해졌을 수도 있겠지요.

아스키코드 표 (A: 100 0001)

하위 \ 상위	000	001	010	011	100	101	110	111
0000	NUL	DLE	Space	0	@	P	`	p
0001	SOH	DC1	!	1	A	Q	a	q
0010	SOH	DC2	"	2	B	R	b	r
0011	ETX	DC3	#	3	C	S	c	s
0100	EOT	DC4	$	4	D	T	d	y
0101	ENQ	NAK	%	5	E	U	e	u
0110	ACK	SYN	&	6	F	V	f	v
0111	BEL	ETB	'	7	G	W	g	w
1000	BS	CAN	(	8	H	X	h	x
1001	HT	EM	)	9	I	Y	i	y
1010	LF	SUB	*	:	J	Z	j	z
1011	VT	ESC	+	;	K	[	k	{
1100	FF	FC	,	<	L	₩	l		
1101	CR	GS	-	=	M	]	m	}
1110	SO	RS	.	>	N	^	n	~
1111	SI	US	/	?	O	_	o	DEL

이미지 정보의 부호화

이미지를 부호화하는 대표적인 방법은 **래스터 그래픽스(Raster Graphics) 방식**으로도 불리는 **비트맵(Bit Map) 방식**입니다. 이를 이해하려면 픽셀(pixel, 화소)에 대한 이해가 필요합니다. 이미지는 픽셀들의 모음으로 이루어져 있고, 각 픽셀은 빨강·초록·파랑(RGB) 색상 값을 가지고 있습니다. **해상도(Resolution)**는 이미지의 가로 픽셀 수와 세로 픽셀 수로 정의되는데, 해상도가 높을수록 이미지가 더 선명합니다. 비트맵 방식 외에도 이미지의 형태와 속성을 수학적으로 표현하는 **벡터 그래픽스(Vector Graphics) 방식**이 있습니다. 이 방식으로 부호화된 이미지 파일은 '.svg', '.wmf' 등의 확장자를 가집니다.

비트맵 방식과 벡터 방식의 비교

항목	비트맵 방식	벡터 방식
이미지 구성	픽셀로 구성	수학적 계산을 통한 선과 곡선
응용 분야	사진, 디지털 아트, 웹 이미지 등 복잡한 이미지에 적합	로고, 아이콘, 일러스트 등 단순하고 선명한 이미지에 적합
파일 크기	이미지 크기에 따라 파일 크기 증가	복잡도에 따라 파일 크기 결정
파일 형식	JPEG, PNG, BMP, GIF 등	SVG, EMF, EPS 등
이미지 확대 시	화질 저하 및 계단현상 발생	화질 손실 없음

따라해 보기 | 해상도 비교

12×12 모눈 칸의 그림에서 검은색인 자리는 1, 그렇지 않은 자리는 0으로 표시한 후 픽셀의 개수에 따른 해상도의 변화를 확인해 봅시다.

그림

6×6

12×12

004 압축**

압축(Compression)이란 데이터의 용량을 줄이는 과정을 말합니다. 즉 데이터를 작게 만들어서 컴퓨터의 저장 공간을 아끼고 데이터를 더 빨리 전송할 수 있게 하는 과정입니다. 압축률이란 변환하기 전의 데이터와 압축 후 데이터의 크기 비율을 의미합니다. 압축률이 높을수록 데이터의 저장 공간을 더 많이 절약할 수 있죠. 데이터 압축 방법은 크게 두 가지가 있습니다.

1 손실 압축: 데이터에서 꼭 필요하지 않거나 사람이 잘 인식하지 못하는 부분을 제거하거나 유사한 값으로 바꿔 압축합니다. 이 방법은 원본 데이터를 완벽하게 복원하기는 힘듭니다. 주로 이미지 파일이나 소리 파일처럼 용량이 큰 파일에서 사용됩니다. 압축 정도를 조정할 수 있는 경우에는 작게 압축해야 품질이 높아집니다.

2 무손실 압축: 원본 데이터를 전혀 잃지 않으면서 압축하므로 나중에 원본 데이터를 완벽하게 복원할 수 있습니다.

데이터 압축 방식의 비교

	무압축	무손실 압축	손실 압축
이미지	• BMP(Bit Map) • SVG(Scalable Vector Graphics)	• PNG(Portable Network Graphics) • GIF(Graphics Interchange Format)	• JPEG(Joint Photographic Experts Group)
음성	• WAV(WAVeform audio format) • AIFF(Audio Interchange File Format)	• FLAC(Free Lossless Audio Codec) • ALAC(Apple Lossless Audio Codec)	• MP3(MPEG Audio Layer-3) • WMA(Windows Media Audio) • AAC(Advanced Audio Coding)

여러 문자가 나열된 것을 문자열이라고 합니다. 문자열이 저장된 파일은 데이터 손실이 일어나면 안 되는 경우가 많으므로 주로 **무손실 압축**을 사용합니다. 이미지 파일, 음성 파일, 동영상 파일도 무손실 압축을 할 수 있습니다. 대표적인 무손실 압축 방법에는 런-길이(Run-Length, 런-렝스), 럼펠-지브(Lempel-Ziv), 허프만(Huffman) 등이 있습니다.

1 런-길이 압축: 같은 문자가 연속해서 나오는 경우 연속하는 문자의 반복 횟수와 해당 문자의 쌍으로 표현합니다.

   예) ABCCDDDDCDEEE ⇒ AB2C4DCD3E

2 럼펠-지브 압축: 같은 문자열 패턴이 자주 등장하는 경우 현재의 문자열 패턴과 같은 문자열 패턴의 상대적 위치와 패턴의 길이로 문자열을 치환합니다. 예를 들어, 아래 예시에서는 문자열 'CDE' 패턴이 반복해서 등장하는데, 뒤에 등장한 'CDE'는 해당 문자열의 맨 앞 글자 'C'를 기준으로 5칸 앞의 위치에서 패턴의 길이가 3이므로 (5, 3)으로 치환합니다.

   예) ABCDEFGCDEHI ⇒ ABCDEFG(5, 3)HI

3 허프만 압축: 자주 등장하는 문자에는 적은 수의 비트를, 잘 안 나오는 문자에는 그보다 많은 수의 비트를 부여합니다. 예를 들어, 아래 예시에서 가장 빈도가 많은 문자 'A'는 0을, 빈도가 낮은 문자 'B'와 'C'에는 각각 10과 11을 부여하여 나타낼 수 있습니다.

   예) AAAAABBBCCCC ⇒ 000001010111111

압축된 데이터를 쉽게 교환하여 사용하기 위해 압축과 압축 해제에 활용되는 알고리즘의 표준화가 이루어졌습니다. 그 결과 데이터의 유형에 맞게 다양한 압축 표준이 등장하였습니다. 파일을 압축하거나 압축을 해제할 때 사용되는 알고리즘을 **코덱(CODEC: COder and DECoder)**이라고 합니다.

> **생각해 보기** **데이터 압축 시 고려할 사항**
>
> 손실 압축을 할 경우, 압축률뿐만 아니라 데이터 압축 및 압축 해제 알고리즘의 효율성과 데이터 품질도 고려해야 합니다. 다음과 같은 질문에 대하여 생각해 봅시다.
>
> 1. 데이터 압축이 어떤 상황, 어떤 분야에서 중요하게 활용될 수 있을까요?
> 2. 효율적인 압축을 달성하기 어려운 데이터가 있을까요?
> 3. 압축 알고리즘을 여러 번 반복하면 압축률이 높아질까요?
> 4. 압축할 때의 속도, 데이터 전송 속도, 압축 해제할 때의 속도 차이가 크다면 어떤 문제가 생길까요?

암호화와 복호화**

암호화(Encryption)는 우리가 읽을 수 있는 정보(평문)를 읽을 수 없게 암호문으로 변환하는 과정이고, **복호화(Decryption)**는 암호문을 원래의 평문으로 복원하는 과정입니다. 암호화를 통해 데이터를 보호하고, 복호화를 통해 필요한 사람만 안전하게 데이터를 볼 수 있습니다. 이렇게 하면 허락받지 않은 사람은 정보를 못 보게 되므로 보안의 중요한 요소인 '기밀성'을 지킬 수 있습니다.

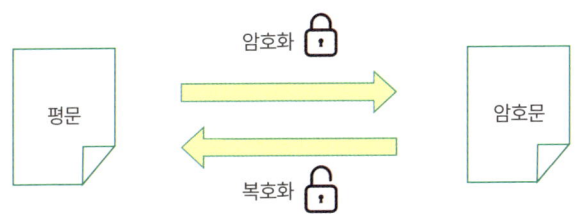

암호화 과정과 복호화 과정

암호화와 복호화는 알고리즘과 키(Key)를 이용해서 이루어집니다. 같은 암호화 알고리즘을 써도 키가 다르면 다른 암호문이 만들어집니다. 암호화와 복호화에 같은 키를 사용하는 경우를 **대칭 키 암호화(비밀 키 암호화)**라고 합니다. 이때 키는 메시지를 보내는 사람과 받는 사람만 알고 있어야 합니다. 만약 키가 유출되면 아무나 메시지를 복호화해서 읽을 수 있다는 문제가 생깁니다.

이 문제를 어느 정도 보완할 수 있는 것이 **비대칭 키 암호화(공유 키 암호화)**입니다. 이 방법은 암호화와 복호화에 각각 다른 키를 사용하는데, 두 키는 쌍으로 생성되며 하나는 공개 키(Public key)이고 다른 하나는 개인 키(Private key)입니다. 공개 키는 그야말로 누구나 볼 수 있게 공개되어 있고, 암호화할 때 사용합니다. 개인 키는 복호화하는 사람만 가지고 있고, 비밀로 유지됩니다. 그래서 공개 키로 암호화된 메시지는 그 공개 키와 쌍이 맞는 개인 키를 가진 사람만 복호화할 수 있습니다.

대칭 키 암호화와 비대칭 키 암호화의 비교

	대칭 키 암호화	비대칭 키 암호화
사용하는 키의 개수	1개	2개
암호화 키	비밀 키	공개 키
복호화 키		개인 키
키 배포	키 배포가 어려움 (키가 유출되면 보안에 취약)	공개 키 배포는 용이, 개인 키는 보호해야 함
암호화·복호화 속도	빠름	느림
사용 예시	파일 암호화, 디스크 암호화	전자서명, SSL/TLS
알고리즘 예시	DES, AES	RSA

> **알면 플러스** **HTTP와 HTTPS의 차이**
>
> 몇 년 전만 해도 인터넷에서 웹사이트를 이용할 때 'http://'로 시작하는 경우가 많았지만, 요즘은 은행 사이트, 방문자가 많은 사이트는 거의 다 'https://'로 시작합니다. 차이를 알고 있나요? 인터넷의 통신 프로토콜인 HTTP(Hyper Text Transfer Potocol)에서 보안성이 강화된 것이 HTTPS(HTTP over Secure socket layer)입니다. 여기서 's'는 'secure'의 앞글자로, '이 웹사이트가 안전하게 암호화되어 있다.'는 뜻이죠. 이렇게 암호화를 사용하면 웹사이트에 입력한 개인 정보나 비밀번호 같은 중요한 정보가 안전하게 보호됩니다. 전자상거래 사이트에 방문할 일이 있으면 꼭 확인해 보세요.

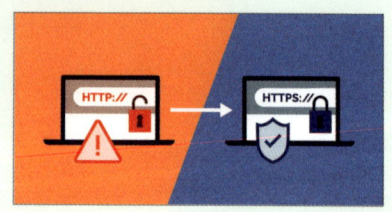

HTTP와 HTTPS

006 빅데이터*

빅데이터(Big Date)의 '빅(Big)'은 단순히 양적인 개념뿐만 아니라 복잡하고 다양한 질적인 개념도 포함합니다. 양적 데이터와 질적 데이터가 함께 모이면 단순히 숫자만 보는 것이 아니라 깊이 있는 분석이 가능해져 그 안에 숨겨진 다양한 패턴과 관계를 더 깊이 이해할 수 있게 됩니다. 일반적으로 빅데이터는 큰 용량과 복잡성으로 기존 애플리케이션이나 툴로는 다루기 어려운 데이터세트의 집합을 의미합니다. 과거에는 데이터를 저장하는 서버의 운영 비용이 크고 매체의 용량 자체가 크지 않아 큰 데이터를 쉽게 저장하지 못했습니다. 그러나 최근에는 서버의 다양화로 효율적인 데이터 보관이 가능해졌으며, 스마트폰의 발달로 인터넷에서 생성되는 정보도 무척 다양해졌습니다. 이러한 흐름에 따라 데이터는 '기존의 접근 방식으로는 얻을 수 없었던 통찰과 가치를 창출하는 재료'를 의미하게 되었습니다.

최근에는 과학기술의 발달과 컴퓨터, 스마트폰의 출현으로 우리 주변에는 셀 수 없이 많은 재료, 즉 데이터가 쏟아져 나오고 있습니다. 전체 데이터의 90%는 2015년 이후에 생산되었을 정도로 데이터의 생산 규모가 기하급수적으로 빠르게 증가하고 있습니다. 글로벌 시장조사 기관인 스태티스타(Statista)에 의하면, 2020년에 59ZB이던 데이터 생산량이 2024년에는 3배까지 증가할 것으로 예측되었다고 합니다. 얼마나 큰 용량인지 가늠이 안 되죠? 3ZB만 해도 대략 1,500조 개의 셀카 사진을, 7조 5,000억 개의 음악 파일을, 600억 개의 비디오게임을 저장할 수 있는 어마어마한 용량입니다.

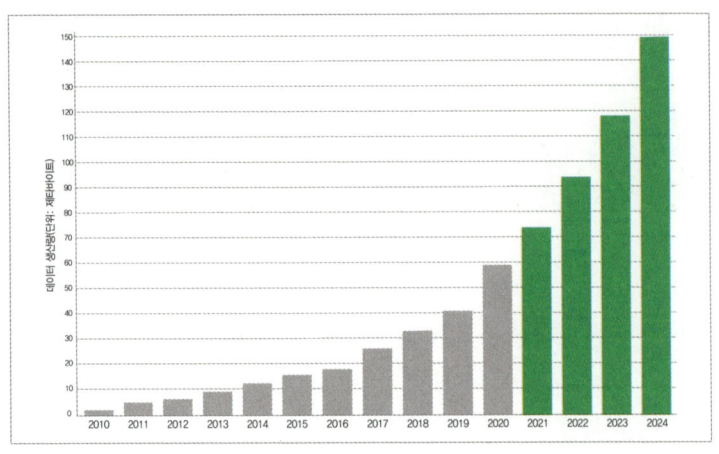

연도별 전 세계 데이터 생산량(2020년 기준, 2021~2024년은 예상치. 출처: 스태티스타)

이와 같은 방대한 빅데이터의 특징은 3V, 즉 데이터 규모(Volume), 데이터의 다양성(Variety), 데이터의 생성 및 처리 속도(Velocity)의 증가로 정리할 수 있습니다. 최근에는 가치(Value)와 정확성(Veracity)을 더해서 5V로 빅데이터의 특징을 설명하기도 합니다.

빅데이터의 특징 3V

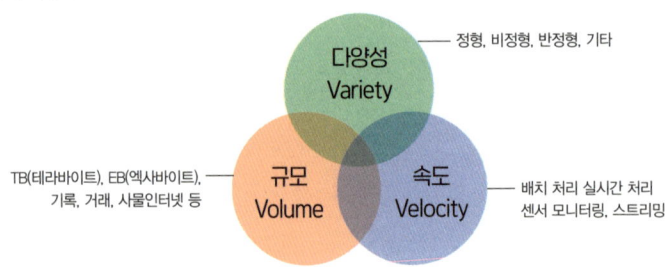

데이터의 규모(Volume)	디지털 환경에서 생성되는 데이터의 양은 방대하며, 계속해서 증가하고 있습니다.
데이터의 다양성(Variety)	데이터는 정형(예: 데이터베이스의 테이블), 비정형(예: 텍스트, 이미지, 동영상), 반정형(예: XML, JSON) 등 다양한 형태로 존재합니다. ('007. 데이터 형태'에서 자세히 살펴봅시다.)
데이터의 생성 및 처리 속도 (Velocity)	소셜미디어 피드, 금융 거래, 자율주행차 운행 등은 실시간으로 빠르게 생성되고, 이를 분석 및 처리하는 속도 역시 빠르게 이루어져야 합니다.

그렇다면 빅데이터를 어떻게 활용해야 할까요?

특정한 인과관계가 중요시되던 과거와 달리 데이터의 양이 급격하게 늘어나면서 상관관계를 통해 특정 현상의 발생 가능성을 포착하고 그에 맞는 행동을 추천하는 상관관계를 활용한 인사이트 도출이 점점 확산되고 있습니다. 빅데이터의 가치는 결국 어떤 **인사이트(Insights, 통찰력)**를 발굴할 수 있느냐가 핵심입니다. 그 인사이트가 신규 사업으로 이어져 수십 조의 사업 성공의 길로 이끄는 가치를 지닐 수도 있고, 반대로 제대로 통찰하지 못해 수익 모델에 큰 도움을 주지 못할 수도 있겠죠.

빅데이터의 가치를 산정하는 것은 어려운 일이지만, 중요한 것은 빅데이터를 통한 인사이트를 가치 있게 만드는 과정입니다. 그 과정의 결과가 크든 작든 분명 우리의 삶을 변화시키는 데 중요한 역할을 할 것이라는 점을 기억합시다.

007
데이터 형태
(정형, 비정형, 반정형)*

데이터(Data)라는 단어는 라틴어 'dare(주다)', 'datum(주어진 것, 선물, 자료)'에서 왔으며, 보통 연구나 조사 등의 바탕이 되는 재료 혹은 자료를 의미합니다. 1646년 영국 문헌에 처음 등장한 '데이터'는 추상적이고 관념적인 개념이었다가 1900년대 중반 컴퓨터의 시대가 도래하면서 기술적이고 사실적인 의미의 '자료'로 변화하였습니다.

데이터는 다음과 같이 크게 세 가지 유형으로 구분할 수 있습니다.

정형 데이터

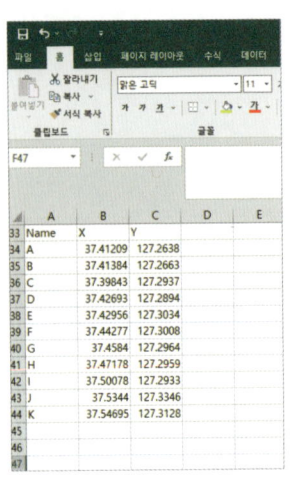

정형 데이터의 예, CSV 데이터

정형 데이터란 구조화된 데이터, 즉 일정한 형식과 구조를 따라 저장된 데이터를 의미합니다. 정형 데이터의 가장 대표적인 예로는, 관계형 데이터베이스의 표 형태 테이블과 같이 행과 열로 표현할 수 있는 데이터, 특정 행과 열에 데이터 속성이 정해져 있는 스프레드시트 데이터, 그리고 콤마로 구분된 CSV 데이터 등을 들 수 있습니다.

정형 데이터는 정해진 형식과 저장 구조를 바탕으로 쉽게 데이터를 관리하고 검색할 수 있다는 장점이 있습니다. 또한 효율적인 선택, 갱신, 삭제 등의 연산이 가능하기에 대규모 데이터 처리를 위해 최적화된 환경에서 효과적으로 활용될 수 있습니다. 예를 들어, 기업에서는 고객 정보, 판매 기록, 재고 관리와 같은 데이터를 정형 데이터로 저장해 활용합니다.

비정형 데이터

비정형 데이터의 예(출처: 나무위키)

비정형 데이터는 정해진 구조나 형식이 없는 데이터입니다. 비정형 데이터는 구조가 정해지지 않아 그 자체로 내용에 대한 연산 처리를 할 수 없기 때문에 데이터의 특징을 추출하여 반정형 또는 정형 데이터로 변환하는 전처리(Preprocessing) 과정을 거쳐야 합니다.

최근 디지털 기술의 발전과 함께 사람들이 온라인에서 다양한 형태의 콘텐츠를 생성하고 소비하면서 동시에 비정형 데이터도 기하급수적으로 증가하고 있습니다. 또한 소셜 미디어와 같은 플랫폼에서 텍스트, 이미지, 영상 등을 통해 수많은 데이터가 매일 생성되고 있죠. 비정형 데이터는 정보의 양이 방대하고 다양하지만, 그 안에 중요한 정보가 숨어 있어 이를 효과적으로 분석하고 활용하는 것이 점점 더 중요해지고 있습니다.

반정형 데이터

반정형 데이터의 예, JSON

'반정형'에서 '반'은 '반대하다'는 뜻이 아닌, 정형과 비정형의 '절반(Semi)'을 뜻합니다. 반정형 데이터는 완전히 고정된 구조는 아니지만, 데이터의 형식과 구조에 어느 정도 규칙이 있어 부분적으로 구조화된 데이터를 의미합니다. JSON, HTML, XML 파일처럼 정보를 나열할 때 일정한 방식이 있지만, 모든 데이터가 행과 열의 틀에 맞춰져 있는 것은 아닙니다. 이들 데이터의 일부 태그는 키-값 쌍으로 구조화되어 있어 다양한 자료를 쉽게 다룰 수 있고, 필요한 정보를 찾기도 비교적 쉽습니다. 반정형 데이터는 유연성과 확장성을 제공하여 다양한 데이터 소스에서 쉽게 수집되고 분석에 활용될 수 있어 여러 가지 파일이나 웹에서 정보를 가져올 때 자주 사용됩니다.

이 세 가지 데이터 형태를 표로 정리하면 아래와 같습니다.

데이터 형태의 특징과 예

구분	특징	예
정형 데이터	정형화된 틀이 있고, 연산이 가능	CSV, 엑셀, 스프레드시트 등
비정형 데이터	정형화된 틀이 없고, 연산이 불가능	소셜 데이터, 댓글, 영상, 음성 등
반정형 데이터	부분적으로 구조화되어 있지만, 연산은 불가능	XML, JSON, 센서 데이터 등

날(rare) 것의 데이터를 가공하기 위해 정형 데이터로 전환하는 과정이 필요한 것은 사실입니다. 그렇다고 해서 비정형 데이터는 쓸모가 없을까요?

2010년 빅데이터 기술이 등장하면서 비정형 데이터의 가치는 급상승하였습니다. 전 세계에서 생성되는 데이터의 80% 이상이 비정형 데이터에 해당하기 때문이죠. 우리가 사용하는 정형 데이터는 빙산의 일부분일 뿐, 그 아래에는 비정형 데이터로 이루어진 더 많은 가치가 존재한답니다.

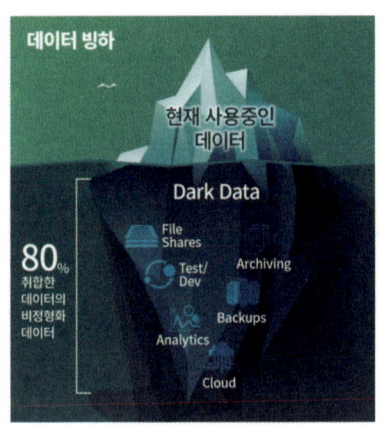

데이터 빙하(출처: 이코노믹 리뷰)

데이터 수집*

데이터 분석이나 머신러닝(기계학습)을 하기 위해서는 많은 양의 데이터가 필요합니다. 이 데이터를 모으는 과정을 **데이터 수집**이라고 하는데, 데이터 수집에는 여러 방법이 있습니다. 여기서는 대표적으로 센서 데이터 수집, 설문조사, 데이터세트 활용에 대해 소개합니다.

센서 데이터 수집

센서는 사물, 온도, 습도, 미세먼지 농도 등 주변 환경의 상태를 감지하는 장치입니다. 센서를 통해 수집된 데이터를 분석하고 활용하여 효율성과 편의성을 높인 예는 스마트 농업, 환경 모니터링, 스마트 홈, 스마트 공장 등 다양한 분야에서 찾아볼 수 있습니다.

물리적 세계에서 어떤 데이터를 수집하느냐에 따라 선택해야 하는 센서가 달라지겠지요? 센서를 선택한 후에는 측정하는 환경 조건과 센서의 올바른 사용법에 따라 최적의 위치에 센서를 설치한 후 케이블, 브레드 보드 등을 활용하여 아두이노와 같은 마이크로컨트롤러와 연결합니다. 센서에 입력된 데이터를 읽어 오는 코드를 작성하면 데이터 수집 과정을 자동화하여 대량의 데이터를 손쉽게 모을 수 있습니다. 대표적인 센서는 다음과 같습니다.

센서의 종류와 역할, 사용 시 유의사항

센서 종류	역할	사용 시 유의사항
온도 센서	주변 온도 측정	직사광선을 피하고, 센서 주변에 열을 흡수하거나 방출하는 물체가 없도록 합니다.
습도 센서	주변 습도 측정	온도 변화가 작은 곳에 설치하고, 물에 직접 닿지 않도록 합니다.

초음파 센서	초음파를 발생시켜 물체와 센서 사이의 거리를 측정	초음파의 속도에 영향을 미치는 온도 변화, 높은 습도, 강한 바람에 유의합니다. 최소 및 최대 측정 거리를 고려합니다.
적외선 센서	적외선을 통해 물체의 존재를 감지	강한 햇빛이나 밝은 조명을 피하고 온도 변화가 작은 환경에서 사용합니다. 센서의 사양에 맞는 거리 내에서 사용합니다.
조도 센서	주변 빛의 양을 측정	반사되는 빛이 센서에 들어가면 측정값에 왜곡을 일으킬 수 있음에 유의합니다.

설문조사

여러분도 한 번쯤 구글 폼(Google Form)이나 네이버 폼(Naver Form)으로 설문조사에 참여한 경험이 있을 것입니다. 그만큼 설문조사는 대중적이고 쉬운 데이터 수집 방법인데요. 무엇보다도 내가 원하는 형식과 상황에 맞는 방식으로 한 번에 많은 사람들로부터 데이터를 수집할

온라인 설문

수 있다는 장점이 있습니다. 그러나 다양한 요소를 고려하며 설문지를 작성해야 신뢰할 만한 데이터를 수집하고 더 유용하게 활용할 수 있습니다. 설문지를 작성할 때 지켜야 할 대표적인 유의사항은 다음과 같습니다.

1 정보 수집 및 활용 목적 명시: 수집한 정보를 어떻게 활용할지 구체적으로 명시해야 합니다. 개인 정보 수집이 필요한 경우에는 어떤 내용을 수집하고 활용할 것이며 어떻게 보호할 것인지를 알리고 동의를 얻어야 합니다.

2 간결하고 명확한 질문: 응답자가 쉽게 이해할 수 있는 용어를 사용하고, 여러 뜻으로 해석될 수 있는 모호한 표현은 하지 않아야 합니다. 특히 한 문항에는 딱 하나의 질문만 하여 응답자가 혼란스러워하지 않도록 해야 합니다.

3 중립적인 질문: 특정 답으로 유도하는 질문을 사용하지 않아야 합니다.

4 포괄적인 보기 구성: 선택형 질문의 경우 보기를 구성해야 하는데, 질문에 대

한 응답으로 나올 만한 내용은 보기에서 누락이 안 되도록 해야 합니다.

5 **상호 배타적인 보기 구성**: 선택형 질문의 보기 내용은 중복되지 않아야 합니다.

6 **문항 순서의 배치**: 응답자가 질문의 흐름을 따라가기 쉽게 논리적인 순서대로 질문을 배치하고, 응답하기 쉬운 질문을 앞쪽에 두는 것이 좋습니다.

7 이 밖에 설문지 응답 대상의 조건과 인원을 어떻게 결정하고 표본을 어떻게 추출하느냐는 설문조사 결과를 해석할 때 중요한 문제입니다.

데이터세트 활용

직접 데이터를 모으지 않고, 이미 모아 놓은 데이터를 사용할 수도 있습니다. 개인이나 기관에서 공개한 데이터세트를 사용하는 것인데요. 이러한 데이터를 사용할 때는 출처, 무료 여부, 상업적 사용 가능 여부 등의 이용 약관을 반드시 확인해야 합니다.

데이터세트가 어떤 형식으로 제공되느냐도 중요합니다. 더 나아가 API나 실시간 데이터 스트림을 통한 동적 데이터를 제공하기도 합니다. 데이터의 형태에 따라 분석 방법도 달라집니다.

데이터세트를 얻을 수 있는 사이트 예시

사이트명	주요 특징	사이트
국가 공공데이터포털	교육, 국토관리, 공공행정, 재정금융, 산업 고용, 사회복지, 식품건강, 문화관광, 보건의료, 재난 안전, 교통물류, 환경기상, 과학기술, 농축수산, 통일외교, 법률 등 정부가 보유한 데이터세트 제공	https://www.data.go.kr/
국가통계포털	국내, 국제 등 다양한 주제별 통계자료 제공	https://kosis.kr/
캐글(kaggle)	기업 및 단체에서 데이터와 해결 과제를 등록하는 머신러닝 대회 플랫폼	https://www.kaggle.com/
오픈데이터 인셉션 (Open Data Inception)	세계 각지의 데이터 포털사이트 검색	https://opendatainception.io/

009
데이터 속성**

데이터가 저장된 표(Table)는 가로줄인 행(Row)과 세로줄인 열(Column)로 구성되며, 각 행은 레코드(Record) 또는 인스턴스(Instance)를 나타내고 각 열은 특정 속성(Attribute)을 나타냅니다. 즉 각 인스턴스는 여러 속성값을 가지게 됩니다. 데이터 속성은 **특성(Feature)**이나 **변수(Variable)**라고도 불립니다. 아래 예시에는 순번, 나이, 평균 수면 시간, 성별, 키라는 5개의 속성이 있습니다. 데이터 속성은 다양한 값을 가질 수 있는데, 그 값의 형태에 따라 **데이터 유형(Type)**이 분류됩니다.

표 데이터의 예

순번	나이	평균 수면 시간	성별	키
1	13	7	여	155
2	16	6.5	여	159
3	14	7.5	남	150
4	17	6	남	169
…	…	…	…	…

데이터 유형(Type)

유형		특징	예
수치형	이산형	• 셀 수 있는 형태의 자료 • 보통 정수로 표현	나이, 개수 등
	연속형	• 연속적인 구간에서 값을 갖는 자료 • 보통 실수로 표현	키, 무게, 시간, 온도 등
범주형	순서형	• 순서가 있으나 수치는 아닌 자료	학점(A, B, …), 척도(상, 중, 하) 등
	명목형	• 데이터가 구분되면서 순서가 없는 자료	성별, 혈액형, 국적 등

우리나라 주민등록번호 뒷자리 7개 숫자 중 첫 번째 숫자는 성별을 표시한다는 사실을 알고 있나요? 1900년대에 태어난 남자는 1, 여자는 2이고, 2000년대에 태어난 남자는 3, 여자는 4로 표기한답니다. 1900년대에 태어난 외국인 남자는 5, 여자는 6으로, 2000년대에 태어난 외국인 남자는 7, 여자는 8로 나타냅니다. 이처럼 범주형 데이터는 숫자 형태로 나타낼 수 있다는 사실에 유의하시기 바랍니다.

머신러닝에서는 중요한 데이터 속성(특성)을 선택하는 것이 중요합니다. 이를 **특성 선택(Feature Selection)**이라고 합니다. 과거에는 사람이 직접 이 과정을 수행했지만, 딥러닝이 등장하면서 컴퓨터가 알아서 중요한 특성을 선택할 수 있게 되었습니다. 하지만 딥러닝을 사용하려면 많은 데이터가 필요한데, 데이터가 많지 않을 때는 사람이 직접 특성을 분석하는 과정이 여전히 중요합니다.

이때는 탐색적 데이터 분석(EDA)이나 주성분 분석(PCA)과 같은 방법을 통해 데이터를 이해하고 중요한 데이터 특성을 찾는 과정이 필요합니다. 이렇게 식별된 특성을 문제 해결에 적합하게 변형하거나 처리하는 종합적인 과정을 **특성 공학(Feature Engineering)**이라고 합니다. 이 과정을 통해 데이터 분석과 인공지능 모델의 성능을 높일 수 있습니다.

> **생각해 보기** 머신러닝 모델과 데이터 속성
>
> 머신러닝 모델에 사용할 데이터 속성을 어떻게 선택하고 활용해야 할지, 다음의 질문에 답변하며 생각해 봅시다.
>
> 1. 머신러닝 모델이 최적의 성능이 나오려면 몇 개의 데이터 속성을 선택해야 할까요?
> 2. 과적합, 과소적합, 차원의 저주는 무엇을 의미하고 언제 발생할까요?
> 3. 텍스트나 이미지 데이터의 경우 어떻게 데이터 속성을 추출 및 선택해야 할까요?
> 4. 탐색적 데이터 분석(EDA)과 주성분 분석(PCA)의 목적과 방법에는 어떤 차이점이 있을까요?

010
데이터 전처리
(결측치, 이상치, 정규화)**

원초적인 데이터를 분석하기 위해서는 적합한 형태로 정리하고 변환하는 과정이 필요합니다. 이러한 과정을 **데이터 전처리**라고 하며 대표적으로 중복 제거, 결측치 및 이상치 처리, 정규화 등이 해당됩니다.

데이터 전처리는 분석의 정확도와 신뢰성을 높이기 위해 매우 중요하며, 품질 높은 데이터세트를 만드는 데 필수적이라고 해도 과언이 아닙니다.

결측치 처리

결측치는 존재하지 않는 데이터를 의미하며, 보통 'NA(Not Available)'로 표현하지만 데이터를 수집하는 환경에 따라 'NULL', 'NaN', '-1' 등 다양하게 나타날 수 있습니다. 데이터를 분석하기에 앞서 결측치 처리는 매우 중요한 전처리 과정입니다. 특히 설문조사에서 결측치가 많다는 것은 해당 문항의 민감성을 나타내는 척도로써 활용할 수 있습니다.

결측치의 유형에는 **완전 무작위 결측**, **무작위 결측**, **비무작위 결측**이 있습니다. 용어가 너무 어렵죠? 예시를 통해 차근차근 이해해 봅시다. 예를 들어, 성별로 체중을 예측하는 모델을 만들기 위해 설문조사로 데이터를 수집한다고 가정할 때 다음과 같은 결측치가 발생할 수 있습니다.

> **1. 완전 무작위 결측**
> 결측치가 다른 변수들과 아무런 상관관계가 없는 경우 (예: 단순히 설문조사에 응답하지 않거나 누락된 경우)

2. 무작위 결측

특정 변수와 관련되어 누락됐지만, 변수들의 상관관계를 알 수 없는 경우 (예: 성별의 영향으로 체중에 대해 응답을 하지 않았지만 성별과 체중은 아무런 관련이 없는 경우)

3. 비무작위 결측

누락된 변수의 값이 누락된 이유와 관련이 있는 경우 (예: 체중에 대한 응답이 누락된 것이 체중 자체에 영향을 받았을 경우)

결측치가 많은 경우에는 데이터의 손실이 커서 오차가 더욱 커질 수 있으므로 다음 중 하나의 방법으로 대체해야 합니다.

1. 데이터 정제하기
- 해당 행 무시하기
- 자동으로 0으로 채우거나 평균값, 중앙값과 같은 통계값을 적용하거나 추정치를 적용하기
- 수동으로 직접 확인하고 적절한 값으로 수정하기

2. 삭제하기

이상치 처리

이상치란 값이 존재하지 않는 결측치와 달리 다른 데이터와 비교하였을 때 극단적으로 크거나 극단적으로 작은 값을 의미합니다. 그렇다면 '극단적으로 큰' 값이나 '극단적으로 작은' 값은 어떤 기준으로 정해지는 것일까요? 이상치의 기준을 정하는 방법에는 크게 두 가지가 있습니다.

이상치의 기준을 정하는 2가지 방법

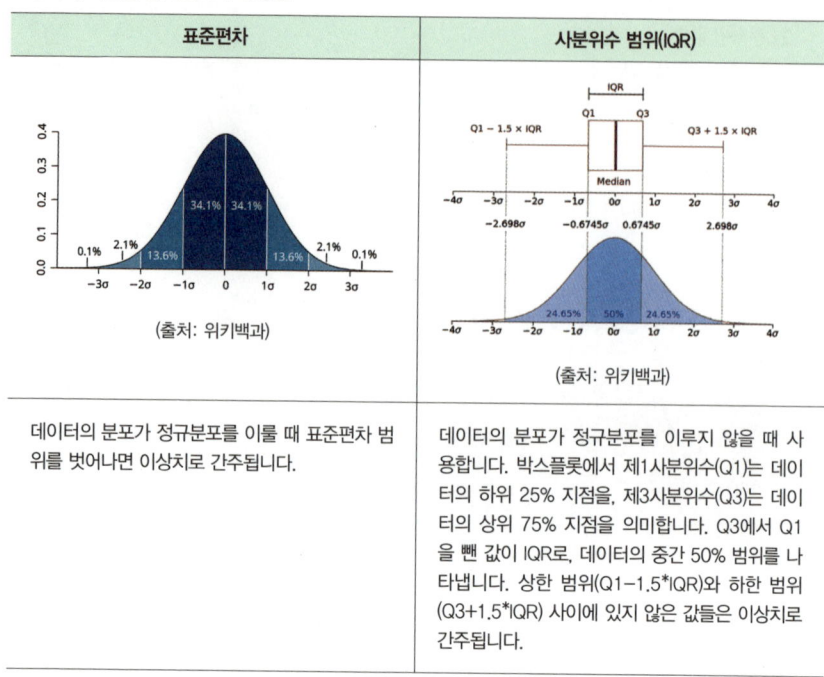

표준편차	사분위수 범위(IQR)
데이터의 분포가 정규분포를 이룰 때 표준편차 범위를 벗어나면 이상치로 간주됩니다.	데이터의 분포가 정규분포를 이루지 않을 때 사용합니다. 박스플롯에서 제1사분위수(Q1)는 데이터의 하위 25% 지점을, 제3사분위수(Q3)는 데이터의 상위 75% 지점을 의미합니다. Q3에서 Q1을 뺀 값이 IQR로, 데이터의 중간 50% 범위를 나타냅니다. 상한 범위(Q1-1.5*IQR)와 하한 범위(Q3+1.5*IQR) 사이에 있지 않은 값들은 이상치로 간주됩니다.

이상치로 판단된 값들은 데이터와 동떨어진 값으로 모델을 왜곡할 가능성이 있습니다. 그러므로 이상치가 확인되면 해당 값을 삭제하거나, 삭제로 이상치를 제거했을 때 데이터의 양이 너무 적어지는 경우 평균값이나 중앙값 등으로 대체해야 합니다.

정규화

데이터 정규화란 데이터의 스케일(Scale)을 0부터 1 사이의 특정 구간으로 조정하는 방법으로, 데이터 간의 상대적인 크기 차이를 제거하고 동일한 기준으로 비교할 수 있도록 합니다.

예를 들어, 100점 만점인 A시험에서 5점을 받은 경우와, 10점 만점인 B시험에서 5점을 받은 경우에 획득한 점수는 같지만 점수가 가지는 의미는 매우 다르죠. 이때 데이터 범위의 차이를 왜곡하지 않고 공통된 척도로 변경하는 과정이 필요할 것입니다. 가장 대표적인 정규화 방법은 최대-최소 스케일링(Min-Max Scaling)으로, 데이터에서 최솟값을 빼고 전체 범위로 나누는 과정입니다.

$$x' = \frac{x - x_{\min}}{x_{\max} - x_{\min}}$$

A시험의 경우 5-0/(100-0)=0.05, B시험의 경우 5-0/(10-0)=0.5로, [0, 1] 사이에 위치한 동일한 지표로 비교할 수 있게 되어 각 수치 간 정확한 분석이 가능해집니다. 데이터의 범위가 극단적으로 0~1인 속성 X와 1000~10000 사이인 속성 Y가 존재할 경우 데이터들을 군집화하여 데이터 간의 거리를 측정할 때 당연히 속성 B의 영향을 크게 받을 수밖에 없을 것입니다. 따라서 데이터를 학습시키기 전에 미리 처리하는 과정은 꼭 해야겠죠?

011 데이터 시각화*

빅데이터 분석 결과를 효과적으로 전달하려면 어떻게 해야 할까요? 분석만큼이나 중요한 단계가 있는데, 바로 데이터 시각화입니다.

데이터 시각화(Data Visualization)는 문제 해결을 위해 수집한 방대한 양의 데이터를 한눈에 파악하기 어려울 경우 분석 결과를 이해하기 쉽도록 표현한 것을 말합니다. 데이터에서 규칙이나 패턴을 찾아 분석한 것을 이해하기 쉽게 재구성하기 때문에 데이터 속 이상치나 패턴 등의 주요 정보를 신속하고 용이하게 발견할 수 있습니다.

데이터 시각화의 시초 _ 나이팅게일의 로즈 다이어그램

'백의의 천사'로 알려진 나이팅게일은 간호사이면서 통계학자였으며, 심지어 데이터 시각화의 선구자였다는 사실을 알고 있나요? 나이팅게일은 1850년대에 발발한 크림전쟁에서 아픈 병사들을 돌보다가, 열악하고 비위생적인 환경이 병사들의 사망과 연관이 있음을 깨닫고 사

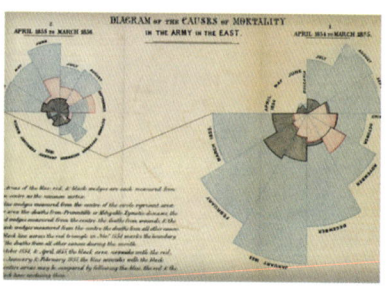

나이팅게일의 로즈 다이어그램

망 원인을 기록하여 로즈 다이어그램으로 제시합니다.

로즈 다이어그램에서 각 부채꼴은 월별 사망자 수를 나타내며, 사망 원인별로 색깔을 다르게 표현했습니다. 붉은색은 부상으로 인한 사망, 파란색은 비위생적인 환경으로 인한 사망, 검은색은 기타 원인으로 인한 사망을 의미합니다. 위의 그림에서 오른쪽의 로즈 다이어그램을 보면, 한눈에 파란색이 다른 색에 비해 면적

이 훨씬 더 넓은 것을 확인할 수 있죠? 나이팅게일은 이 데이터를 근거로 전장에서 부상으로 인한 사망자보다 병원의 위생 문제 때문에 사망하는 병사들이 훨씬 더 많다는 사실을 강조하며 군 병원에서 기본적인 위생 방법인 손 씻기를 교육하게 되었습니다. 손 씻기 교육 이후의 데이터가 왼쪽 로즈 다이어그램입니다. 오른쪽 다이아그램보다 사망자 수가 급격하게 감소한 것이 느껴지죠?

나이팅게일은 이처럼 데이터 시각화를 활용해서 병원 내 위생 유지의 중요성을 대중과 의료진에게 강조하는 데 앞장섰습니다. 데이터가 가진 힘! 정말 놀랍지 않나요? 이는 데이터 시각화 활용의 중요성을 잘 알 수 있는 예입니다.

데이터 시각화 방법은 어떤 목적으로 활용하느냐에 따라 아래와 같이 종류를 나눌 수 있습니다.

활용 목적에 따른 데이터 시각화 방법

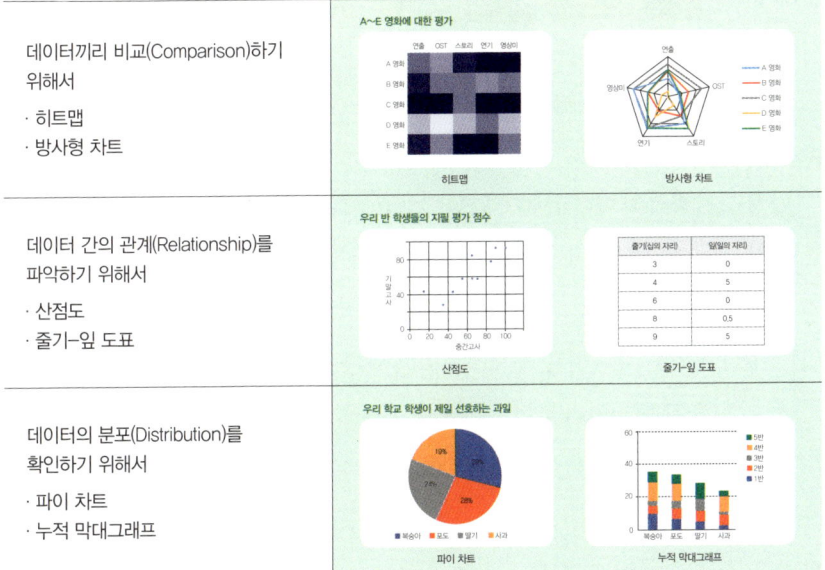

알면 플러스 통그라미, 클릭 한 번이면 나도 데이터 시각화 전문가

통그라미를 활용하면 정형 데이터로 데이터 분석 보고서를 작성할 수 있습니다.
(https://tong.kostat.go.kr/tongramy_web/main.do)

데이터 분석**

데이터 분석은 대규모 데이터에 숨어 있는 사실, 추세, 관계, 패턴 등을 찾아내는 과정입니다. 데이터 분석을 위한 접근 방법은 크게 두 가지입니다.

데이터 분석의 2가지 접근 방법
(출처: https://aliencoder.tistory.com/1#google_vignette)

첫 번째는 **확증적 데이터 분석**(CDA: Confirmatory Data Analysis)입니다. 이는 가장 전통적인 데이터 분석 방법으로, 명확한 가설을 설정한 후 이를 검증하기 위해 데이터를 수집하고 분석합니다. 그 과정은 이렇습니다. 가장 먼저, 가설이 설정되면 관련 데이터를 체계적으로 수집하여 해당 가설이 타당한지 평가합니다. 이후 수집된 데이터를 바탕으로 통계 분석을 수행하여 가설의 정확성을 검토합니다. 이 과정에서 분석 결과는 가설의 유효성을 입증하거나 반박하는 데 사용되며, 궁극적으로 데이터의 가설 지지 여부를 확인하는 데 중점을 둡니다. 임상 실험 시 약물 투여에 따른 환자의 회복 시간 데이터를 수집하는 경우도 이에 해당됩니다.

두 번째는 **탐색적 데이터 분석**(EDA: Exploratory Data Analysis)입니다. 이는 벨연구소의 수학자 존 튜키가 제안한 데이터 분석 방법으로, 데이터를 이해하고 의미 있는 관계를 찾아내기 위해 원 데이터를 이용해 데이터의 통계값과 분포 등을 시각화하고 분석하는 것을 말합니다. 데이터의 특징과 구조로부터 의미를 발견하는 귀납적 분석 방법으로, 주로 빅데이터 분석에 활용됩니다. 확증적 데이터 분석은 데이터의 새롭고 예상하지 못했던 특징을 발견하는 데 어려움이 있기 때문에 탐색적 데이터 분석을 통해 이러한 한계를 보완할 수 있습니다. 특히 데이터를 살펴보면서 새로운 시각으로 해석하거나 인사이트를 찾는 과정에서 많이 사용됩니다. 고객의 구매 패턴을 수집하고 이를 분석하여 새로운 마케팅 전략을 도출해 내는 경우가 탐색적 데이터 분석의 대표적인 예라 할 수 있습니다.

013
인포그래픽*

인포그래픽(Infographic)은 정보(Information)와 그래픽(Graphic)의 합성어로, 정보를 쉽고 빠르게 파악할 수 있도록 시각적으로 표현하는 것을 말합니다. 데이터 시각화와 개념이 비슷하지만, 인포그래픽에서 조금 더 강조되는 점은 명확한 주제와 메시지 혹은 스토리텔링을 담고 있다는 것입니다. 뉴스 기사에서 보는 통계자료도 인포그래픽의 한 예라고 할 수 있습니다.

좋은 인포그래픽은 다음과 같은 특징이 있습니다.

> 1. **주제의 명확성**: 전달하려는 메시지가 분명합니다.
> 2. **정보의 정확성**: 믿을 수 있는 데이터를 사용하며, 제공하는 정보가 오류 없이 정확합니다.
> 3. **시각적 구성**: 정보를 논리적으로 조직하여 중요한 정보를 이해하기 쉽습니다.
> 4. **디자인 요소**: 서체, 문단, 색상, 아이콘 등이 보기 좋게 조화를 이룹니다.
> 5. **창의성**: 독특한 아이디어가 돋보여 눈길을 끕니다.

대표적인 인포그래픽의 유형은 다음과 같습니다.

인포그래픽의 유형

유형	설명	예
통계형	• 숫자 데이터를 표, 그래프와 같이 시각적으로 표현합니다.	막대그래프, 꺾은선그래프, 원형 차트, 히트맵 등
타임라인형	• 사건이나 활동을 시간순으로 나타냅니다. • 일반적으로 시간 축이 존재하며, 시간의 흐름을 선 형태로 표현합니다.	역사적 사건 타임라인, 프로젝트 일정, 기술 발전 과정 등
과정형	• 단계별 진행 과정을 표현하고, 각 단계의 핵심 사항을 시각적으로 나타냅니다. • 주로 화살표로 흐름을 나타내며, 다양한 요소가 서로 연관되어 진행 과정을 표현합니다.	제작 과정, 비즈니스 프로세스, 목표 달성 계획 등

지리형	• 지도에 지리적 데이터를 결합하여 표현합니다. • 지역 간 데이터 비교, 시설 안내도, 노선도, 학문 영역 범위 표시 등에 활용합니다.	지도, 인구 분포, 지역별 지지율, 교통망, 주요 지진 발생 지역 등
비교형	• 두 개 이상의 항목에 대하여 공통점과 차이점을 표현합니다.	장단점 비교표, 제품 사양 비교, 전후 비교 등
스토리텔링형	• 데이터를 이야기 형식으로 나타내어 전달합니다.	단계별 일러스트, 스토리 보드, 여정 경로, 성장 이야기 등

알면 플러스 │ 캔바(Canva)에서 인포그래픽 제작하기

캔바(https://www.canva.com/)에서 유형별 인포그래픽 템플릿을 살펴보고 직접 제작해 볼 수 있습니다.

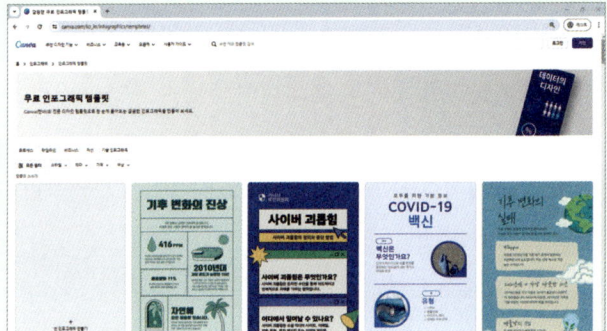

캔바(https://www.canva.com/ko_kr/infographics/templates/)

데이터베이스**

데이터베이스(Database)는 수집된 자료를 일컫는 '데이터(Data)'와 '기지(Base)'의 합성어로, 1950년대에 미군에서 군수물자를 관리하기 위해 처음 등장하게 되었습니다. 이후 1963년에 미국 SDC(System Development Corporation)가 개최한 심포지엄에서 '대량의 데이터를 축적하는 가치'의 개념으로 데이터베이스라는 용어가 공식적으로 처음 사용되었습니다.

데이터베이스의 정의는 다양하지만 한국데이터산업진흥원은 데이터베이스를 '문자, 기호, 음성, 화상, 영상 등 상호 관련된 다수의 콘텐츠를 정보처리 및 정보통신기기에 의하여 체계적으로 수집 및 축적하여 다양한 용도와 방법으로 이용할 수 있게 정리한 정보의 집합체'로 정의합니다. 여기서 콘텐츠란 다양한 의미 전달 매체에 의해 표현된 데이터, 정보, 지식, 저작물 등 인식 가능한 모든 자료를 의미합니다.

데이터베이스는 일반적으로 네 가지의 특징이 있습니다.

1. 동일한 내용의 데이터가 중복되지 않게 통합되어 있습니다.
2. 컴퓨터 기술을 바탕으로 컴퓨터가 접근할 수 있는 저장 매체에 저장되어 있습니다.
3. 여러 사용자가 서로 다른 목적으로 데이터베이스의 데이터를 공동으로 이용할 수 있습니다.
4. 새로운 데이터의 삽입, 기존 데이터의 수정 및 삭제 등을 통해 항상 최신의 정확한 데이터 상태를 유지해야 합니다.

> **알면 플러스** **데이터베이스 트랜잭션의 특성**

트랜잭션(Transaction)이란 데이터베이스에서 명령을 수행하는 논리적인 기능의 단위입니다. 데이터베이스에서 명령이 수행됨에 따라 변화가 생기는데, 잘못된 명령 혹은 여러 사용자에 의한 명령과 같은 다양한 상황에서 데이터를 보호하기 위해 트랜잭션은 다음과 같은 특성을 갖습니다.

1. **원자성(Atomicity)**: 트랜잭션이 데이터베이스에 모두 적용되거나, 또는 모두 적용되지 않아야 합니다.
2. **일관성(Consistency)**: 트랜잭션의 결과는 항상 일관되어야 합니다.
3. **고립성(Isolation)**: 하나의 트랜잭션이 다른 트랜잭션에 영향을 주지 않아야 합니다.
4. **지속성(Durability)**: 트랜잭션이 성공적으로 수행된 경우 그 결과는 영구적이어야 합니다.

데이터베이스는 계층형, 네트워크형, 관계형, NoSQL 등 여러 종류가 있습니다. 그중에서도 가장 많이 사용하는 관계형 데이터베이스에 대해 간단히 살펴봅시다.

관계형 데이터베이스(RDB)는 데이터를 행과 열로 구성된 테이블에 저장하며, 하나의 열은 하나의 속성을 나타내고 같은 속성의 값만 가질 수 있습니다. 흔히 사용하는 엑셀의 구조와 유사하며, 정형 데이터를 다루는 데 특화되어 있습니다('007. 데이터 형태' 참고).

데이터베이스의 구성요소

1. **인스턴스**: 인스턴스란 하나의 객체를 의미하며, 모든 존재가 인스턴스가 될 수 있습니다.

| 홍길동 | 남 | 02-123-4567 | 010203-3456789 |

2. **속성**: 객체를 표현하기 위해 사용되는 값을 의미합니다.

| 이름 | 성별 | 전화번호 | 주민등록번호 |

3. **엔티티**: 엔티티(Entity)는 데이터의 집합을 의미합니다. 실체가 존재하는 테이블과 달리 개념적인 존재로서 개념, 장소, 사건 모두 엔티티로 여겨질 수 있습니다. 엔티티는 2개 이상의 인스턴스와 1개 이상의 속성을 보유하고 있어야 합니다.

학생 ← 엔티티

이름	성별	전화번호	주민등록번호
홍길동	남	02-123-4567	010203-3456789
홍길서	여	02-234-5678	020304-4567890
홍길남	남	02-345-6789	030405-3456789

→ 인스턴스

↑ 속성

데이터 마이닝*

데이터와 정보의 차이에 대해 생각해 본 적 있나요? 우리가 사진을 찍고, SNS에 게시글을 올리고, 좋아하는 가수의 영상을 보는 일상적인 행위 모두 데이터를 생산하는 과정에 속합니다. 그런데 이러한 데이터는 그저 데이터로 존재할 때는 아무런 쓸모가 없습니다. 데이터 속에 내재하는 지혜를 얻어야 하죠. 그 과정을 **데이터 마이닝(Date Mining)**이라고 합니다. '캐다, 채굴하다'라는 의미를 가진 마이닝(Mining)이라는 단어에서도 알 수 있듯이, 데이터라는 광산에 묻힌 원석을 캐내고 그 속에서 인사이트를 추출하는 과정이라고 볼 수 있습니다.

데이터의 위계를 지식 피라미드 구조로 살펴봅시다. 지식 피라미드는 Data(데이터), Information(정보), Knowledge(지식), Wisdom(지혜) 등 4계층으로 이루어져 있으며, 각 앞 글자를 따서 'DIKW 피라미드'라고도 부릅니다.

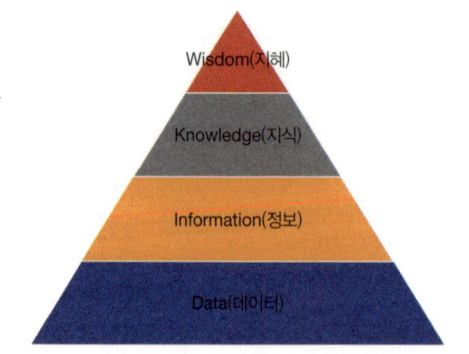

DIKW 피라미드 (출처: http://ai4school.org/?page_id=2746)

가장 아래 단계에 위치한 **데이터(Data)**는 현실 세계에서 단순히 관찰이나 측정을 통해 수집한 사실이나 값으로, 개별적 의미가 중요하지 않은 객관적인 순수한 사실을 의미합니다. 지식 피라미드에서 데이터의 중요한 특징은 '가공되지 않았다.'는 사실입니다. 그렇기 때문에 개별적인 의미를 지니기에는 어렵습니다. 예를 들어, 'A마트에서는 우유를 1,350원에, B마트에서는 1,200원에 판매하고 있다.'라는 사실은 데이터에 해당합니다.

DIKW 피라미드 중 '데이터'의 예시

데이터를 가공하고 처리하여 데이터 간 연관 관계 속에서 의미가 도출된 것을 **정보(Information)**라고 합니다. 많은 자료를 실제 문제 해결에 도움이 될 수 있도록 처리하여 유용한 형태로 만든 것으로, 데이터가 가공된 형태입니다. 의사 결정을 할 수 있게 하는 데이터의 유효한 해석이나 상호 관계 의미를 나타내며, 데이터가 의미 있는 패턴으로 정리되면 정보가 됩니다. 예를 들어, 'B마트가 조금 더 저렴하게 판매한다.'는 데이터에서 발견한 정보라고 볼 수 있습니다.

같은 종류의 정보가 모여 일반화된 형태로 정보를 구조화하여 유의미한 정보를 분류하고 개인적인 경험을 결합해 고유의 지식으로 내재화한 것을 **지식(Knowledge)**이라고 합니다. 정보가 의사 결정이나 창출에 이용되어 부가가치가 발생하면 지식이 된다고 볼 수 있습니다. '더 저렴한 B마트에서 우유를 사 먹어야지!'라고 결론을 내릴 수 있게 되겠죠.

최종적으로, 지식의 축적과 아이디어가 결합된 창의적 산물을 **지혜(Wisdom)**라고 합니다. 'B마트의 다른 상품들도 A마트보다 더 저렴할 것이다.'라는 결론이 우리가 최종적으로 얻게 되는 지혜가 됩니다.

무질서하고 불필요한 데이터를 가공하여 지혜를 획득할 때 새로운 값을 예측할 수 있고 효율적인 의사 결정을 할 수 있답니다.

'가비지 인, 가비지 아웃(GIGO: Garbage In, Garbage Out)'이라는 말을 들어 봤나요? 이 말은 '쓰레기를 넣으면 쓰레기가 나온다.'라는 뜻으로 IT, 인공지능, 빅데이터 관련 분야에서 데이터의 중요성을 역설할 때 많이 사용되는 문장입니다. 앞의 DIKW 피라미드에서 살펴봤듯이 정보, 지식, 지혜의 근간이 되는 데이터는 매우 중요합니다. 제 아무리 훌륭한 인공지능이라도 쓰레기 데이터를 넣으면 쓰레기 분석 결과가 나오고 의도한 목적으로 사용되지 않기 마련이죠.

컴퓨터는 온전히 입력된 데이터를 가지고 결과물을 출력하기 때문에 부정확한 데이터로는 부정확한 결과를 낼 수밖에 없습니다. 즉 출력물의 품질은 입력물의 품질보다 나을 수 없습니다.

데이터 보안*

데이터 보안(Data Security)이란 개인, 기업, 국가 등이 가지고 있는 중요하거나 민감한 데이터를 보호하는 기술을 말합니다. 아무리 뛰어난 기술이라도 100% 안전할 수 없지만 데이터 보안의 목표는 기밀성(Confidentiality), 무결성(Integrity), 가용성(Availability)을 보장하는 것입니다. 이를 통해 데이터가 수집되고 저장되고 전송되는 과정에서 불법적으로 접근하거나 변경되거나 유출되는 일을 막을 수 있습니다. 기밀성, 무결성, 가용성을 보안의 3대 요소라고 부르며, 이것을 'CIA 삼각형'이라고도 합니다. 각 요소에 대해 더 알아볼까요?

CIA 삼각형

기밀성

스마트폰에 패턴 혹은 비밀번호를 설정하거나 지문이나 얼굴을 등록해서 잠금 설정을 해본 적 있나요? 기밀성(Confidentiality)은 이처럼 누군가가 허락 없이 여러분의 스마트폰을 열거나 일기장

기밀성이 중요한 비밀 일기장

을 읽어 보지 못하도록 하는 것과 같습니다. 즉 허가받지 않은 사람들이 정보를 볼 수 없도록 보호하는 것을 말합니다.

무결성

지폐의 무결성을 확인하는 모습

무결성(Integrity)은 정보를 허가받은 사람에 의해 적법한 방법으로만 변경할 수 있게 하는 것을 뜻합니다. 예를 들어, 학교에서 시험을 보고 나서 여러분이 쓴 답안이 다른 누군가에 의해 바뀐다면 안 되겠죠? 여러분의 답안지는 정확하게 유지되어야 하는 정보이기에 무결성이 보장되어야 합니다. 즉 허가받지 않은 사람이 정보를 변경하거나 삭제하지 못하도록 하는 것이 무결성입니다.

가용성

가용성(Availability)은 필요할 때 언제든지 정보를 사용할 수 있도록 보장하는 것을 의미합니다. 24시간 편의점에서 언제든지 물건을 사거나, 인터넷 포털사이트에 언제든지 접속하는 상황을 생각해 보세요. 이처럼 필요할 때마다 시스템이나 정보에 접근할 수 있는 것이 가용성입니다. 만약 사전 공지도 없이 갑자기 편의점이 문을 닫거나 인터넷 사이트에 접속이 안 되면 가용성이 부족한 것이라고 볼 수 있습니다.

24시간 가용성을 보장하는 편의점

이 세 가지 요소 모두 데이터 보안을 위해서 매우 중요하며, 서로 균형을 이루는 것이 이상적입니다. 하지만 상황에 따라 특정 요소가 더 중요해지기도 합니다.

예를 들어, 환자의 개인 정보가 중요한 의료 정보 시스템에서는 기밀성이, 누가 언제 얼마를 어디로 보냈는지 정확한 정보가 중요한 은행 거래 시스템에서는 무결성이, 항상 작동해야 하는 긴급 구조 시스템에서는 가용성이 우선적으로 고려되어야 할 것입니다.

| 알면 플러스 | **생체 인증** |

생체 인증은 사람의 고유한 신체적 또는 행동적 특성을 이용해 개인의 신원을 확인하는 방법입니다. 생체 인증 방법으로는 서명 인식, 지문 인식, 얼굴 인식, 음성인식 등 다양한 종류가 있습니다. 각각의 방법은 인증에 소요되는 시간, 보안 수준, 비용 등이 다 다르기 때문에 사용 환경에 따라 적합한 방법을 선택해야 합니다.

생체 인증의 가장 큰 한계는 생체 정보의 변경 불가능성과 보안 위험입니다. 비밀번호는 변경할 수 있지만 생체 정보는 유출되거나 위조되더라도 새로운 것으로 변경할 수 없습니다. 그렇기에 정보가 노출될 경우 사용자에게 심각한 보안 위협이 될 수 있습니다. 또 생체 정보를 복제하거나 위조하는 기술이 점점 발전하고 있습니다. 이러한 공격에 대한 시스템의 취약성이 생체 인증의 신뢰도를 떨어뜨릴 수 있습니다. 게다가 생체 인증 시스템은 때때로 환경적 요인의 영향을 받아 인증 실패나 거짓 인증을 발생시킬 수 있습니다. 이러한 이유들로 인해 생체 인증은 다른 인증 방식과 결합하여 사용하는 것이 권장됩니다.

017 크롤링**

크롤링(Crawling)은 웹사이트에서 자동으로 데이터를 수집하는 기술입니다. 크롤링은 '크롤러'라는 봇을 이용해 웹 페이지의 주소(URL)와 HTML(Hyper Text Markup Language) 코드를 받아오고, 그 안에서 원하는 정보를 추출하는 과정으로 이루어집니다.

크롤링은 인터넷에 있는 다양한 정보를 수집하고 분석할 수 있어 다양한 목적으로 사용됩니다. 크롤링을 가장 잘 적용한 사례인 검색엔진은 크롤러를 통해 방대한 웹 페이지를 모아 사용자가 검색할 때 필요한 정보를 제공합니다. 크롤링은 빅데이터 분석이나 인공지능 분야에서도 많이 활용됩니다. 예를 들어, 기업에서는 경쟁사의 제품 가격을 모니터링하거나 소셜 미디어에서 자사 브랜드에 대한 언급을 추적하기 위해 크롤링을 사용합니다. 연구자들은 웹상의 데이터를 분석하여 트렌드를 발견하거나 정보를 수집하기 위해 크롤링을 사용할 수 있습니다. 크롤링을 하려면 파이썬 같은 프로그래밍언어와 클라이언트-서버의 웹 구조를 이해해야 합니다. 더 나아가, 크롤링을 할 때는 법적·윤리적 문제도 충분히 고려해야 합니다.

다음은 크롤링 시 주의할 점입니다.

1 **웹사이트 이용 약관 준수**: 어떤 웹사이트는 크롤링을 금지하고 있습니다. 그런 웹사이트를 크롤링하면 법적인 문제가 생길 수 있습니다. 따라서 크롤링을 시도하기 전에 그 웹사이트의 이용자가 지켜야 하는 데이터 수집 이용 약관을 꼭 확인해야 합니다. 웹사이트 운영자는 '로봇 배제 표준(Robots.txt 파일)'을 통해 크롤러의 접근을 제어할 수 있습니다.

2 **서버 부하**: 빈번한 크롤링은 해당 웹사이트의 서버에 부담이 되어 성능 저하

로 이어질 수 있습니다.

3. **데이터 소스 명시**: 크롤링한 데이터를 사용할 때는 웹 페이지 콘텐츠의 저작권 침해 가능성이 있습니다. 따라서 합법적인 데이터 수집 범위와 사용 권한을 확인하고, 데이터를 사용할 때는 출처를 명시합니다.

생각해 보기   크롤링 분쟁

요즘에는 생성형 인공지능과 여러 웹/앱 플랫폼이 발전하면서 크롤링과 관련한 법적 분쟁이 많이 발생하고 있습니다. 최근에 있었던 크롤링 관련 분쟁이나 법원의 판결을 찾아보고, 크롤링을 합법적으로 이용하는 방법을 정리해 봅시다.

★ 최앤리 법률사무소, [최앤리의 스타트업×법] 크롤링 관련 법령에 따른 적법성, Platum, 2024년 3월 27일, https://platum.kr/archives/225075

★ 문상현, '챗GPT 학습에 데이터 무단 수집·사용' 오픈AI 상대로 집단 소송, 테크데일리, 2023년 6월 30일, https://www.techdaily.co.kr/news/articleView.html?idxno=22392

★ 김민주, SBS·중앙일보·한국경제… AI 학습·크롤링 금지한 국내 언론사, 아시아투데이, 2023년 9월 1일, https://www.asiatoday.co.kr/view.php?key=20230901010000429&t=1718333293

PART 3

알고리즘

알고리즘 조건*

어떤 문제를 해결하기 위한 논리적인 절차나 방법을 <u>알고리즘(Algorithm)</u>이라고 합니다. 하지만 문제의 해결 과정을 모두 알고리즘이라고 하는 것은 아닙니다. 알고리즘이 되려면 <u>**알고리즘의 조건**</u>을 만족해야 해요. 알고리즘의 조건은 다음과 같습니다.

1. **입력(Input)**: 문제 해결에 필요한 자료를 외부로부터 0개 이상 입력받을 수 있어야 합니다.
2. **출력(Output)**: 알고리즘을 실행하면 적어도 1개 이상 처리 결과를 생성해야 합니다.
3. **명확성(Definitude)**: 알고리즘의 각 단계는 모호하지 않고 명확하게 표현되어야 합니다.
4. **수행 가능성(Efficiency)**: 알고리즘의 각 단계는 논리적으로 수행할 수 있어야 합니다.
5. **유한성(Finitude)**: 알고리즘이 절차대로 수행된 후에 반드시 종료되어야 합니다.

'라면 끓이기'를 통해 알아본 알고리즘 조건

입력	라면을 끓이기 위해서는 물, 면, 스프, 달걀 등의 재료가 필요합니다. 이것을 알고리즘의 입력(Input)이라고 합니다.
출력	각 단계대로 알고리즘을 수행하면 맛있는 라면이 완성됩니다. 이것을 알고리즘의 출력(Output)이라고 합니다.
명확성	라면을 맛있게 끓이려면 물의 양, 스프의 양, 달걀 개수 등에 대해 명확하게 설명되어야 합니다. 이것을 알고리즘의 명확성(Definitude)라고 합니다. · 물을 붓는다. (X) · 물을 냄비에 550ml 붓는다. (O)
수행 가능성	라면 끓이기 알고리즘대로 수행하면 라면이 완성될 수 있어야 합니다. 이것을 알고리즘의 수행 가능성(Efficiency)이라고 합니다.
유한성	5분 동안 끓이면 라면이 완성된다고 했을 때, 5분 후에는 라면이 완성되어야 합니다. 이것을 알고리즘의 유한성(Finitude)라고 합니다.

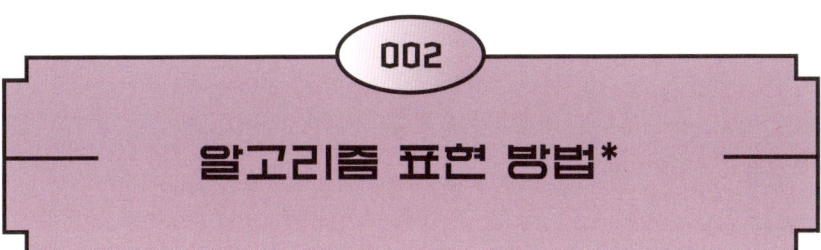

알고리즘 표현 방법*

알고리즘은 어떤 문제를 해결하기 위한 논리적인 절차나 방법을 의미합니다. 알고리즘은 어떤 방법으로 표현하느냐에 따라 문제 해결이 쉬워지기도 하고 어려워지기도 합니다. 따라서 알고리즘은 주어진 문제의 특성에 따라 문제 해결에 가장 적합한 방법으로 표현하는 것이 바람직합니다. 사람의 마음을 표현하는 방법이 여러 가지이듯 알고리즘을 표현하는 방법도 다양합니다. 일반적으로 알고리즘을 표현하는 방법으로는 **자연어, 의사코드, 순서도** 등이 있습니다.

자연어

자연어(Natural Language)는 일상생활에서 사용하는 언어를 이용하여 알고리즘을 표현하는 방법입니다. 별다른 지식이 없어도 쉽게 사용할 수 있다는 장점이 있지만, 일상 언어의 모호함 때문에 알고리즘의 조건 중 명확성이 떨어져 읽는 사람에 따라 다르게 해석될 수 있다는 단점이 있습니다. 예를 들어, '앞으로 이동하라.'라는 명령은 어느 방향으로 얼마만큼 이동하라는 것인지 명확하지 않습니다. 알고리즘에서는 이처럼 모호한 표현이 없도록 해야 합니다.

자연어 표현 방법 예시 1

자연어로 표현한 '신호등 건너기' 알고리즘
① 횡단보도 앞에 선다. ② 신호등의 색을 확인한다. ③ 빨간색 신호면 기다린다. ④ 초록색 신호면 좌우를 살핀 후 횡단보도를 건넌다.

다음은 '샌드위치'를 만드는 과정을 그림과 자연어로 표현한 알고리즘입니다. 자연어로 표현하는 방법은 명확하게 표현하는 데 한계가 있어 복잡한 알고리즘에는 적합하지 않습니다. 따라서 아래의 경우처럼 그림으로 표현하는 방법이 더 적합하다고 할 수 있습니다.

자연어 표현 방법 예시 2

그림과 자연어로 표현한 '샌드위치 만들기' 알고리즘

① 토마토는 1.5센티미터 두께로 슬라이스한 뒤 종이타월 위에 올려 물기를 뺀다.
② 마요네즈와 씨겨자를 1:1로 섞어 겨자마요를 만든다. 슬라이스 치즈는 4등분한다.
③ 식빵 한 쪽에 겨자마요를 바르고, 상추-토마토-치즈-햄 순으로 올린다.
④ 다른 빵 한 장을 마저 덮고 알루미늄포일 등으로 감싼 뒤 무거운 것으로 10분 이상 눌러 둔다. 샌드위치의 가장자리를 다듬은 뒤 적당한 크기로 썰어 먹는다.

의사코드

의사코드(Pseudo-Code)는 '흉내 낸 코드'라는 뜻으로, 자연어로 프로그래밍언어의 구조를 흉내 낸 코드입니다. 일반적인 언어를 프로그래밍언어처럼 나열하는 알고리즘 표현 방법으로, 자연어와 프로그래밍언어의 중간에 해당합니다. 특정 프로그래밍언어에 대한 지식이 없어도 알기 쉽게 표현할 수 있고, 나중에 모든 프로그래밍언어로 바꾸기 쉽다는 장점이 있습니다. 하지만 컴퓨팅 시스템에서 직접 실행할 수 없다는 단점이 있습니다.

의사코드 표현 방법 예시

의사코드로 표현한 '신호등 건너기' 알고리즘
① 횡단보도 앞에 서기 ② 신호등의 색 확인하기 ③ if(신호등=초록 신호) ④ 좌우를 살핀 후 횡단보도를 건너기 ⑤ else 기다리기

> **알면 플러스**   **의사코드 표현 형식**

	표현 형식	설명
대입	변수 값	오른쪽의 값을 왼쪽의 변수에 저장합니다.
조건	if(조건식) then(실행문 1) else(실행문 2)	조건식이 참이면 실행문 1을 수행하고, 조건식이 거짓이면 실행문 2를 수행합니다.

반복	while(조건식) do(실행문)
	for(초깃값, 조건식, 증가값)
	{
	  (실행문)
	}
		조건식이 참인 동안 실행문을 반복 수행합니다.

입력	read 변수	변수의 값을 입력받습니다.
출력	print 변수(상수)	변수의 값을 출력합니다.

순서도

순서도(Flowchart)는 국제표준화기구(ISO)에서 정한 미리 약속된 기호를 사용하여 순서대로 일관성 있게 알고리즘을 표현하는 방법입니다. 전체적인 흐름을 명확하게 이해할 수 있고 오류를 쉽게 찾을 수 있다는 장점이 있지만, 규모가 큰 알고리즘의 경우에는 오히려 복잡해질 수 있습니다.

순서도 기호

명칭	기호	의미
단말	⬭	처리의 시작과 끝을 표시
처리	▭	각종 연산이나 데이터의 이동, 편집 등의 처리
판단	◇	조건의 참, 거짓을 판단할 때 사용
입출력	▱	자료의 입력 및 출력에 사용
준비	⬡	선언 및 초깃값을 설정
출력	⎍	처리 결과를 서류나 파일로 출력할 때 사용
흐름선	→	실행 순서를 나타내거나 처리 간의 연결을 표시

순서도 표현 방법 예시

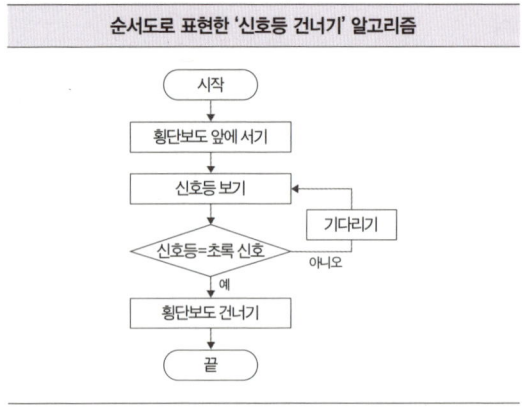

'라면 끓이기'와 같은 실생활의 다양한 문제도 알고리즘으로 표현할 수 있습니다.

'라면 끓이기'의 알고리즘 표현 방법 비교

자연어	
① 냄비에 물을 붓는다. ② 물을 끓인다. 물이 끓을 때까지 기다린다. ③ 물이 끓으면 면과 수프를 넣는다. ④ 맛있게 먹는다.	① ② ③ ④

의사코드	순서도
① 냄비에 물을 붓는다. ② 물을 끓인다. ③ if 물이 끓는가? 　　then ④로 이동 　　else ②로 이동 ④ 면과 스프를 넣는다. ⑤ 맛있게 먹는다.	시작 → 냄비에 물을 붓는다. → 물을 끓인다. → 물이 끓는가? (아니오/예) → 면과 스프를 넣는다. → 맛있게 먹는다. → 끝

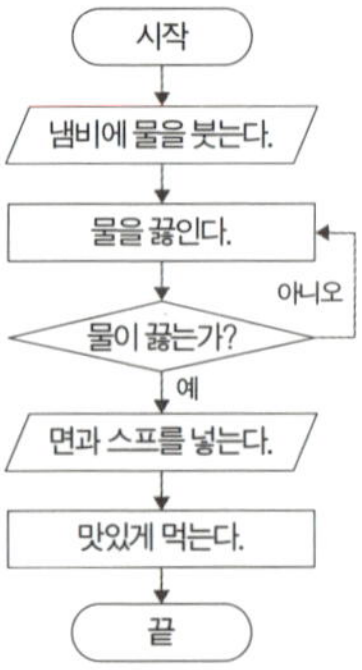

이처럼 표현한 알고리즘은 **프로그래밍언어**로 프로그램을 작성한 후 컴퓨터를 통해 실행할 수 있습니다. 이때 프로그래밍언어는 블록 언어(스크래치, 엔트리 등)와 텍스트 언어(C언어, 파이썬, 자바 등)가 있습니다. 프로그래밍언어에 대해서는 '014. 프로그래밍언어'에서 더 자세히 다루겠습니다.

알고리즘의 다양한 표현

자연어	의사코드	순서도	프로그래밍언어(파이썬)
① 3을 a에 저장한다. ② 5를 b에 저장한다. ③ a와 b의 합을 sum에 저장한다. ④ sum을 출력한다.	① a ← 3 ② b ← 5 ③ sum ← a+b ④ 출력 sum	시작 → a=3, b=5 → sum=a+b → sum → 끝	a = 3 b = 5 sum = a + b print(sum)

추상화*

추상화(Abstraction)는 중요한 것만 남기고 중요하지 않은 것은 걸러 내어 핵심 요소에 집중할 수 있도록 하는 것입니다. 추상화 방법으로는 핵심 요소 추출, 문제 분해 등이 있습니다. 이를 문제 해결에 적용하면 문제를 이해하고 분석하여 불필요한 요소를 제거하거나 작은 문제로 나누는 과정을 통해 복잡한 문제를 효과적으로 풀어 나갈 수 있습니다. 아래 예시에서 좌측 그림은 일반 지도이고, 우측의 지하철 노선도는 추상화에 가깝습니다.

구상화와 추상화의 예

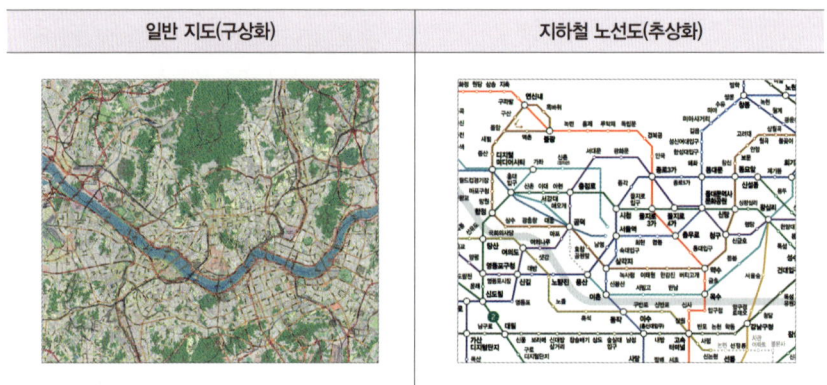

핵심 요소 추출

우리는 어떤 문제를 해결할 때 그것과 관련된 여러 가지 조건(데이터)과 과정(작업)에 대해 생각하게 됩니다. 그다음에 문제 해결에 필요한 것과 필요 없는 것으로 나눈 다음 필요한 정보를 가지고 그 문제를 해결하기 위해 노력합니다. 이와 같이 문제를 해결하기 위해 반드시 필요한 요소를 추출하는 것을 핵심 요소 추출이라고 합니다. 예를 들어 '이모티콘 만들기'를 통해 사람의 감정을 표현할 때 핵심 요소를 생각해 볼 수 있습니다.

'이모티콘 만들기'에서 핵심 요소 추출의 예

기쁜 표정	화난 표정	당황한 표정
😄	😠	😮

문제 분해

복잡한 문제의 경우 주어진 문제를 여러 개의 작은 문제로 나눌 수 있는데, 이렇게 나뉜 문제는 처음의 복잡한 문제보다 훨씬 쉽게 해결할 수 있습니다. 예를 들어 하나의 큰 정사각형 속에 포함된 작은 정사각형의 개수를 찾는 문제에서는 한 변의 길이별로 나누어 풀면 쉽게 해결할 수 있습니다. 정사각형을 만들 수 있는 한 변의 길이를 크기 순서대로 나열하고 각각의 크기에 해당하는 정사각형의 개수를 구하면 됩니다.

문제 분해의 예

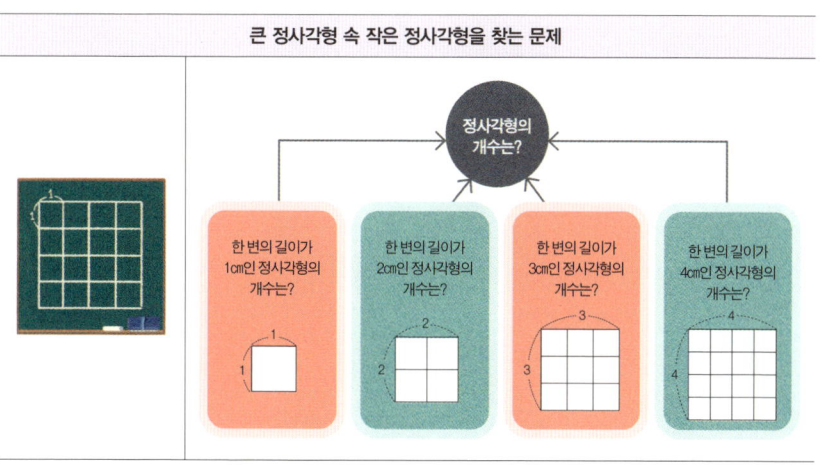

> **알면 플러스**　**문제 해결에 사용하는 다양한 방법**

방법	설명	예시
시행착오	가능한 모든 방법을 시도하고 실수를 반복하면서 최적의 해결책을 찾는 방법	미로 찾기
나누어 풀기	해결하기 어려운 복잡한 문제를 작게 나눠 단순하게 만든 다음 문제를 해결하는 방법	학습지 번호대로 정리하기
거꾸로 풀기	문제의 목표 상태에서 거꾸로 진행하면서 문제를 해결하는 방법	잃어버린 물건 찾기
생각해 보기	문제를 해결하기 위해 '통찰'을 이끌어 내는 방법	부력의 원리 발견하기

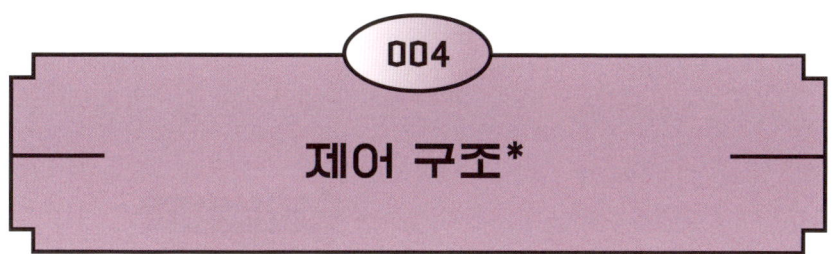

우리는 일상에서 어떤 일을 계속 반복하기도 하고, 선택에 대한 고민에 빠지기도 합니다. 프로그래밍에서도 선택 또는 반복을 해야 하는 상황이 자주 생기는데, 이런 상황을 제어 구조를 이용하여 처리할 수 있습니다.

프로그래밍에서 **제어 구조**란 프로그램의 흐름을 제어하는 방식이나 논리를 의미합니다. 일반적으로 프로그램은 순차적으로 실행되지만, 특정 조건에 따라 실행 순서를 바꾸거나 반복할 수 있습니다.

제어 구조에는 순차 구조, 선택 구조, 반복 구조가 있습니다.

기본 제어 구조

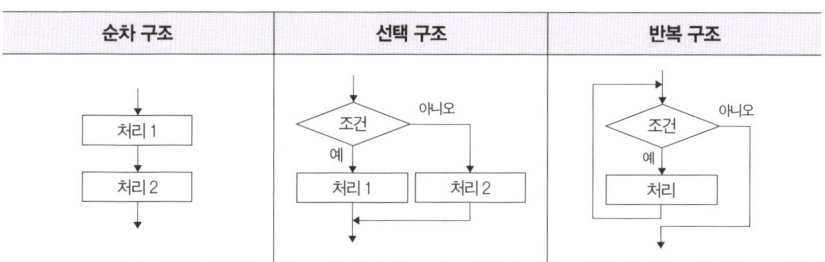

순차 구조

순차 구조는 자료의 입력과 출력까지 명령의 순서에 따라 차례대로 실행하는 구조를 말합니다. 순차 구조는 프로그램의 기본적인 실행 방법입니다. 항목 또는 데이터 간의 관계를 단순한 1차적 연결로 나타냅니다.

순차 구조로 정사각형 그리기

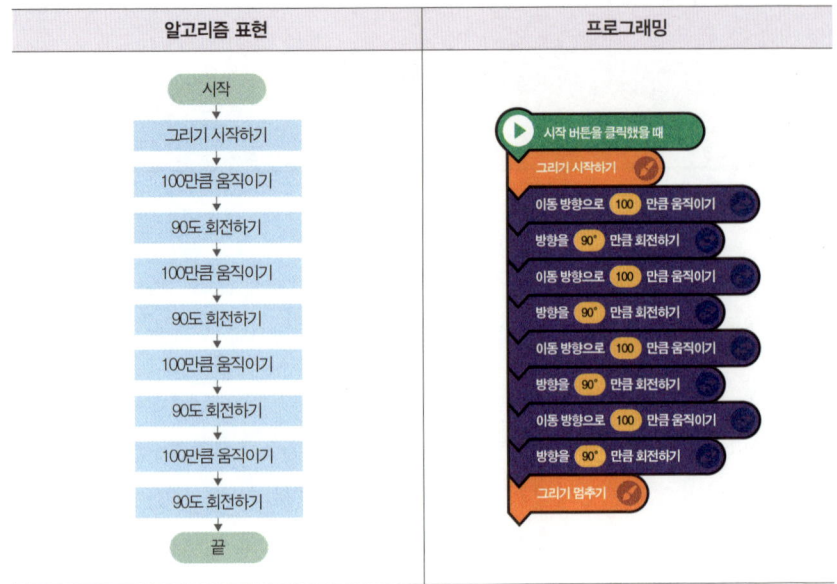

선택 구조

선택 구조는 문제 해결 과정에서 주어진 조건에 따라 실행하는 내용이 서로 다른 구조입니다. 주어진 조건에 따른 결과에 따라 두 가지의 다른 선택의 길을 제공합니다. 이때 다양한 연산자를 사용한 조건식을 제시할 수 있습니다. 다양한 연산자 중 가장 많이 쓰이는 산술·비교·논리 연산자에 대해 알아보겠습니다.

산술 연산자: 숫자 간의 산술 계산을 할 때 사용합니다.

연산자	설명	예제	결과
+	덧셈	3 + 5	8
−	뺄셈	10 − 4	6
*	곱셈	2 * 6	12
/	나눗셈	15 / 3	5.0

비교 연산자: 값을 비교하여 'True(참)' 또는 'False(거짓)'을 반환합니다.

연산자	설명	예제	결과
==	두 값이 같은지 비교	5 == 5	True
!=	두 값이 다른지 비교	5 != 3	True
>	크기 비교 (크다)	7 > 3	True
<	크기 비교 (작다)	3 < 7	True
>=	크거나 같다	5 >= 5	True
<=	작거나 같다	3 <= 7	True

논리 연산자: 논리값(True, False)을 연산합니다.

연산자	설명	예제	결과
and	두 조건이 모두 참	True and False	False
or	하나라도 참	True or False	True
not	논리값 반전	not True	False

선택 구조로 정다각형 그리기

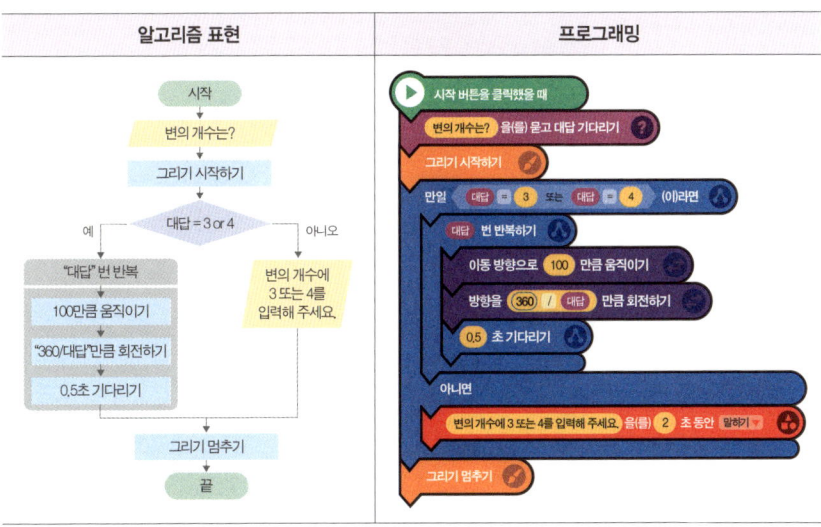

반복 구조

반복 구조는 문제 해결 과정에서 주어진 조건이 만족하는 동안 여러 번 반복하여 실행하는 구조입니다. 반복 구조는 프로그램이 수행될 때 조건이 참이면 프로그램의 일부를 반복적으로 수행하고, 거짓이면 반복문 밖으로 프로그램의 수행이 옮겨집니다. 같은 작업을 여러 번 수행해야 할 때 코드를 간결하게 만들 수 있습니다.

반복 구조로 정사각형 그리기

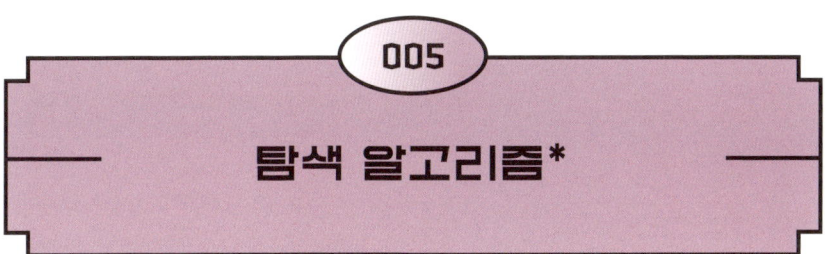

005 탐색 알고리즘*

탐색 알고리즘(Search Algorithm)은 방대한 데이터에서 목적에 맞는 데이터를 찾아내기 위한 알고리즘을 말합니다. 우리가 흔히 사용하는 검색엔진은 탐색 알고리즘을 사용합니다. 검색의 다른 명칭은 탐색이며, 이를 엄밀하게 말하면 '원하는 정보를 사람을 대신하여 찾아주는 데이터 탐색 프로그램'입니다. 이러한 데이터 탐색 프로그램에서 사용하는 알고리즘이 바로 탐색 알고리즘입니다. 탐색 알고리즘에는 순차 탐색과 이진 탐색 등이 있습니다.

순차 탐색

순차 탐색(Sequential Search)은 선형 탐색이라고도 하는데, 모든 데이터를 처음부터 끝까지 하나씩 순서대로 비교하여 조건에 일치하는 데이터를 찾는 방법입니다. 탐색이 간단하다는 장점이 있지만, 탐색 속도가 비교적 느리다는 단점이 있습니다.

예를 들면, 무작위로 걷어진 활동지 중에서 특정 학생의 활동지를 찾는 경우를 들 수 있습니다. 아래 그림은 무작위로 걷어진 활동지의 번호를 나타냅니다.

| 15 | 11 | 1 | 3 | 8 |

순차 탐색을 위해 무작위로 걷어진 활동지의 번호

위의 무작위로 걷어진 활동지 번호에서 순차 탐색을 이용해 3번 활동지를 탐색하는 과정을 살펴보겠습니다.

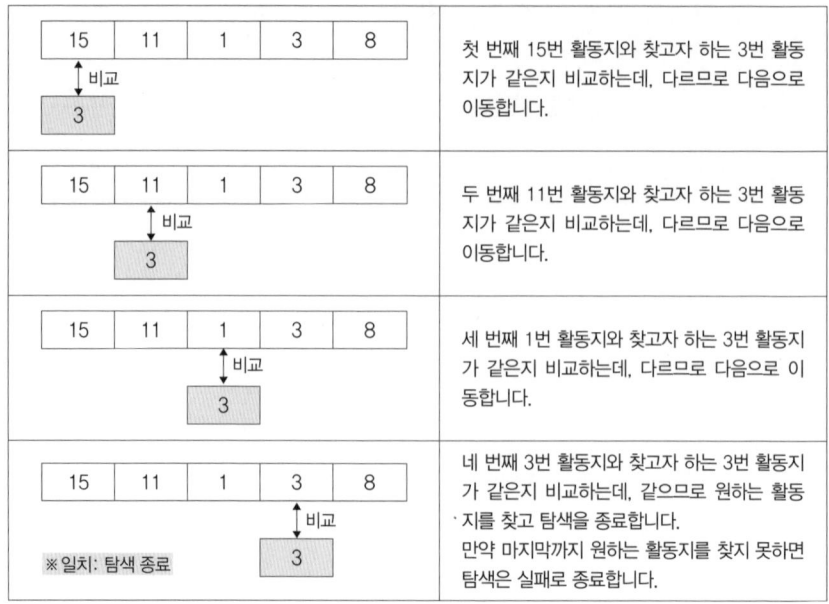

이진 탐색

이진 탐색(Binary Search)에서 이진(Binary)은 '두 부분으로 이뤄진'이라는 뜻입니다. 순서대로 정렬된 데이터를 반으로 나눈 후 찾는 값이 어느 쪽에 있는지 파악해 탐색 범위를 반으로 줄여 가며 데이터를 찾는 방법입니다. 원하는 데이터가 가운데의 수보다 작으면 왼쪽 묶음에서 데이터를 찾고, 가운데의 수보다 크면 오른쪽 묶음에서 데이터를 찾습니다. 이진 탐색은 탐색의 범위를 반으로 줄여 나가기 때문에 데이터 수가 많은 경우에 효율적이지만, 데이터가 반드시 정렬되어 있어야 한다는 단점이 있습니다.

아래 그림은 이진 탐색을 위해 무작위로 걷어진 활동지의 번호를 나타냅니다.

이진 탐색을 위해 무작위로 걷어진 활동지의 번호

위의 활동지들 번호에서 이진 탐색을 이용해 15번 활동지를 탐색하는 과정을 살펴보겠습니다.

배열	설명
| 1 | 3 | 8 | 11 | 15 | 17 | 20 | 비교: 15	중간에 위치한 11번 활동지와 찾고자 하는 15번 활동지가 같은지 비교합니다.
| 1 | 3 | 8 | 11 | 15 | 17 | 20 | 탐색 영역: 15, 17, 20	중간에 위치한 11번 활동지보다 찾고자 하는 15번 활동지가 크므로 중간에 위치한 11번 활동지의 오른쪽에 위치한 활동지들에 대해 이진 탐색을 수행합니다.
| 1 | 3 | 8 | 11 | 15 | 17 | 20 | 탐색 영역: 15, 17, 20 비교: 15	탐색 영역의 중간에 위치한 17번 활동지와 찾고자 하는 15번 활동지가 같은지 비교합니다.
| 1 | 3 | 8 | 11 | 15 | 17 | 20 | 탐색 영역: 15	중간에 위치한 17번 활동지보다 찾고자 하는 15번 활동지의 번호가 더 작으므로 17번 활동지 왼쪽에 위치한 활동지들에 대해 이진 탐색을 수행합니다.
| 1 | 3 | 8 | 11 | 15 | 17 | 20 | 비교: 15 ※일치: 탐색 종료	탐색 영역의 중간에 위치한 15번 활동지와 찾고자 하는 15번 활동지가 같은지 비교합니다. 원하는 활동지를 찾았으므로 탐색을 종료합니다.

분할 정복 알고리즘**

분할 정복(Divide and Conquer) 알고리즘은 문제를 작게 분할한 후 각각을 정복하는 알고리즘을 말합니다. 쉽게 말해 큰 문제를 작은 문제로 분할하여 각각을 해결하고 그 결과를 이용해 전체 문제를 해결하는 방식입니다. 분할 정복 알고리즘은 복잡한 문제를 해결하는 데 효율적이라는 장점이 있지만, 구현하기가 복잡하다는 단점이 있습니다. 대표적으로는 병합 정렬, 퀵 정렬이 있습니다. 이는 '007. 정렬 알고리즘'에서 다루도록 하겠습니다.

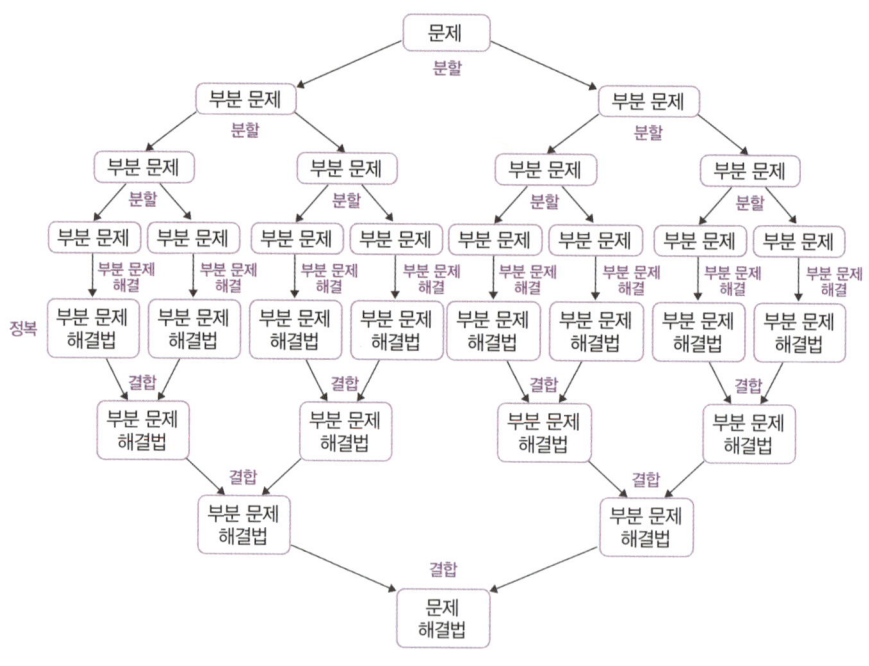

분할 정복 알고리즘 구조
(출처: 나무위키 분할정복 알고리즘)

분할 정복의 순서

분할 정복을 구현하기 위한 순서는 다음과 같습니다.

1. **분할(divide)**: 분할이 가능한 경우, 큰 문제를 하나 이상의 작은 문제로 분할합니다.
2. **정복(conquer)**: 분할이 가능하다면 계속 분할하고, 분할이 불가능하다면 나눈 작은 문제들을 각각 해결할 수 있도록 합니다.
3. **결합(combine)**: 정복된(해결된) 해답을 모아 큰 문제의 답이 되도록 결합(병합)합니다.

분할 정복의 예

정렬되지 않은 숫자 38, 11, 23, 31, 36, 14, 26, 25를 오름차순으로 정리하는 예시를 살펴보겠습니다.

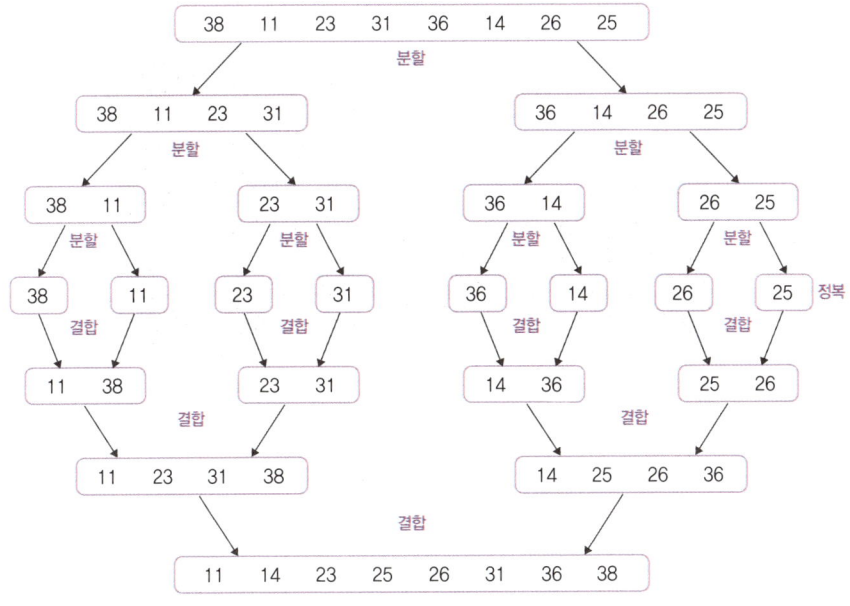

분할 정복의 예
(출처: https://velog.io/@mjk8087)

먼저, 정렬되지 않은 숫자를 38, 11, 23, 31과 36, 14, 26, 25 두 묶음으로 나눕니다. 그 후 나누기가 불가능할 때까지 계속 나눕니다(분할).

다음으로 38과 11, 23과 31, 36과 14, 26과 25를 각각 순서대로 정리합니다(정복).

그 후 정리된 숫자를 합칩니다(결합).

위 과정을 반복하면 숫자를 오름차순으로 정리할 수 있습니다.

> **알면 플러스** **분할 정복과 나폴레옹**
>
> 분할 정복은 1805년 12월 2일 아우스터리츠전투에서 프랑스의 황제 나폴레옹이 사용했던 전략에서 따온 것입니다. 오스트리아와 러시아 연합군은 나폴레옹의 군대보다 1만 5,000명 정도 많았고, 연합군은 프랑스군의 우측 면에서 대규모 공격을 감행했습니다. 공격을 예상한 나폴레옹은 연합군의 중앙을 치고 들어가 그들의 병력을 둘로 갈라놓았습니다. 둘로 나뉜 병력은 개별적으로는 나폴레옹의 군대와 상대가 되지 못했기 때문에 패하고 말았습니다.
>
> (출처: 금성출판사)

나폴레옹의 아우스터리츠전투 (출처: 위키백과)

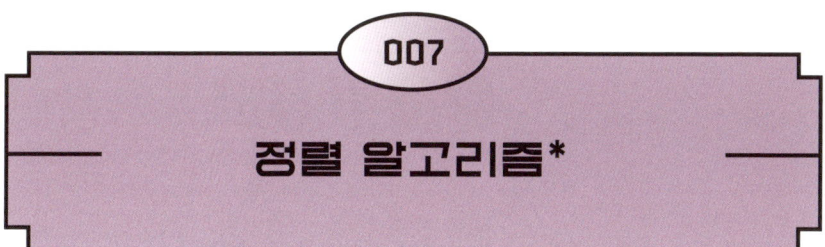

정렬 알고리즘*

정렬(Sort)이란 '가나다', 'abc', '123'처럼 오름차순으로 나열하거나, '다나가', 'cba', '321'처럼 내림차순으로 나열하는 것을 말합니다. 정렬은 왜 필요한 걸까요? 탐색을 쉽고 빠르게 하기 위해서입니다.

선택 정렬, 삽입 정렬, 버블 정렬 등 다양한 정렬 알고리즘을 살펴보겠습니다.

선택 정렬

선택 정렬(Selection Sort)은 정렬하고자 하는 값들 중에서 가장 작은 값을 선택하여 정렬하려는 위치에 있는 값과 비교하여 정렬하는 방법입니다. 아래 예시를 통해 자세히 설명하겠습니다.

초기 상태가 5, 2, 3, 1, 4 순으로 주어졌을 때 오름차순으로 정렬해 보겠습니다. 노란색은 정렬하려는 위치, 파란색은 가장 작은 값, 회색은 정렬이 끝난 상태를 표현한 것입니다.

선택 정렬의 예

단계	기준	절차
1단계	첫 번째 자리	![5][2][3][1][4] 가장 작은 값이 1이기 때문에 첫 번째 자리인 5와 자리를 바꿉니다. 이후의 모습은 다음과 같습니다. ![1][2][3][5][4]

2단계	두 번째 자리	가장 작은 값이 기준값인 2이기 때문에 자리를 바꾸지 않습니다.
3단계	세 번째 자리	가장 작은 값이 기준값인 3이기 때문에 자리를 바꾸지 않습니다.
4단계	네 번째 자리	가장 작은 값이 4이기 때문에 네 번째 자리인 5와 자리를 바꿉니다. 이후의 모습은 다음과 같습니다.
5단계	다섯 번째 자리	가장 작은 값이 기준값인 5이기 때문에 자리를 바꾸지 않습니다.

선택 정렬로 정렬한 최종 모습은 다음과 같습니다.

삽입 정렬

삽입 정렬(Insertion Sort)은 정렬하고자 하는 값을 앞에 이미 정렬된 값들 사이에 넣는 방법입니다. 아래 예시를 통해 자세히 설명하겠습니다.

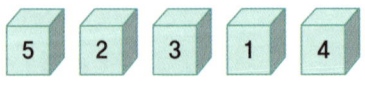

초기 상태가 5, 2, 3, 1, 4 순으로 주어졌을 때 오름차순으로 정렬을 해보겠습니다. 노란색은 정렬하려는 값, 회색은 정렬이 끝난 상태를 표현한 것입니다.

삽입 정렬의 예

단계	기준	절차
1단계	두 번째 자리	5 2 3 1 4 두 번째 자리 2와 첫 번째 자리 5를 비교합니다. 2가 5보다 작기 때문에 자리를 바꿉니다. 이후의 모습은 다음과 같습니다. 2 5 3 1 4
2단계	세 번째 자리	2 5 3 1 4 세 번째 자리 3과 두 번째 자리 5를 비교합니다. 3이 5보다 작기 때문에 자리를 바꿉니다. 이후의 모습은 다음과 같습니다. 2 3 5 1 4 두 번째 자리 3과 첫 번째 자리 2를 비교합니다. 3이 2보다 크기 때문에 자리를 바꾸지 않습니다. 이후의 모습은 다음과 같습니다. 2 3 5 1 4
3단계	네 번째 자리	2 3 5 1 4 네 번째 자리 1과 세 번째 자리 5를 비교합니다. 1이 5보다 작기 때문에 자리를 바꿉니다. 이후의 모습은 다음과 같습니다. 2 3 1 5 4 세 번째 자리 1과 두 번째 자리 3을 비교합니다. 1이 3보다 작기 때문에 자리를 바꿉니다. 이후의 모습은 다음과 같습니다. 2 1 3 5 4 두 번째 자리 1과 첫 번째 자리 2를 비교합니다. 1이 2보다 작기 때문에 자리를 바꿉니다. 이후의 모습은 다음과 같습니다. 1 2 3 5 4
4단계	다섯 번째 자리	1 2 3 5 4 다섯 번째 자리 4와 네 번째 자리 5를 비교합니다. 4가 5보다 작기 때문에 자리를 바꿉니다. 이후의 모습은 다음과 같습니다.

네 번째 자리 4와 세 번째 자리 3을 비교합니다. 4가 3보다 크기 때문에 자리를 바꾸지 않습니다. 같은 방식으로 첫 번째 자리까지 계속 비교해 나갑니다. 이후의 모습은 다음과 같습니다.

삽입 정렬로 정렬한 최종 모습은 다음과 같습니다.

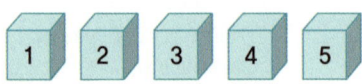

버블 정렬

버블 정렬(Bubble Sort)은 인접한 두 값끼리 비교하여 크기에 따라 값을 교환하는 방식입니다. 인접한 두 값끼리 비교하는 과정을 왼쪽부터 오른쪽 끝까지 반복합니다. 예시를 통해 자세히 설명하겠습니다.

초기 상태가 5, 2, 3, 1, 4 순으로 주어졌을 때 오름차순으로 정렬을 해보겠습니다.

버블 정렬의 예

단계	절차
1단계	① 기준 5와 인접한 2를 비교합니다. [5 2 3 1 4] → 2가 5보다 작기 때문에 값을 교환합니다. ② 기준 5와 인접한 3을 비교합니다. [2 5 3 1 4] → 3이 5보다 작기 때문에 값을 교환합니다. ③ 기준 5와 인접한 1을 비교합니다. [2 3 5 1 4] → 1이 5보다 작기 때문에 값을 교환합니다.

	④ 기준 5와 인접한 4를 비교합니다. 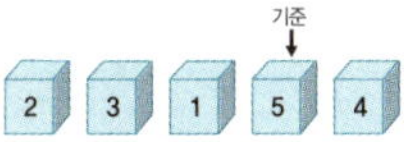 [2][3][1][5][4] → 4가 5보다 작기 때문에 값을 교환합니다. 1단계의 최종 모습은 다음과 같습니다. 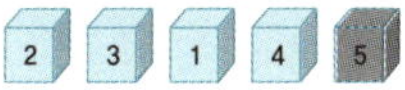 [2][3][1][4][5]
2단계	① 기준 2와 인접한 3을 비교합니다. 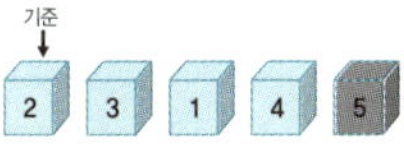 [2][3][1][4][5] → 2가 3보다 작기 때문에 값 교환을 하지 않습니다. ② 기준 3과 인접한 1을 비교합니다. 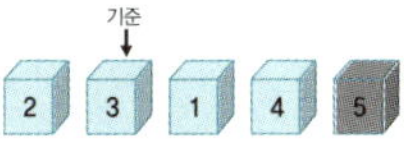 [2][3][1][4][5] → 1이 3보다 작기 때문에 값을 교환합니다. ③ 기준 3과 인접한 4를 비교합니다. 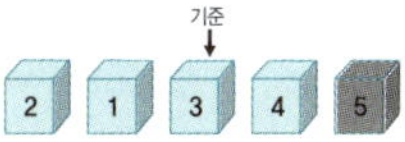 [2][1][3][4][5] → 3이 4보다 작기 때문에 값 교환을 하지 않습니다. 2단계의 최종 모습은 다음과 같습니다. 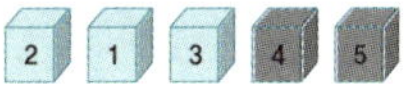 [2][1][3][4][5]
3단계	① 기준 2와 인접한 1을 비교합니다. 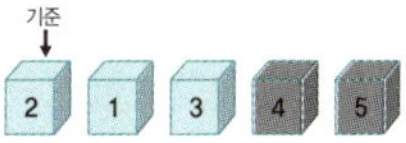 [2][1][3][4][5] → 1이 2보다 작기 때문에 값을 교환합니다. ② 기준 2와 인접한 3을 비교합니다. 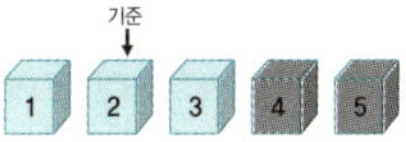 [1][2][3][4][5] → 2가 3보다 작기 때문에 값 교환을 하지 않습니다. 3단계의 최종 모습은 다음과 같습니다. 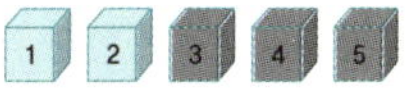 [1][2][3][4][5]
4단계	① 기준 1과 인접한 2를 비교합니다. 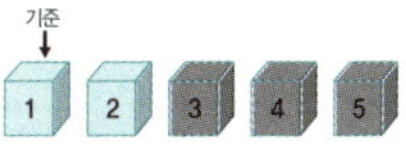 [1][2][3][4][5] → 1이 2보다 작기 때문에 값 교환을 하지 않습니다. 4단계의 최종 모습은 다음과 같습니다. 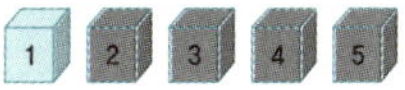 [1][2][3][4][5]

버블 정렬로 정렬한 최종 모습은 다음과 같습니다.

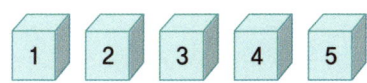

병합 정렬**

병합 정렬(Merge Sort)은 분할-정복(Divide-Conquer) 알고리즘을 이용한 방법의 하나입니다. 하나의 리스트를 두 개의 리스트로 분할(Divide)하고, 두 개의 리스트를 각각 정렬하는 정복(Conquer)&결합(Combine) 과정을 거친 후 다시 하나의 리스트로 합치는 것을 병합(Merge)이라고 합니다.

병합 정렬의 알고리즘은 다음과 같습니다.

[1] 정렬을 해야 하는 개수가 1개면 정렬이 되었다고 봅니다.
[2] 만약 정렬 대상이 2개 이상이면 아래의 과정을 거칩니다.
- 분할: 정렬해야 하는 범위를 절반으로 나눕니다.
- 정복: 작은 단위로 나뉜 대상들의 값을 비교하여 정렬합니다.
- 결합: 정복 과정에서 정렬된 값을 합칩니다.

초기 상태가 15, 23, 21, 12, 8, 3, 6, 9 순으로 주어졌을 때 병합 정렬을 통해 오름차순으로 정렬해 보겠습니다.

| 15 | 23 | 21 | 12 | 8 | 3 | 6 | 9 |

분할 과정

1단계	15 23 21 12 8 3 6 9	주어진 범위를 절반으로 나눕니다.
2단계	15 23 21 12 8 3 6 9	1단계에서 나눈 2개의 범위를 각각 절반으로 나눕니다.
3단계	15 23 21 12 8 3 6 9	2단계에서 나눈 4개의 범위를 각각 절반으로 나눕니다.

분할 과정을 통해 정렬해야 하는 범위가 작은 단위로 나누어졌습니다.

정복과 결합 과정

분할 과정에서 나누어진 대상끼리 값을 비교하여 정렬하고, 정렬된 값을 임시 공간에 보관합니다.

1단계	15 와 23 의 값을 비교하여 15 23 으로 정렬하고 합칩니다. 21 과 12 의 값을 비교하여 12 21 로 정렬하고 합칩니다. 8 과 3 의 값을 비교하여 3 8 로 정렬하고 합칩니다. 6 과 9 의 값을 비교하여 6 9 로 정렬하고 합칩니다.
2단계	15 23 과 12 21 의 값을 비교하여 12 15 21 23 으로 정렬하고 합칩니다. 3 8 과 6 9 의 값을 비교하여 3 6 8 9 로 정렬하고 합칩니다.
3단계	12 15 21 23 과 3 6 8 9 의 값을 비교하여 3 6 8 9 12 15 21 23 으로 정렬하고 합칩니다.

정복과 결합 과정을 (15, 23)과 (12, 21) 예시를 통해 조금 더 자세히 살펴보겠습니다.

15 23 과 12 21 의 정복과 결합의 구체적 과정

1단계	a리스트 15 23 b리스트 12 21 ↑기준 ↑기준 15와 12를 비교하고, 작은 숫자를 새로운 공간에 보관합니다. b리스트 기준을 오른쪽으로 한 칸 옮깁니다.	정렬된 리스트 12
2단계	a리스트 15 23 b리스트 12 21 ↑기준 ↑기준 15와 21을 비교하고, 작은 숫자를 새로운 공간에 보관합니다. a리스트 기준을 오른쪽으로 한 칸 옮깁니다.	정렬된 리스트 12 15
3단계	a리스트 15 23 b리스트 12 21 ↑기준 ↑기준 23과 21을 비교하고, 작은 숫자를 새로운 공간에 보관합니다. b리스트 기준을 오른쪽으로 한 칸 옮깁니다.	정렬된 리스트 12 15 21
4단계	a리스트 15 23 b리스트 12 21 ↑기준 ↑기준 b리스트가 끝났기 때문에 a리스트에 남아 있는 값을 정렬된 리스트로 옮깁니다.	정렬된 리스트 12 15 21 23

병합 정렬 과정

임시 공간에 보관된 | 3 | 6 | 8 | 9 | 12 | 15 | 21 | 23 | 정렬 값을 원래의 공간으로 옮깁니다. 정리하면 병합 정렬의 과정은 아래 그림과 같습니다.

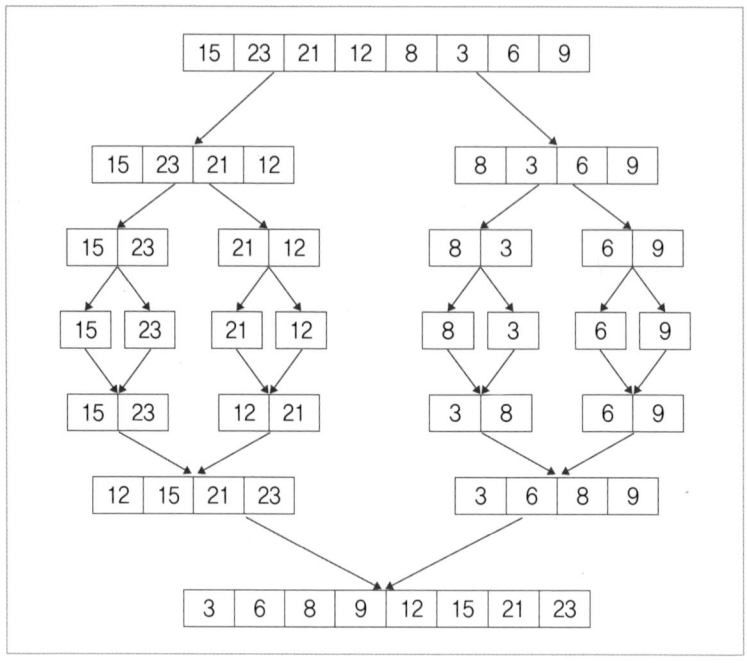

병합 정렬의 예

알고리즘 복잡도**

프로그램 코드는 간결하고 효율적이어야 합니다. 코드가 간결해야 하는 이유는 코드가 복잡하면(지저분하면) 여러 사람이 코드를 해석하고 수정할 때 어려움을 겪을 수 있기 때문입니다. 코드가 효율적이어야 하는 이유는 코드를 실행했을 때 시간이 오래 걸리거나 공간을 많이 필요로 하는 프로그램보다 실행 시간이 빠르고 공간을 적게 사용하는 프로그램을 많은 사람이 선호하기 때문입니다.

알고리즘 복잡도(Algorithm Complexity)에는 시간 복잡도와 공간 복잡도가 있습니다. **시간 복잡도(Time Complexity)**는 연산문, 조건문, 반복문 등의 코드를 프로그램에서 몇 번 실행하는지와 관련이 있습니다. **공간 복잡도(Space Complexity)**는 프로그램을 실행하는 데 공간이 얼마만큼 필요한지와 관련이 있습니다. 프로그램의 수행 시간을 평가할 때는 시간 복잡도와 공간 복잡도 중에서도 시간 복잡도를 분석합니다.

아래 그래프를 통해 수행 시간을 단축하는 것이 얼마나 중요한지 설명하겠습니다.

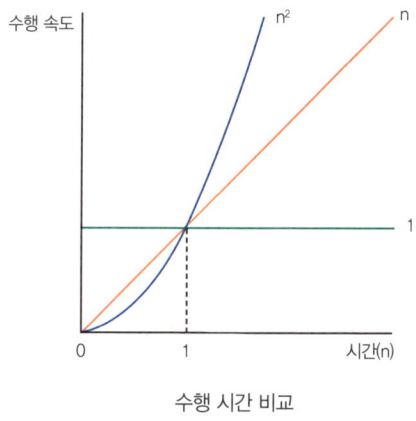

수행 시간 비교

예를 들어, A코드(초록색 선)는 항상 1의 시간만큼 소요되고, B코드(주황색 선)는 항상 n의 시간만큼 소요되고, C코드(파란색 선)는 항상 n^2의 시간만큼 필요하다고 가정해 보겠습니다. 시간이 1일 때는 수행 속도가 같지만, 시간(n)이 커질수록 프로그램 실행에 소요되는 시간이 다른 코드에 비해 점점 차이가 납니다. 따라서 시간 복잡도는 수행 속도에 많은 영향을 미치며 중요하다는 것을 알 수 있습니다.

> **알면 플러스**   **알고리즘 복잡도를 표현하는 방법**
>
> 알고리즘 복잡도를 표현하는 방법은 크게 세 가지가 있습니다.
> - 빅오 표현법(Big-O Notation): 최악의 시간 복잡도를 의미하며, 아무리 나빠도 이 시간보다 느릴 수 없다는 표현입니다.
> - 세타 표현법(Big-θ Notation): 평균의 시간 복잡도를 의미하며, 평균적으로 이 정도의 시간이 걸린다는 표현입니다.
> - 오메가 표현법(Big-Ω Notation): 최선의 시간 복잡도를 의미하며, 아무리 빨라도 이 시간보다 빠를 수 없다는 표현입니다.
>
> 이 책에서 다룬 탐색 알고리즘과 정렬 알고리즘에 대한 시간 복잡도를 아래 표로 정리해 두었습니다. n은 정렬해야 하는 데이터의 개수를 의미합니다.
>
> **탐색 알고리즘 시간 복잡도**
>
> | 알고리즘 | 최선 | 평균 | 최악 |
> |---|---|---|---|
> | 순차 탐색 | 1 | (n+1)/2 | n |
> | 이진 탐색 | 1 | $\log_2 n$ | $\log_2 n$ |
>
> **정렬 알고리즘 시간 복잡도**
>
> | 알고리즘 | 최선 | 평균 | 최악 |
> |---|---|---|---|
> | 선택 정렬 | n^2 | n^2 | n^2 |
> | 삽입 정렬 | n | n^2 | n^2 |
> | 버블 정렬 | n^2 | n^2 | n^2 |
> | 병합 정렬 | $n\log_2 n$ | $n\log_2 n$ | $n\log_2 n$ |

그래프(Graph)는 관계성을 표현한 것이며, 실생활에서 SNS(소셜 네트워킹 서비스)의 네트워크 통신망을 표현할 때 사용되기도 하고, 일의 작업 순서를 나타낼 때도 사용됩니다.

그래프의 실생활 예

SNS 네트워크망	작업 순서
쥐, 토끼, 용, 사자, 돼지 (완전그래프)	A → B → C, D → E → F

그래프는 **정점(Vertex)**과 **간선(Edge)**으로 이루어져 있으며, 정점은 원으로 표현합니다. 간선은 점 사이의 관계를 선으로 표현한 것을 말합니다. 아래 그래프를 보면 정점은 A, B, C, D이고, 간선은 a, b, c, d, e입니다.

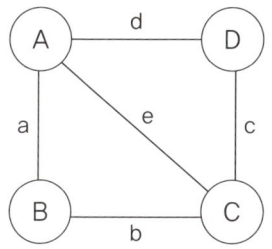

그래프의 정점과 간선

143

무방향 그래프 vs. 방향 그래프

그래프를 그릴 때, 무방향 그래프와 방향 그래프가 있습니다.

무방향 그래프	방향 그래프
U — V	U → V

무방향 그래프(Undirected Graph)는 방향이 없기 때문에 정점 U에서 정점 V로 이동해도 되고, 정점 V에서 정점 U로 이동해도 됩니다. 그러나 **방향 그래프(Directed Graph)**는 화살표를 이용해 방향을 표시하기 때문에 무조건 정점 U에서 정점 V 방향으로 이동해야 합니다.

차수(진입 차수, 진출 차수)

차수(Degree)는 하나의 정점에 인접한 간선의 수를 의미합니다. 아래의 그래프를 보면, 정점 A에 인접한 간선이 a, d, e이기 때문에 정점 A의 차수는 3입니다. 정점 B의 차수는 2, 정점 C의 차수는 3, 정점 D의 차수는 2라는 것을 알 수 있습니다.

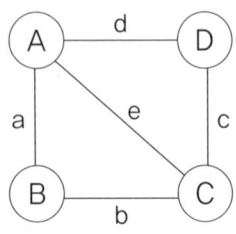

정점	차수
A	3
B	2
C	3
D	2

방향 그래프는 방향성이 있으므로 **진입 차수(In-degree)**와 **진출 차수(Out-degree)**로 나뉩니다. 진입 차수는 한 정점으로 화살표가 들어오는 간선의 수이고, 진출 차수는 한 정점에서 화살표가 나가는 간선의 수를 의미합니다. 아래 그래프를 보면, 정점 A로 들어오는 간선은 1개(a)이므로 A의 진입 차수는 1입니다. 정점 A로부터 나가는 간선은 2개(d, e)이기 때문에 A의 진출 차수는 2입니다.

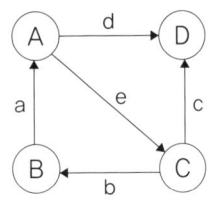

정점	진입 차수	진출 차수
A	1	2
B	1	1
C	1	2
D	2	0

완전 그래프

완전 그래프(Complete Graph)는 모든 정점끼리 서로 연결된 그래프를 의미합니다. 아래 세 가지 그래프를 보면, 모든 정점이 서로 연결되어 있으므로 완전 그래프입니다.

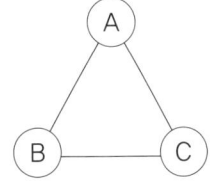
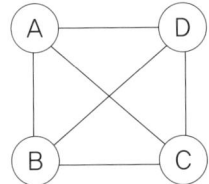
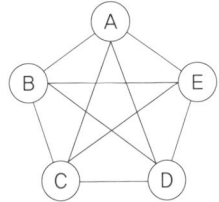

경로

경로(Path)란 시작 정점에서 시작하여 도착 정점에 이르기까지의 정점들을 나열한 것이며, 정점 간에 간선으로 연결되어 있어야 합니다. **경로 길이**(Path Length)란 경로 중에 있는 간선의 수를 의미합니다. **단순 경로**(Simple Path)란 경로 중에 반복되는 간선이 없는 것을 의미합니다. **사이클**(Cycle)이란 임의의 정점에서 시작하여 다시 출발 정점으로 돌아오는 것을 의미합니다. 아래의 그림을 통해 설명하겠습니다.

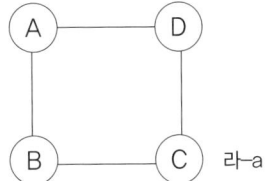
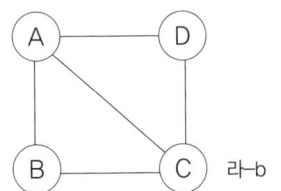

예를 들어, 라-a 그래프에서 정점 B에서 시작하여 정점 D에 도착한다고 할 때 경로는 (B, A, D) 또는 (B, C, D)입니다. (B, A, D) 경로와 (B, C, D) 경로 모두 경로 중에 있는 간선이 총 2개이므로 경로 길이는 2입니다. 정점 B에서 정점 D로 가는 과정까지 반복되는 간선이 없기 때문에 단순 경로입니다. 라-b 그래프에서 경로가 (A, D, C, A, B)라고 할 때 경로를 따라가 보면 시작 정점 A에서 출발하여 다시 A로 돌아오는 것을 알 수 있습니다. 즉 (A, D, C, A, B) 경로는 (A, D, C, A)에서 사이클이 존재합니다.

> **알면 플러스** **쾨니히스베르크의 7개의 다리**
>
> 쾨니히스베르크라는 도시의 강에 7개의 다리가 있었다고 합니다. 7개의 다리를 모두 건너되 한 번씩만 건너서 다시 출발점으로 돌아올 수 있을지에 대한 문제가 제기되었습니다. 이를 그래프로 나타내어 불가능을 증명한 인물이 오일러입니다.
>
>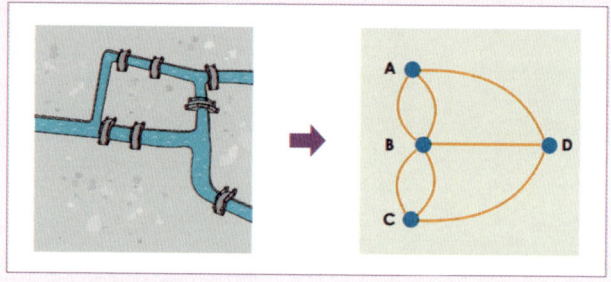
>
> 오일러는 7개의 다리를 간선으로, 다리를 잇는 부분을 정점으로 표현했습니다. 그리고 모든 다리를 한 번씩만 건너려면 두 가지 조건 중 하나를 만족해야 한다고 정리했습니다.
> - 모든 정점은 짝수 개의 간선을 가진다. (오일러 회로*)
> - 두 개의 정점만 홀수 개의 간선을 가진다. (오일러 경로**)
>
> 이 정리에 따르면 4개의 정점 모두 홀수 개의 간선을 갖기 때문에 한 번씩만 건널 수 없는 것입니다.

---

* 오일러 회로(Euler Circuits): 출발점에서 시작해서 모든 간선을 한 번씩만 통과하여 다시 출발점으로 돌아오는 것. 출발점과 도착점이 같습니다.

** 오일러 경로(Euler Paths): 출발점에서 시작해서 모든 간선을 한 번씩만 통과하여 도착점에 도착하는 것. 출발점과 도착점이 달라도 됩니다.

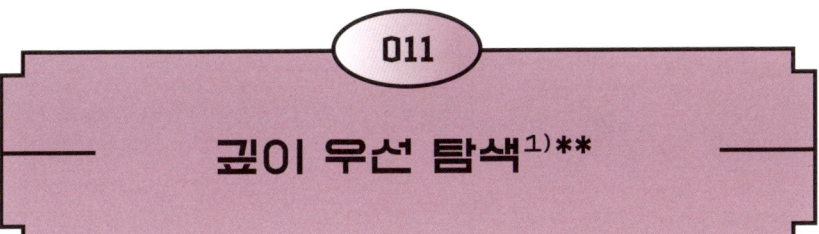

011
깊이 우선 탐색[1]**

깊이 우선 탐색(DFS: Depth First Search)은 시작 정점에서 시작해서 인접한 정점 1개를 방문하고, 그 정점에서 인접한 정점을 방문을 하면서 인접한 정점이 없을 때까지 깊이 있게 탐색하는 방법입니다.

깊이 우선 탐색의 알고리즘은 다음과 같습니다.

- **1단계** 시작 정점을 정하고, 시작 정점을 스택(stack)에 넣습니다.
- **2단계** 스택의 가장 위에 있는 정점으로부터 방문하지 않은 인접한 정점을 탐색합니다.
- **3단계** 방문하지 않은 정점이 있다면 이 정점을 스택에 넣습니다. 방문하지 않은 정점이 없다면 스택의 가장 위에 있는 정점을 꺼냅니다.
- **4단계** 스택에 어떤 값도 존재하지 않을 때까지 2단계와 3단계를 반복합니다.

아래와 같은 그래프와 빈 스택이 주어졌을 때의 깊이 우선 탐색 과정을 살펴보겠습니다. 참고로, 숫자가 가장 작은 정점을 먼저 방문한다고 가정하고, 방문을 한 정점은 파란색으로 표시하겠습니다(스택에 대해서는 '024. 스택' 참고).

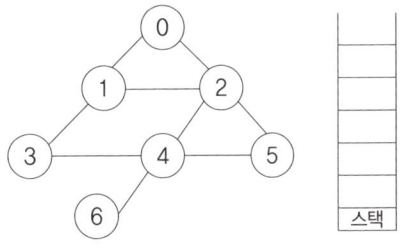

시작 그래프

---

1) 참고: 《C언어로 쉽게 풀어쓴 자료구조》(천인국, 생능출판)

깊이 우선 탐색 과정

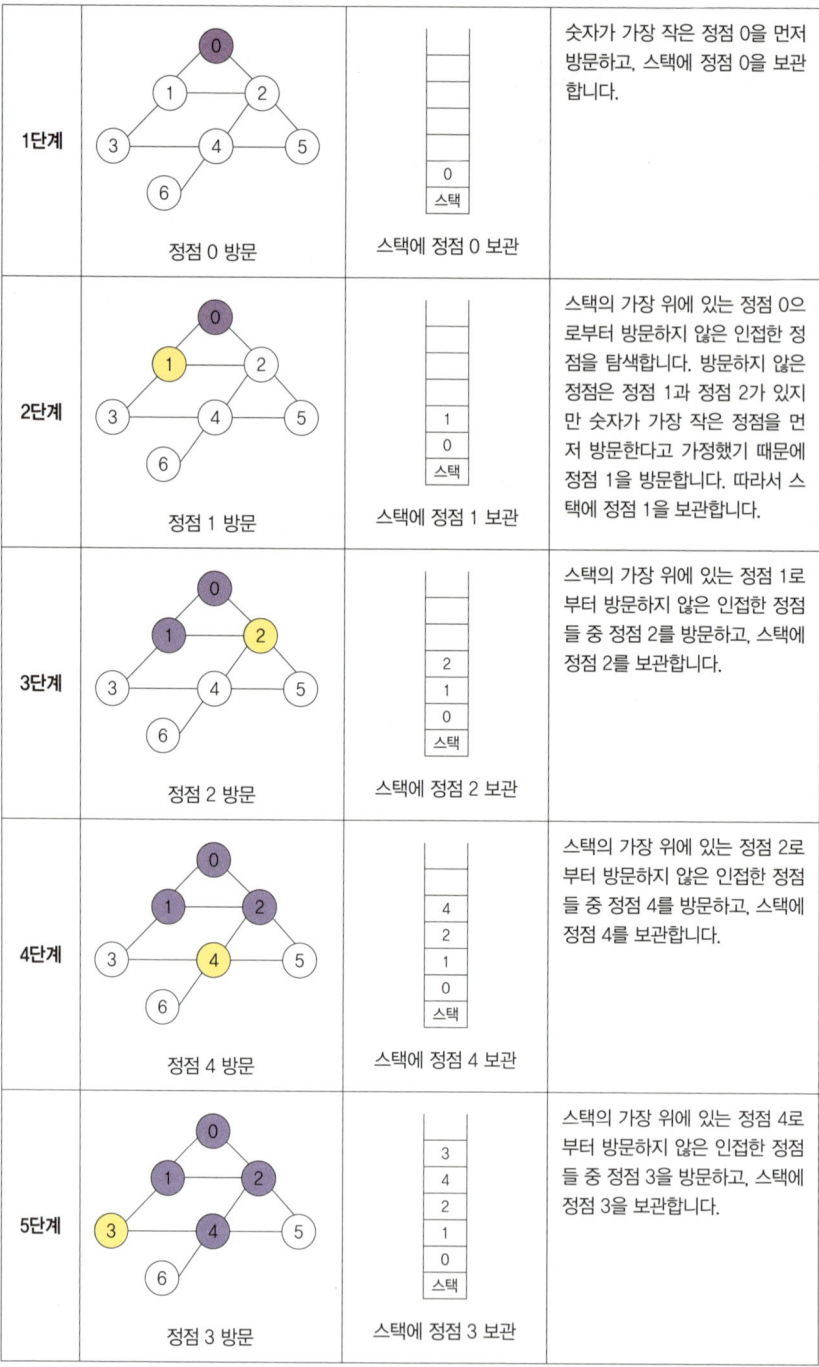

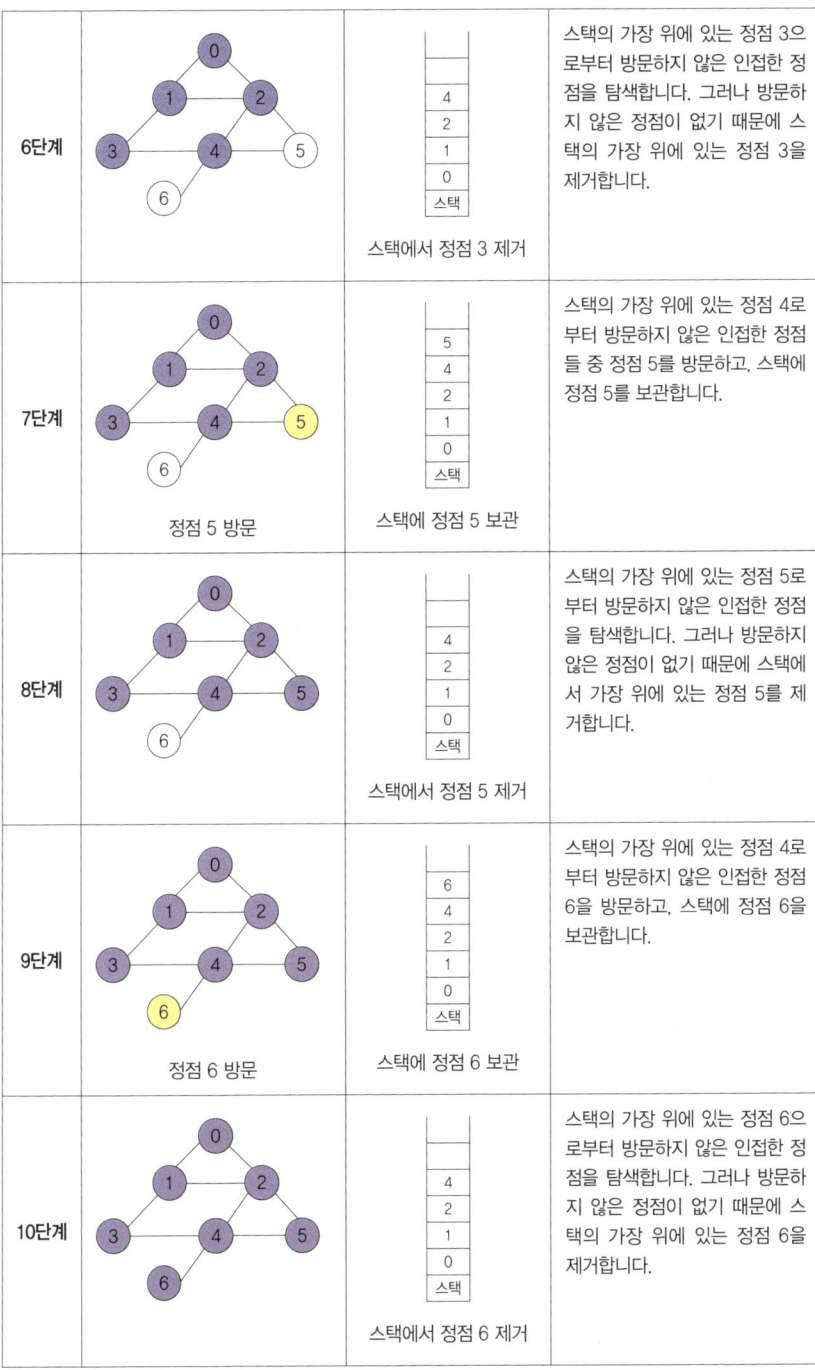

이후의 단계는, 스택의 가장 위에 있는 정점으로부터 방문하지 않은 인접한 정점이 없기 때문에 스택에서 정점이 제거되는 과정이 진행됩니다.

11단계	12단계	13단계	14단계
2 1 0 스택	1 0 스택	0 스택	스택
스택에서 정점 4 제거	스택에서 정점 2 제거	스택에서 정점 1 제거	스택에서 정점 0 제거

스택에 어떠한 값도 존재하지 않기 때문에 탐색이 종료됩니다.

최종 그래프는 아래와 같습니다.

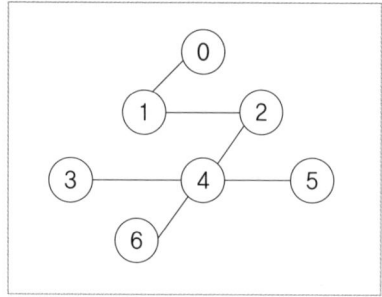

깊이 우선 탐색 그래프

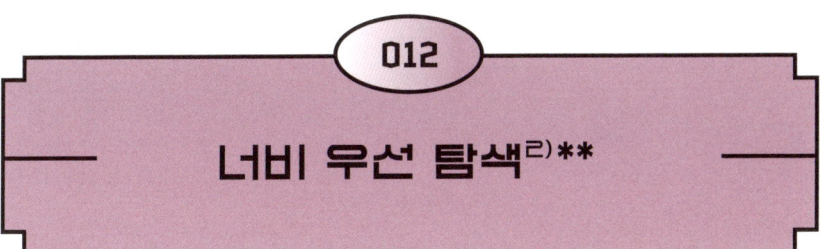

너비 우선 탐색²⁾**

너비 우선 탐색(BFS: Breadth First Search)은 시작 정점으로부터 인접한 정점을 모두 방문하는 형태로, 옆으로 넓게 탐색하는 방법입니다. 너비 우선 탐색의 알고리즘은 다음과 같습니다.

1단계 시작 정점을 정하고, 시작 정점을 큐(Queue)에 넣습니다.
2단계 큐의 첫 번째 정점을 꺼냅니다.
3단계 2단계에서 꺼낸 정점과 인접하면서 방문하지 않은 정점들을 큐에 모두 넣습니다.
4단계 큐에 어떠한 값도 존재하지 않을 때까지 2단계와 3단계를 반복합니다.

아래와 같은 그래프와 빈 큐가 주어졌을 때의 너비 우선 탐색 과정을 살펴보겠습니다. 참고로, 숫자가 가장 작은 정점을 먼저 방문하고, 방문한 정점은 파란색으로 표시하겠습니다. 또한 큐에 넣는 순서는 오른쪽에서 왼쪽 방향으로 넣는 것으로 하며, 큐의 왼쪽부터 정점을 꺼내도록 하겠습니다(큐에 대해서는 '025. 큐' 참고).

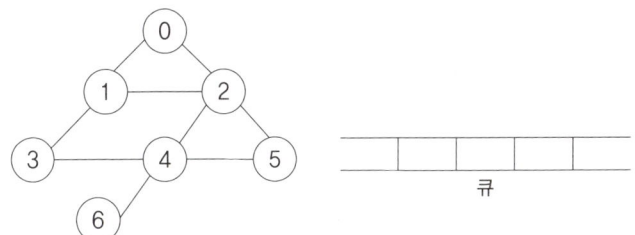

시작 그래프

---

2) 참고: 《C언어로 쉽게 풀어쓴 자료구조》(천인국, 생능출판)

너비 우선 탐색 과정

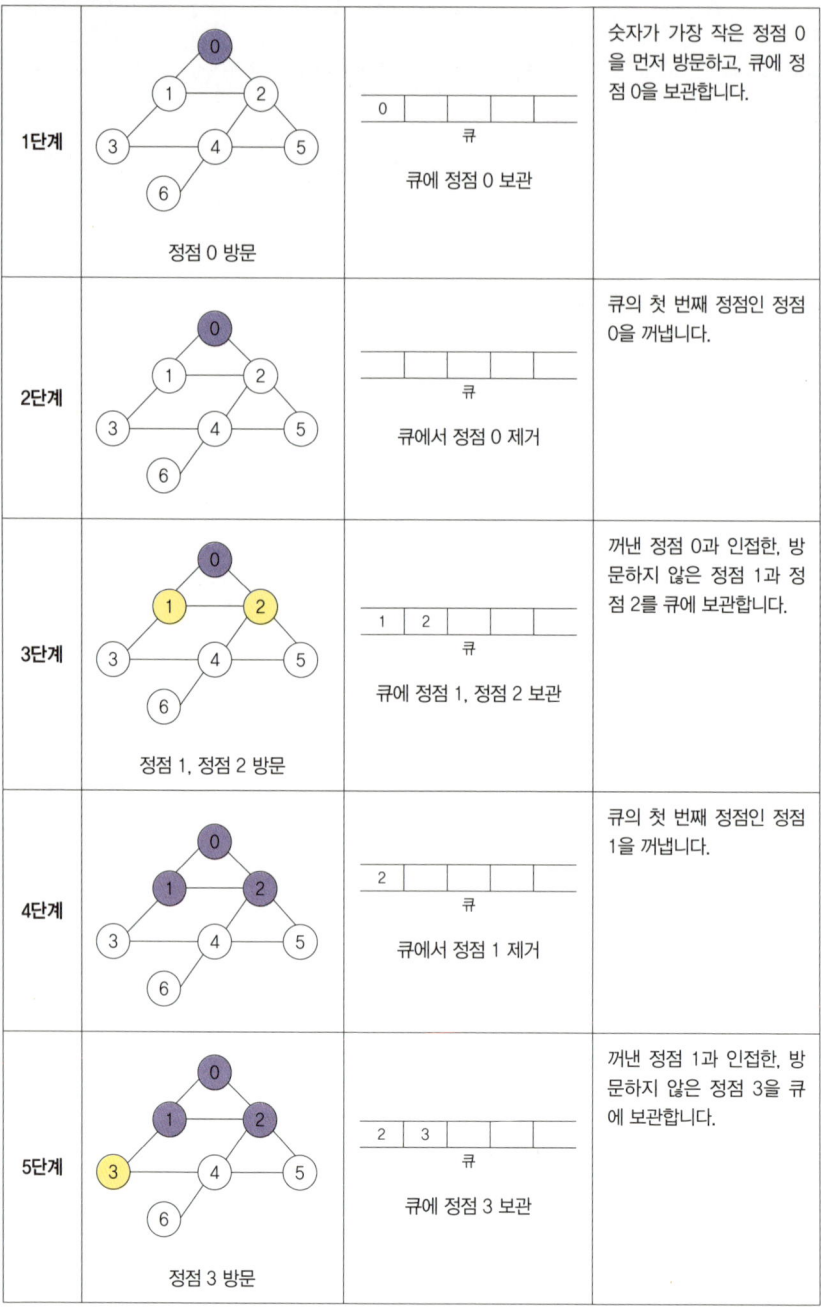

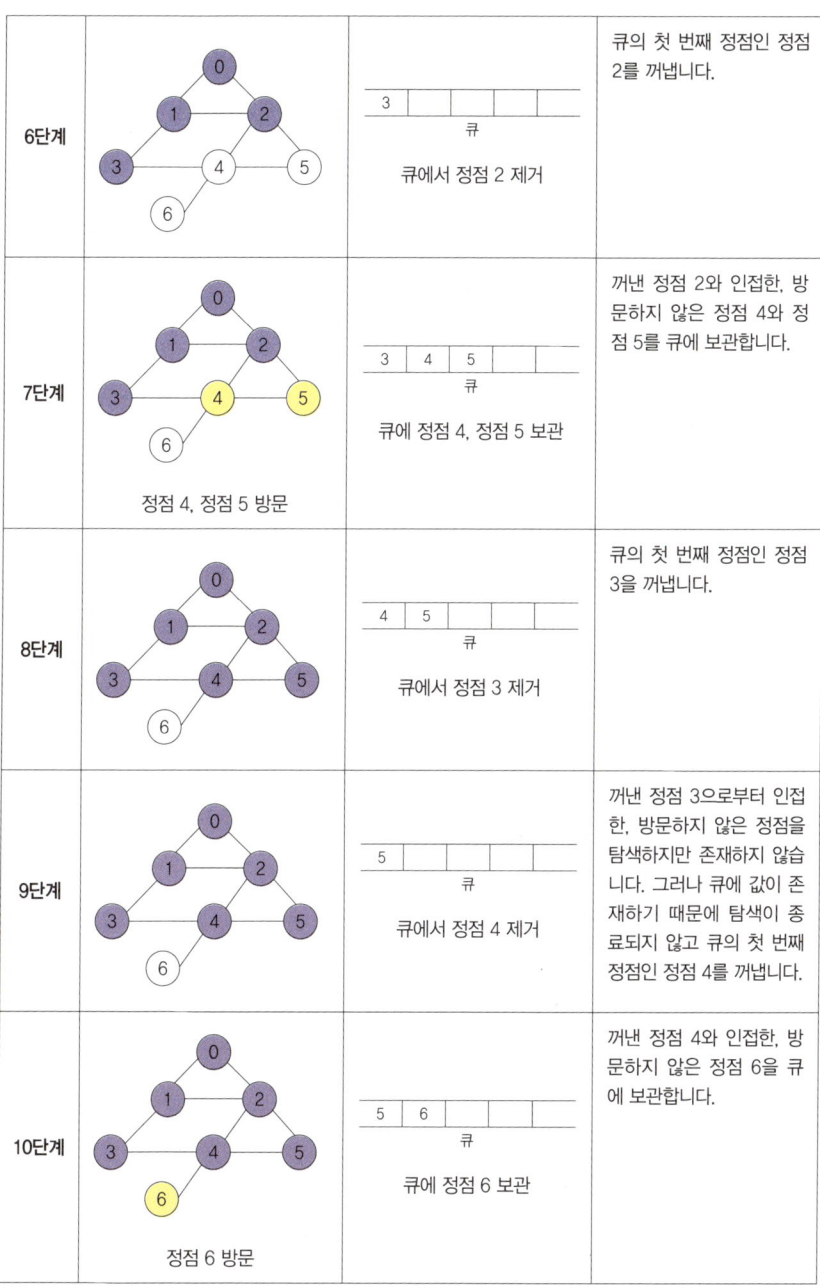

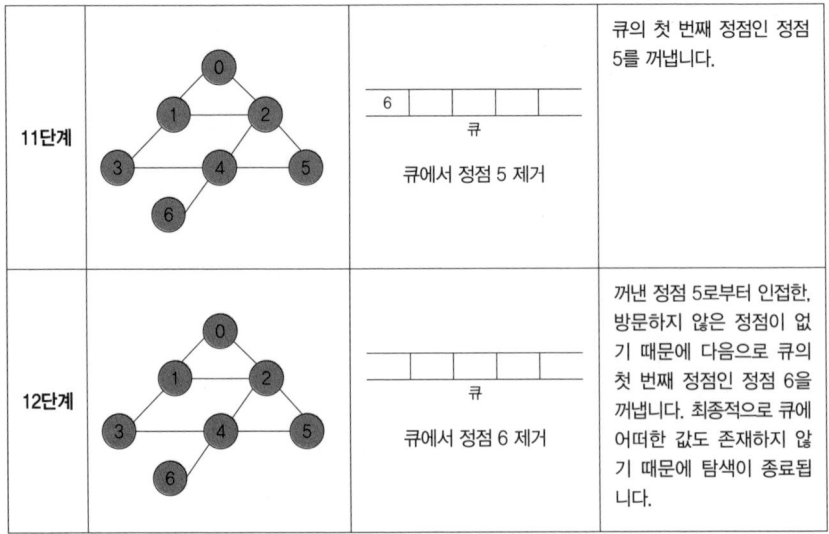

최종 그래프는 아래와 같습니다.

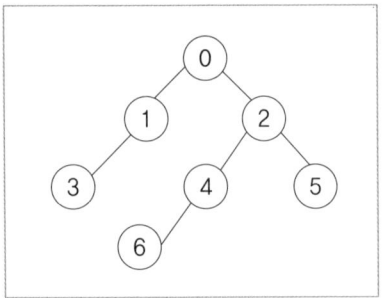

너비 우선 탐색 그래프

트리(Tree)는 계층 구조로 이루어진 그래프를 의미하며, 실생활에서 가계도, 비상연락망 등을 표현할 때 사용됩니다. 그래프와 마찬가지로 노드와 간선으로 이루어져 있습니다. 가장 높이 있는 노드를 **루트 노드**(Root Node)라고 부르며, 가장 낮은 위치에 있는 노드를 **리프 노드**(Leaf Node)라고 부릅니다.

트리 실생활 예시

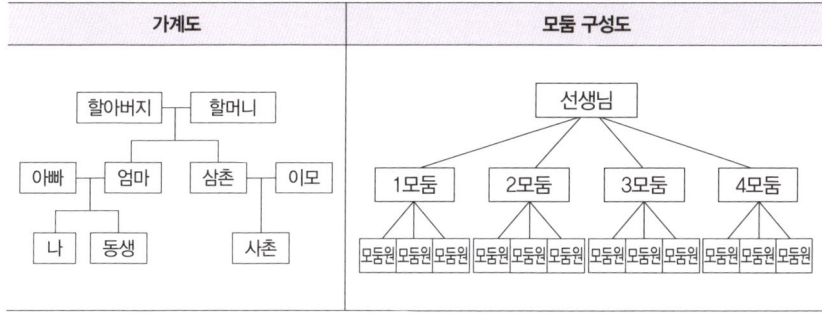

트리와 관련된 용어는 아래의 트리 예시를 통해 설명하겠습니다.

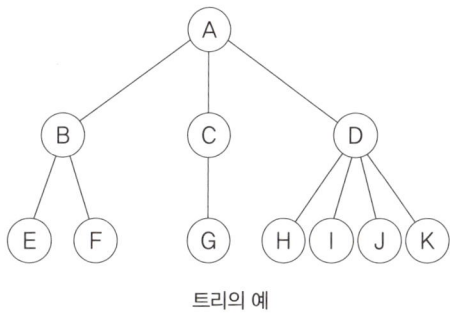

트리의 예

---

3) 참고: 《C언어로 쉽게 풀어쓴 자료구조》(천인국, 생능출판)

부모 노드, 자식 노드, 형제 노드

어떤 노드의 위에 있는 노드를 부모 노드(Parent Node)라고 하며, 어떤 노드의 밑에 있는 노드를 자식 노드(Child Node)라고 합니다. 예를 들어, 노드 E와 노드 F의 부모 노드는 노드 B이며, 노드 B의 자식 노드는 노드 E와 노드 F입니다. 형제 노드(Sibling Node)는 부모 노드가 같은 노드를 의미합니다. 노드 H의 형제 노드는 노드 I·J·K이며, 노드 G는 형제 노드가 존재하지 않습니다.

단말 노드, 비단말 노드

단말 노드(Terminal Node)는 최하위 노드를 의미하며, 노드 E·F·G·H·I·J·K가 단말 노드입니다. 반대로 비단말 노드(Non-terminal Node)는 최하위 노드가 아닌 노드를 말하며, 노드 A·B·C·D가 비단말 노드입니다.

차수, 트리의 차수

차수(Degree)는 어떤 노드에 연결된 자식 노드의 수를 의미합니다. 예를 들어, 노드 A의 차수는 3이고, 노드 H의 차수는 0입니다. 트리의 차수(Degree of tree)는 각 노드의 차수 중에서 가장 큰 차수를 의미합니다. 따라서 노드 D에 연결된 자식 노드의 수가 가장 많기 때문에 트리의 차수는 4입니다.

레벨, 트리의 높이

레벨(Level)은 층별 높이를 말합니다. 루트의 높이가 1이며, 아래로 내려갈수록 높이가 1씩 증가합니다. 따라서 노드 A의 높이는 1, 노드 B·C·D의 높이는 2, 노드 E·F·G·H·I·J·K의 높이는 3입니다. 트리의 높이(Height of tree)는 트리의 최대 레벨을 의미하며, 트리 예시에서 트리의 최대 레벨은 3입니다.

014
프로그래밍언어*

프로그래밍언어(Programming Language)는 크게 블록 기반 언어와 텍스트 기반 언어로 나뉩니다. **블록 기반 언어**는 교육 현장에서 프로그래밍을 쉽게 배울 수 있도록 만든 언어로, 블록을 드래그앤드드롭(Drag & Drop)하여 프로그램을 만드는 방법입니다. 대표적인 블록 기반 언어로는 스크래치, 엔트리 등이 있습니다. 한편, **텍스트 기반 언어**는 전문가가 사용하는 언어로, 코드를 직접 입력해서 프로그램을 만드는 방법입니다. 대표적인 텍스트 기반 언어로는 C언어, 파이썬, 자바 등이 있습니다. 학교 현장에서는 비교적 문법이 자유로운 파이썬을 사용하며, C언어를 사용하는 학교도 있습니다. 2022 개정 교육과정에서는 중학교와 고등학교의 언어를 구분하지 않기 때문에 중학교에서도 텍스트 기반 언어를 성취수준에 도달하기 위한 도구로 사용할 수 있습니다.

그러나 중요한 것은 어떤 언어를 사용하든지 문제를 해결하기 위해 스스로 생각하고 해결하는 과정에서 문제 해결력과 상상력을 기를 수 있다는 것입니다. 따라서 자신에게 맞는 언어를 선택하여 학습하는 것이 가장 좋습니다.

블록 기반 언어

대표적인 블록 기반 언어인 스크래치와 엔트리를 비교하면 다음과 같습니다.

대표적인 블록 기반 언어의 비교

	스크래치	엔트리
화면		
특징	· 깃발 아이콘을 클릭하지 않고 스크립트 영역의 블록을 클릭만 해도 해당 블록의 기능이 실행됩니다. · 다시 실행했을 때 변수값이나 스프라이트의 크기 등이 초기화되지 않기도 합니다.	· 학급방 기능이 있어서 단계별 미션을 제공하고 확인할 수 있습니다. · 인공지능, 데이터 분석 블록이 있습니다.
연결 교구	· 메이키메이키, 마이크로비트, 레고	· 마이크로비트, 햄스터, 센서 보드 등

텍스트 기반 언어

대표적인 텍스트 기반 언어인 C언어와 파이썬을 비교하면 다음과 같습니다.

대표적인 텍스트 기반 언어의 비교

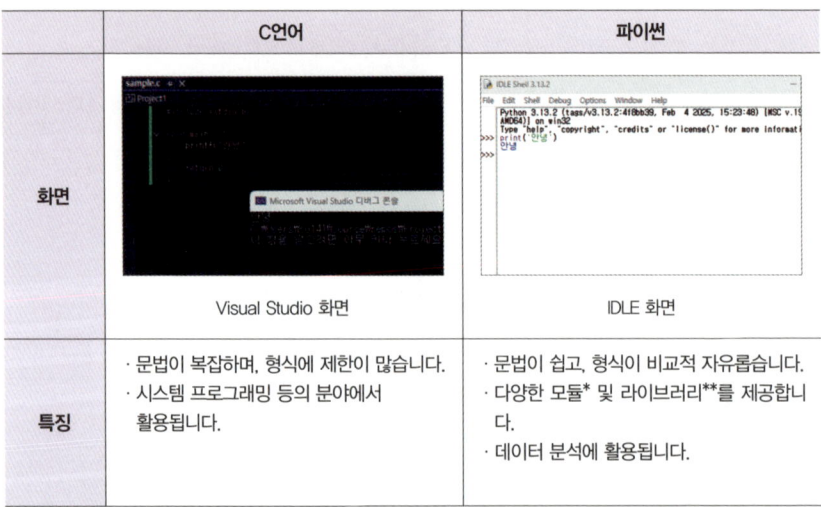

	C언어	파이썬
화면	Visual Studio 화면	IDLE 화면
특징	· 문법이 복잡하며, 형식에 제한이 많습니다. · 시스템 프로그래밍 등의 분야에서 활용됩니다.	· 문법이 쉽고, 형식이 비교적 자유롭습니다. · 다양한 모듈* 및 라이브러리**를 제공합니다. · 데이터 분석에 활용됩니다.

* 모듈: 파이썬에 내장된 함수, 변수, 클래스 모음을 말합니다. math 모듈, operator 모듈 등이 있습니다.
** 라이브러리: 파이썬에서 제공하는 코드 모음을 말합니다. pandas 라이브러리, numpy 라이브러리 등이 있습니다.

> **알면 플러스**　**코랩(Colab)에서 파이썬 실습하기**

IDLE 외에도 코랩(Colab)에서 파이썬 실습을 진행할 수 있습니다. 코랩은 프로그램 코드를 작성한 다음 실행 버튼(▷)을 누르면 실행 결과를 바로 확인할 수 있습니다. 또한 문법에 오류가 있으면 빨간색 밑줄로 표시되어 실시간으로 바로 알려줍니다. 실행 결과와 오류를 빠르게 확인할 수 있다는 점에서 코랩을 사용하여 수업하는 학교도 많습니다.

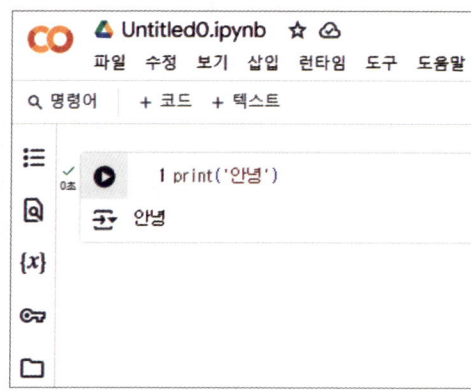

코랩(Colab) 실행 결과 확인

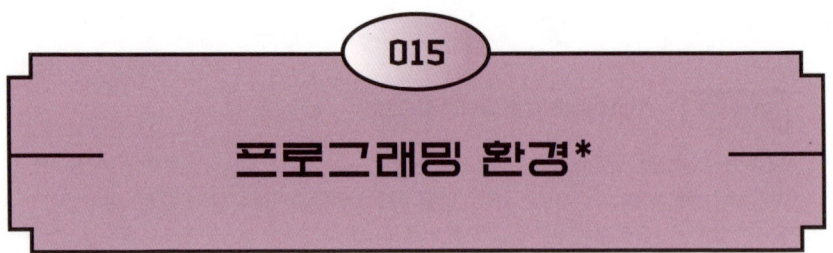

프로그래밍 환경*

저급 언어와 고급 언어

저급 언어(Low Level Language)는 컴퓨터가 이해할 수 있는 언어로 기계어, 어셈블리어가 있습니다. **기계어(Machine Language)**는 0과 1로만 되어 있기 때문에 사람이 이해하기가 어렵습니다. **어셈블리어(Assembly Language)**는 기계어를 ADD, SUB 등 간단한 영어단어 형태로 바꾸어 표현한 것입니다. 그러나 어셈블리어도 사람이 완전히 이해하기는 어려운 형태입니다.

저급 언어 표현 예시

기계어	어셈블리어
11010010010000001000000000 11111100000000001111101111	push eax add eax, ebx
→ 0과 1로만 되어 있기 때문에 사람이 이해하기 어렵습니다.	→ 영어단어로 적혀 있지만 사람이 이해하기는 쉽지 않습니다.

고급 언어(High Level Language)는 이해하기 쉬운 문법 형태로 되어 있습니다. 아래 예시를 보면, 'a변수에 3을 저장하라.', 'b변수에 5를 저장하라.', 'a값과 b값을 더해서 화면에 출력하라.'와 같이 컴퓨터의 기본적인 문법만 알면 쉽게 이해할 수 있습니다. 대표적으로 C언어, 파이썬 등이 있습니다.

고급 언어 표현의 예

```
a = 3
b = 5
print(a+b)
```

기계어로 번역하는 프로그램: 어셈블러, 컴파일러, 인터프리터

사람이 프로그램을 작성할 때는 고급 언어가 편하지만, 컴퓨터가 이해하기 위해서는 고급 언어로 만든 프로그램을 기계어로 바꾸는 과정이 있어야 합니다. 이처럼 고급 언어를 기계어로 바꾸는 번역 프로그램으로 어셈블러, 컴파일러, 인터프리터가 있습니다.

어셈블러(Assembler) 는 저급 언어인 어셈블리어를 기계어로 번역하는 프로그램입니다. **컴파일러(Compiler)** 는 고급 언어로 작성된 프로그램을 한꺼번에 기계어로 번역하는 프로그램입니다. **인터프리터(Interpreter)** 는 고급 언어로 작성된 프로그램을 한 번에 한 문장씩 기계어로 번역하는 프로그램입니다.

기계어로 번역하는 과정

사람	번역 프로그램	컴퓨터
사람이 이해할 수 있는 언어 · 어셈블리어 · 고급 언어	· 어셈블러: 어셈블리어→기계어 · 컴파일러: 고급 언어→기계어 · 인터프리터: 고급 언어→기계어	컴퓨터가 이해할 수 있는 언어 · 기계어

자료형*

컴퓨터에서 사용하는 데이터는 숫자, 문자, 문자열 등 다양한 형태로 존재합니다. **자료형(Data Type)**이란 데이터가 어떤 종류인지를 설명한 형태입니다. 그렇다면 자료형은 왜 필요할까요? 자료를 저장하기 위해서는 컴퓨터 안에 공간이 필요합니다. 예를 들어, 'A'라는 문자는 1Byte의 크기만 있으면 되는데 그 이상의 공간을 준다면 낭비가 되겠죠? 따라서 자료형의 크기에 맞는 공간이 필요한 것입니다.

자료형은 프로그래밍언어에 따라 종류가 다르기 때문에 사용하는 프로그래밍언어에 맞는 자료형을 사용하면 됩니다. 이 장에서는 파이썬을 통해 자료형을 살펴보겠습니다.

int(정수형)

int는 integer의 약자로 정수형을 의미합니다. 정수형이란 -3, 0, 120처럼 소수점이 없는 숫자입니다. 아래 예시처럼 a라는 변수에 -3을 저장한다고 하면, 변수 a는 소수점이 없는 숫자를 갖고 있기 때문에 변수 a의 자료형은 int형입니다. 마찬가지로 변수 b와 변수 c 모두 소수점이 없는 숫자를 갖고 있으므로 int형입니다.

int의 예

```
a = -3
b = 0
c = 120
```

float(실수형)

float는 floating point의 약자로 부동소수점, 즉 점이 떠다닌다는 말로 소수점이 있는 숫자를 의미합니다. 예를 들어, -1.5, 0.0, 24.20 등이 있습니다. 아래 예시와 같이 변수 a, b, c는 소수점이 있는 숫자를 갖고 있기 때문에 변수 a, b, c의 자료형은 float입니다.

float의 예

```
a = -1.5
b = 0.0
c = 24.20
```

str(문자형)

str은 string의 약자로, 문자 데이터를 저장할 때 사용합니다. 아래 표의 '봄', '맑음' 문자는 각각 '계절'과 '날씨' 변수에 저장되어 있으므로, 변수 '계절'과 '날씨'의 자료형은 str입니다.

str의 예

```
계절 = '봄'
날씨 = '맑음'
>>> 날씨 = '맑음'
>>> type(날씨)
    <class 'str'>
```
⇒ 'type(날씨)'를 통해 자료형이 str이라는 것을 알 수 있습니다.

알면 플러스   **실수형/정수형 공간에 정수/실수 값을 저장할 수 있을까?**

실수형 공간에 정수 값을 저장할 수 있을까요? 그리고 정수형 공간에 실수 값을 저장할 수 있을까요?
정답은 실수형 공간에는 정수 값을 온전히 저장할 수 있습니다. 하지만 정수형 공간에 실수 값을 저장하려고 하면 소수점 아래는 잘립니다. 파이썬을 예로 들어보겠습니다.

정수형 공간에 실수 값 저장하기	실수형 공간에 정수 값 저장하기

>>> a = 1.77 #실수 1.77을 a라는 공간에 저장한다.
>>> int(a) #실수 1.77을 정수형으로 변환한다.
1
	>>> b = 3 #정수 3을 b라는 공간에 저장한다.
	>>> float(b) #정수 3을 실수형으로 변환한다.
	3.0

⇒ '1.77'을 정수형으로 변환하면 소수점 밑은 절삭되어 '1'만 저장됩니다.	⇒ '3'을 실수형으로 변환하면 소수점이 추가되어 '3.0'이 저장됩니다.

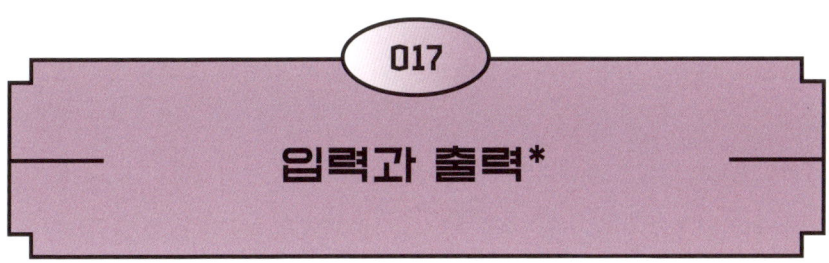

017
입력과 출력*

입력(Input)을 한자로 쓰면 入力으로, 힘이 들어간다는 뜻입니다. 컴퓨터 입장에서 입력은 외부 환경으로부터 데이터를 받는 것을 의미합니다. 입력에 해당하는 하드웨어로는 마우스, 키보드가 있습니다. 마우스와 키보드가 왜 입력장치에 해당할까요? 마우스로 아이콘을 클릭하면 아이콘을 눌렀다는 정보가 컴퓨터에 제공되고, 키보드로 타자를 하면 누른 글자에 대한 정보를 컴퓨터가 받아들이기 때문입니다.

출력(Output)을 한자로 쓰면 出力으로, 힘이 나간다는 뜻입니다. 이는 외부 환경으로 데이터를 내보내는 것을 의미합니다. 출력에 해당하는 하드웨어로는 종이를 출력하는 프린터, 화면으로 보여주는 모니터가 있습니다.

입력문과 출력문의 사용법

먼저, 엔트리를 이용하여 살펴보겠습니다.
'묻고 대답 기다리기' 블록(`안녕! 을(를) 묻고 대답 기다리기 ?`)은 사용자로부터 데이터를 입력받는 블록입니다. 사용자가 값을 입력하면 '대답' 블록(`대답`)에 저장됩니다. 입력받은 값을 화면에 출력하기 위해 '말하기' 블록(`안녕! 을(를) 말하기 ▼`)을 사용하였습니다.

엔트리 입출력의 예

다음으로 텍스트 기반 언어인 파이썬을 이용하여 입력과 출력을 알아보겠습니다.

파이썬에서는 입력과 출력을 하기 위해서 input이라는 입력 함수와 print라는 출력 함수를 사용해야 합니다. 아래 코드 예시는 '홍길동'이라는 값을 입력하면 '이름'이라는 공간에 값이 저장되고 '이름'에 저장된 값을 출력하는 문장입니다. '이름'이라는 공간은 변수를 의미하는데, 다음 장에서 소개하겠습니다.

파이썬 입출력의 예

코드	입력	출력
이름 = input('이름을 입력하세요 : ') print(이름)	이름을 입력하세요 : 홍길동	홍길동

알면 플러스 — input으로 입력을 받으면 문자로 저장되는 이유

input으로 입력을 받으면 문자로 저장됩니다. 예를 들어, 아래 예시와 같은 코드일 때 10을 각각 입력하여 a와 b에 10을 저장해 봅시다. a값과 b값을 더한 결과를 출력해 보면 생각했던 결과와 달리 '1010'이 출력됩니다. 그 이유는 input으로 값을 입력받으면 숫자 10을 입력해도 문자 10으로 저장되기 때문입니다. 파이썬 형식에 따라 문자와 문자를 더하면 문자를 연결해 주므로 '1010'이 출력되는 것입니다.

```
a = input( )
b = input( )
print(a+b)
```

018 변수*

변수(Variable)란 숫자나 문자 값을 저장하는 공간을 의미합니다. 수학에서 변수는 '변하는 수'를 뜻하지만, 컴퓨터에서는 '공간'을 의미합니다.

변수의 특징

변수는 크게 세 가지 특징이 있습니다.

첫째, 변수는 이름을 만들어 사용합니다. 왜 변수에 이름을 붙여야 할까요? 컴퓨터에는 많은 공간이 있습니다. 공간에 값을 넣고 그 값을 불러와 사용하려면 그 공간에 이름을 붙여야 합니다. 학교 사물함을 생각해 봅시다. 사물함에 번호가 없다면 선생님이 "사물함에 가서 공책을 가져오세요."라고 했을 때 학생은 어떤 사물함을 열어야 하는지 알 수 없습니다. 그러나 사물함에 번호가 있다면 선생님이 "1번 사물함에 가서 공책을 가져오세요."라고 말할 것이고, 그러면 학생은 1번 사물함에 가서 공책을 꺼내 올 겁니다. 이처럼 공간에 번호, 즉 이름을 붙이면 필요한 공간에 쉽게 접근할 수 있습니다.

변수에 이름을 붙여야 하는 이유

둘째, 변수는 -3, 1.25, 0, 100 등의 숫자나 abc, 가나다 등 문자 값을 저장합니다. 예를 들어, a=3은 '변수 a에 3을 저장하라.'는 뜻의 코드로 변수 a에 숫자를 저장합니다. 또한 x='프로그래밍'이라는 코드는 '변수 x에 프로그래밍을 저장하라.'는 뜻으로 변수 x에 문자를 저장합니다. 이처럼 변수는 숫자 또는 문자 값을 저장할 수 있습니다.

변수에 값을 저장하는 과정

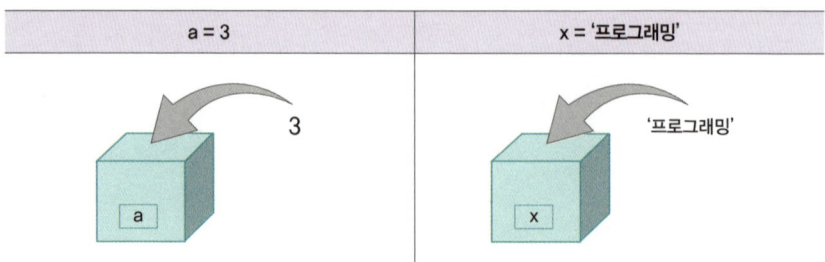

셋째, 변수는 한 개의 값만 저장할 수 있습니다. 따라서 새로운 값을 저장하려고 하면 기존에 저장된 값은 사라집니다. 예를 들어, 아래와 같은 코드가 있다고 해 봅시다. 코드의 의미는 '변수 x에 5를 저장하라.'와 '변수 x에 10을 저장하라.'입니다. 처음에는 변수 x에 5가 저장되지만, 두 번째 코드에 의해서 변수 x에 저장되는 값은 10으로 바뀌게 됩니다. 그 이유는 하나의 변수는 하나의 값만 저장할 수 있기 때문입니다.

변수의 예

```
x = 5
x = 10
```

변수 선언과 값 저장

변수 값을 저장하기 위해서는 변수를 사용하겠다는 선언을 해야 합니다. 예를 들어 a=3이라는 코드가 있다고 가정해 봅시다. 이 코드는 한 줄이지만 먼저 a라는 공간을 사용하겠다는 선언이 포함되어 있습니다. 컴퓨터가 a라는 공간을 만들어 주고, 공간 a가 생기면 그 공간에 3을 저장한다는 의미입니다.

> **알면 플러스** **변수의 개념과 특징**

파이썬 코드를 통해 변수의 개념과 특징을 확인해 보겠습니다.

코드	실행 결과
X = 5 X = 10 Y = 3 Z = '가' print(X) print(Z) print(X+Y)	10 가 13

변수 예제 코드

변수 X의 값은 5에서 10으로 바뀌었습니다. Y에는 숫자 3이 들어 있고, Z에는 문자 '가'가 저장되어 있습니다. print(X)를 하면 X 안에 있는 값, 즉 숫자 10이 출력됩니다. print(Z)를 하면 Z 안에 있는 값, 즉 문자 '가'가 출력이 됩니다. print(X+Y)를 하면 변수 X와 Y에 들어 있는 값을 더해서 출력합니다. 따라서 10+3인 13이 출력됩니다.

연산자(Operator)란 연산에 사용되는 기호를 의미합니다. 연산자의 종류에는 산술 연산자, 비교 연산자, 논리 연산자가 있습니다. 참고로, 이 단원의 예제 결과는 파이썬 언어를 사용한 결과입니다.

산술 연산자

산술 연산자(Arithmetic Operator)는 계산에 사용되는 기호를 의미하며, 기본적으로 **덧셈, 뺄셈, 곱셈, 나눗셈** 기호가 있습니다. 덧셈 기호와 뺄셈 기호는 수학에서 사용하는 기호와 동일하지만 곱셈 기호와 나눗셈 기호는 수학에서 사용하는 기호와 다르기 때문에 잘 살펴보면 좋을 것 같습니다. 그리고 나눗셈 기호인 /는 몫과 나머지가 함께 출력되지만, 몫 기호인 //는 나눗셈의 몫만 필요할 때 사용하고, 나머지 기호인 %는 나눗셈의 나머지만 쓰고 싶을 때 사용합니다. 제곱 기호도 아래 예제를 통해 사용법을 익히길 바랍니다.

산술연산자 종류

기호	의미	예제
+	덧셈	5+2 → 결과: 7
-	뺄셈	5-2 → 결과: 3
*	곱셈	5*2 → 결과: 10
/	나눗셈	5/2 → 결과: 2.5
//	몫	5//2 → 결과: 2
%	나머지	5%2 → 결과: 1
**	제곱	5**2 → 결과: 25

비교 연산자

비교 연산자(Comparison Operator)는 크기를 비교할 때 사용하는 연산기호입니다. **크다, 작다, 크거나 같다, 다르다** 등을 뜻하는 기호가 있습니다. '크다(작다)'는 수학기호와 동일하지만, 나머지 기호들은 수학기호와 다르기 때문에 주의해야 합니다. '크거나 같다(작거나 같다)'는 수학기호인 ≥, ≤가 아니라 >=, <=로 나타내며, '같다', '다르다'는 수학기호인 =, ≠가 아니라 ==, !=로 나타내기 때문에 기호 사용 시 주의해야 합니다. 아래 표를 통해 비교 연산자 사용 방법을 익혀 보길 바랍니다.

비교 연산자 종류

기호	의미	예제	
>, <	크다, 작다	10 > 5	→ 10이 5보다 크다. → 결과 : True(참)
		10 < 5	→ 10이 5보다 작다. → 결과 : False(거짓)
>=, <=	크거나 같다, 작거나 같다	10 >= 10	→ 10이 10보다 크거나 같다. → 결과 : True(참)
		10 <= 5	→ 10이 5보다 작거나 같다. → 결과 : False(거짓)
==	같다	10 == 10	→ 10이 10과 같다. → 결과 : True(참)
		10 == 5	→ 10이 5와 같다. → 결과 : False(거짓)
!=	다르다	10 != 10	→ 10이 10과 다르다. → 결과 : False(거짓)
		10 != 5	→ 10이 5와 다르다. → 결과 : True(참)

논리 연산자

논리 연산자(Logical Operator)는 논리가 맞는지 틀린지 확인할 때 사용하는 연산기호로 and, or, not이 있습니다.

and는 '그리고'를 의미하며, 모든 조건이 맞아야 최종적으로 맞다고 판단합니다. 예를 들어, 조건 10>5 and 5>1는 '10은 5보다 크고 5는 1보다 크다'는 뜻입니다. 두 조건 모두 맞기 때문에 결과가 'True(참)'가 됩니다. 그리고 10>5 and 5>10에서 5>10는 조건이 틀리기 때문에 결과가 'False(거짓)'입니다.

or는 '또는'이라는 뜻이며, 모든 조건 중에서 1개 이상의 조건이 맞으면 'True(참)'라는 결과가 나옵니다. 예를 들어, 10>5 or 5>10에서 5>10 조건은 틀리지만 10>5 조건은 맞기 때문에 결과가 'True(참)'가 됩니다. 단, or 연산은 모든 조건이 틀리면 결과가 'False(거짓)'가 나옵니다.

not 연산은 '~이 아니다.'라는 뜻이며, 조건의 결과와 반대의 결과를 냅니다. 예를 들어, 조건 not 10==10에서 10==10는 맞는 조건이지만 not이 붙어 있기 때문에 최종적으로 'False(거짓)'라고 결론을 내립니다.

논리 연산자의 종류

기호	의미	예제	
and	그리고	10>5 and 5>1	→ 10이 5보다 크고 5가 1보다 크다. → 결과 : True(참)
		10>5 and 5>10	→ 10이 5보다 크고 5가 10보다 크다. → 결과 : False(거짓)
or	또는	10>5 or 5>10	→ 10이 5보다 크거나 5가 10보다 크다. → 결과 : True(참)
		1>3 or 5>10	→ 1이 3보다 크거나 5가 10보다 크다. → 결과 : False(거짓)
not	~이 아니다	not 10==10	→ 10과 10이 같지 않다. → 결과 : False(거짓)
		not 10!=10	→ 10과 10이 다르지 않다. → 결과 : True(참)

> **알면 플러스 컴퓨터의 효율적 연산**
>
> 컴퓨터는 효율성을 중요하게 생각합니다. 예를 들어, 10<5 and 10>3 조건이 있을 때 앞의 조건(10<5)이 틀리면 뒤의 조건(10>3)을 확인하지 않고 'False(거짓)'라는 결론을 냅니다. 마찬가지로 5>3 or 7>1 조건이 주어졌을 때 앞의 조건(5>3)이 이미 맞으면 뒤의 조건(7>1)을 확인하지 않고 '조건이 맞다(True)'는 결론을 냅니다.

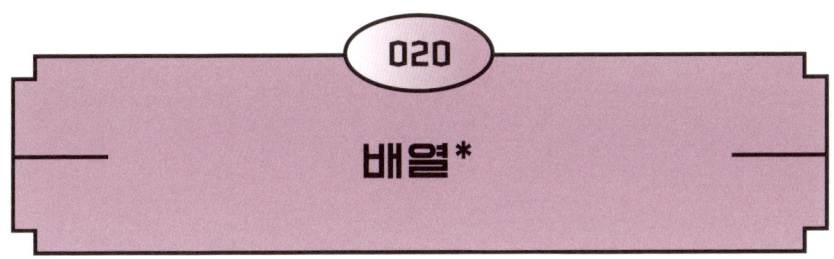

020
배열*

앞에서 변수라는 개념을 배웠습니다. 컴퓨터에서 변수는 하나의 값을 저장하는 공간을 의미합니다. 그런데 여러 개의 값을 저장해야 할 때가 있겠죠? 이때 필요한 개념이 배열입니다. **배열(Array)**이란 여러 개의 값을 연속된 공간에 저장하는 것을 말합니다. 컴퓨터 안에는 여러 개의 메모리 공간이 있는데, 연속된 공간을 마련하여 사용하는 것입니다. 이 단원에서 예시는 파이썬 언어를 중심으로 설명하겠습니다.

예를 들어, a=[7, 10, 3]은 '7, 10, 3을 저장할 수 있는 공간 a를 마련하고 그 공간에 7, 10, 3을 저장하라.'는 뜻입니다.

배열 선언 및 값 할당의 예

```
a = [7, 10, 3]
```

배열을 이해하기 위해서는 인덱스라는 개념을 알아야 합니다. **인덱스(Index)**란 공간 번호를 의미하며, 기호는 대괄호([])를 사용합니다. 주의할 것은 인덱스 번호는 0번부터 시작된다는 것입니다. 그래서 7은 공간 a의 0번 인덱스에 저장되고, 10은 1번 인덱스에, 3은 2번 인덱스에 저장됩니다. 배열 안의 값을 불러올 때는 a[0], a[1], a[2]라고 쓰면 배열 a에 저장된 7, 10, 3을 사용할 수 있습니다.

배열과 인덱스의 예

인덱스	0	1	2
a[]	7	10	3

a배열의 값

a[0] → 7	
a[1] → 10	
a[2] → 3	

만약 배열의 값을 변경하고 싶으면 어떻게 해야 할까요? 변경하고 싶은 값과 인덱스를 이용하여 'a[인덱스]=값'으로 표현하면 됩니다. 예를 들어, a[1]=50은 'a배열의 1번 인덱스에 50을 저장하라.'는 뜻이 됩니다. 배열도 변수와 마찬가지로 하나의 공간에 한 개의 값만 저장할 수 있기 때문에 1번 인덱스의 값이 10에서 50으로 변경되는 것입니다.

배열 값 변경의 예

인덱스	0	1	2
a[]	7	50	3

리스트*

리스트(List)는 비슷한 특성을 가진 데이터를 연결해 놓은 구조를 말합니다. 쉽게 말하면, 사람의 이름이나 물품 등을 일정한 순서로 적어 놓은 것으로 명단, 목록 등이 있습니다. 예를 들어, 도서관에서 책을 전공 서적, 소설 등으로 분야에 따라 구별하여 정리하거나, 학급 학생들의 이름과 번호를 정리해 놓은 출석부 등이 리스트에 해당합니다. 이렇게 같은 항목의 정보들을 정리할 때 리스트를 사용합니다.

도서관에서 분야에 따라 정리된 책

리스트의 특징

1 데이터의 순서 유지: 리스트는 데이터를 넣는 순서가 중요합니다. 예를 들어, 도서관에 정리된 책들을 살펴보면 책을 꽂는 순서가 있습니다. 책마다 번호가 매겨져 있지요. 그것처럼 리스트도 데이터를 넣으면 그 순서가 그대로 유지됩니다. 리스트의 각 데이터는 번호를 가지며, 이 번호를 활용하여 쉽게 원하는 데이터를 찾을 수 있습니다.

2 **자유로운 크기 변화**: 리스트는 처음부터 크기가 정해져 있지 않고, 필요에 따라 늘어나거나 줄어들 수 있습니다. 예를 들어, 친구들과 농구를 하는데 처음에는 다섯 명이 하다가 한 명 더 오면 여섯 명이 되고, 두 명이 가면 네 명이 되는 상황을 생각하면 됩니다. 리스트도 데이터가 추가되면 늘어나고, 데이터가 삭제되면 줄어듭니다. 그래서 리스트는 데이터를 추가하거나 삭제하는 작업이 자유롭습니다.

3 **다양한 유형의 데이터를 저장**: 리스트는 다양한 종류의 데이터를 함께 저장할 수 있습니다. 예를 들어, 필통에 연필, 볼펜, 지우개, 샤프심, 자 등 여러 가지 학용품을 넣을 수 있는 것처럼 리스트도 숫자, 문자, 다른 리스트 등 다양한 유형의 데이터를 한꺼번에 저장할 수 있습니다.

리스트의 사용법

엔트리는 블록을 사용하여 리스트를 만들며, 인덱스는 1부터 시작하고, 블록을 통해 리스트에 데이터를 추가·삭제·수정합니다. 반면, 파이썬은 리스트를 [ ]로 만들고, 인덱스는 0부터 시작하며, 추가·삭제·수정·삽입 등 다양한 구조를 가지고 있습니다.

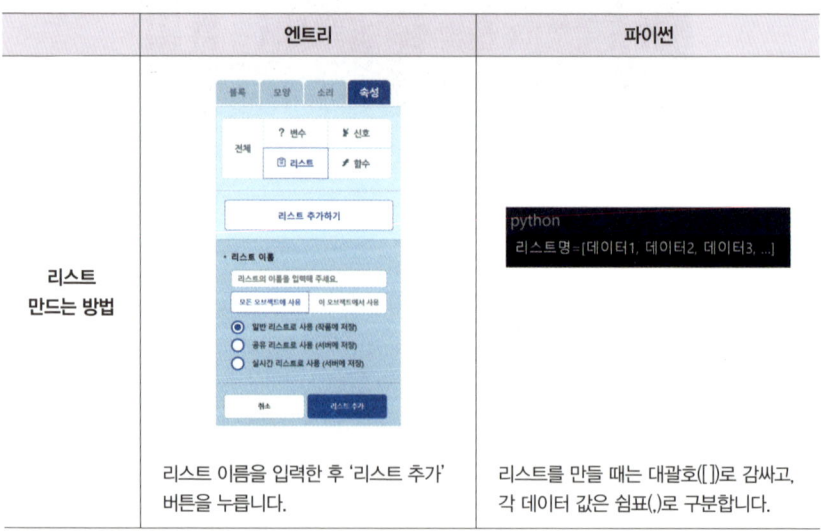

	엔트리	파이썬
리스트 만드는 방법	리스트 이름을 입력한 후 '리스트 추가' 버튼을 누릅니다.	리스트를 만들 때는 대괄호([ ])로 감싸고, 각 데이터 값은 쉼표(,)로 구분합니다.

| '필통' 리스트 결과 | 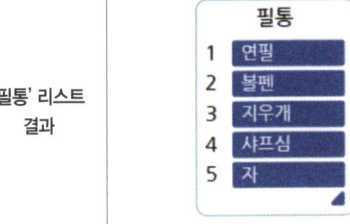 | ```python
필통=['연필', '볼펜', '지우개', '샤프심', '자']
``` |
|---|---|---|

> **알면 플러스** **파이썬에서 많이 사용되는 리스트의 구조**

리스트는 데이터를 쉽게 검색·수정·추가·삭제 등을 할 수 있습니다. 파이썬에서 많이 사용되는 리스트 구조에 대해 좀 더 알아보겠습니다.

사용법	설명	예시
| 인덱스 (index) | 리스트의 각 데이터에 부여된 번호가 인덱스입니다. 인덱스는 0부터 시작합니다. | ```python
첫번째항목=필통[0]  #'연필'
두번째항목=필통[1]  #'볼펜'
```<br>'필통' 리스트에서 첫 번째 항목은 '연필', 두 번째 항목은 '볼펜'임을 나타냅니다. |
| 수정 (modify) | 리스트[n]=x는 '리스트에서 n번째 데이터를 x로 변경합니다.'의 뜻입니다. | ```python
필통[2] = '색연필'  #필통=['연필', '볼펜', '색연필', '샤프심', '자']
```<br>'필통' 리스트의 세 번째 데이터를 '색연필'로 변경합니다. |
| 추가 (append) | append의 사전적 의미는 '덧붙이다', '첨부하다'입니다. append(x)는 '리스트의 제일 마지막에 x를 추가합니다.'의 뜻입니다. | ```python
필통.append('형광펜')  #필통=['연필', '볼펜', '색연필', '샤프심', '자', '형광펜']
```<br>'필통' 리스트에 '형광펜'을 추가합니다. |
| 제거 (remove) | remove(x)는 '리스트에서 첫 번째로 나오는 x를 삭제합니다.'의 뜻입니다. | ```python
필통.remove('볼펜')  #필통=['연필', '색연필', '샤프심', '자', '형광펜']
del 필통[1]
```<br>'필통' 리스트에서 '볼펜'을 삭제합니다. |
```

함수*

함수(Function)는 특정 일을 하는 명령어들의 묶음을 말합니다. 예를 들어, 수학에서의 함수는 입력을 받아서 어떤 규칙에 따라 결과를 내놓는 역할을 합니다. '미지수 x값에 따라 y값이 정해진다.'와 같이 수학식 사이에 관계가 있는 것을 함수라고 합니다. 프로그래밍에서도 함수는 비슷한 역할을 합니다.

과일(입력) 믹서기(함수) 주스(출력)

함수의 기능 (출처: 점프투파이썬)

함수를 미리 만들어 놓고 필요한 함수만 가져다가 사용할 수 있습니다. 이때는 모든 명령어를 다 적지 않아도 됩니다. 즉 프로그래밍을 할 때 자주 사용하는 명령어나 기능을 묶어서 함수로 만들어 놓으면 같은 작업을 반복하지 않아도 됩니다.

함수의 필요성

함수가 필요한 이유는 다음과 같습니다.

1. **코드의 재사용**: 함수를 사용하면 같은 작업을 여러 번 작성할 필요 없이 한 번만 작성하고, 필요할 때마다 호출해서 사용할 수 있습니다.
2. **코드의 가독성 향상**: 함수를 사용하면 코드가 더 잘 조직화되고 이해하기 쉬워집니다.

3 유지 보수의 용이성: 함수를 사용하면 코드의 특정 부분을 쉽게 수정할 수 있습니다. 함수를 수정하면 그 함수를 사용하는 모든 부분에 자동으로 적용됩니다.

함수의 구조와 사용법

함수는 다음과 같은 구조로 되어 있습니다.

1 함수 정의: 함수를 만들 때 사용하는 부분입니다.
2 함수 호출: 함수를 사용할 때 호출하는 부분입니다.

엔트리와 파이썬에서 함수를 만들고, 정의하고, 호출하는 예시를 살펴보겠습니다.

	엔트리	파이썬
함수 만드는 방법	함수 만들기 1 / 함수 만들기 2 '함수 추가하기' 버튼을 누른 후 '함수 정의하기' 옆 '함수' 자리에 함수명을 넣고 실행할 블록들을 넣습니다.	함수 만들기 'def'는 함수를 만들 때 사용하는 예약어입니다. '함수명'은 임의로 정할 수 있습니다. '함수명' 뒤의 '매개변수'는 이 함수에 입력으로 전달되는 값을 받는 변수입니다.
함수의 정의와 호출	'사각형그리기' 함수 정의 '사각형그리기'라는 이름으로 100만큼 움직이고 90도만큼 회전하기를 4회 반복하는 사각형을 그리는 함수를 정의합니다.	'더하기' 함수 정의 '더하기'라는 이름의 함수를 정의하고, 두 개의 매개변수 '숫자1'과 '숫자2'를 받아 더한 값을 '결과' 변수에 저장합니다.

'return' 키워드를 사용하여 함수의 결과를 반환하여 반환된 값을 '함수 호출' 위치로 전달합니다.

```
#함수 호출
합=더하기(3, 5)
print(합)  #출력: 8
```

'사각형그리기' 함수 호출

'시작하기' 버튼을 클릭하면 '사각형그리기' 함수를 호출하여 100만큼 움직이고 90도만큼 회전하기를 4회 반복합니다.

'더하기' 함수 호출

'더하기' 함수를 호출하면서 3과 5를 매개변수로 전달합니다. 이때 함수는 두 숫자를 더한 값을 반환하고, 그 값을 '합' 변수에 저장합니다. '합' 변수에 저장된 값 '8'을 출력합니다.

> **알면 플러스** **매개변수와 인수**

매개변수 (Parameters)	함수를 정의할 때 함수가 받을 입력값을 나타내는 변수를 말합니다. 예를 들어, 파이썬의 ['더하기' 함수 정의]에서 '더하기' 함수의 괄호 안 '숫자1'과 '숫자2'가 매개변수입니다.
인수 (Arguments)	함수를 호출할 때 함수에 실제로 전달하는 값을 말합니다. 예를 들어, 파이썬의 ['더하기' 함수 호출]에서 '더하기' 함수의 괄호 안 '3'과 '5'가 인수입니다.

023 클래스와 인스턴스**

클래스(Class)는 일종의 설계도이고, **인스턴스(Instance)**는 그 설계도로 만든 실제 물건입니다. 클래스와 인스턴스는 붕어빵 틀과 붕어빵을 예시로 생각하면 쉽습니다. 예를 들어, 붕어빵을 만들기 위한 붕어빵 틀이 클래스라면, 그 틀을 이용하여 만든 붕어빵이 인스턴스입니다. 이때 붕어빵 안에 팥을 넣으면 팥 붕어빵이 되고, 슈크림을 넣으면 슈크림 붕어빵이 됩니다. 붕어빵 틀은 하나이지만 반죽 안에 무엇을 넣느냐에 따라 전혀 다른 붕어빵이 만들어지듯, 클래스는 하나이지만 성질이 다른 여러 가지 인스턴스가 만들어질 수 있습니다.

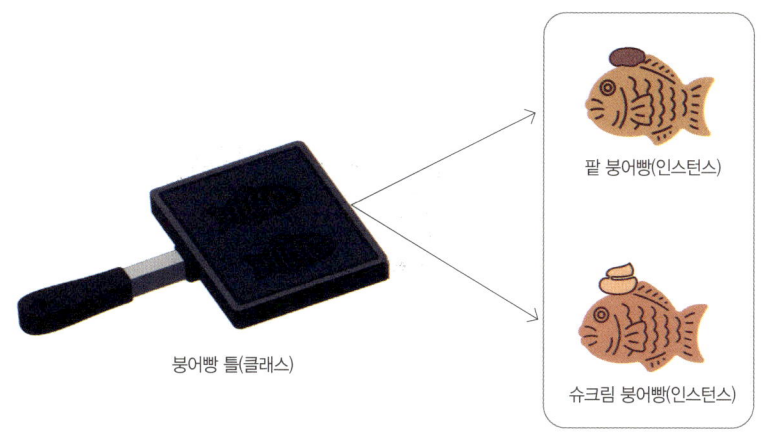

클래스(붕어빵 틀)와 인스턴스(붕어빵)의 관계 (출처: lastella.log블로그)

클래스와 인스턴스 사용법

클래스

구조	class 클래스명:
예시	```python
#학생 클래스 정의
class 학생:
    def __init__(self, 이름, 나이, 학년):
        self.이름 = 이름
        self.나이 = 나이
        self.학년 = 학년
```
파이썬에서 '학생' 클래스 정의

이름, 나이, 학년의 정보를 가진 '학생' 클래스입니다. |
| 설명 | · 'class 학생:'은 '학생'이라는 클래스를 정의하는 것을 의미합니다. 이 클래스는 학생의 정보를 정의하는 설계도입니다.<br>· 'def __init__(self, 이름, 나이, 학년):'은 '학생' 클래스의 인스턴스가 생성될 때 호출되어 학생의 이름, 나이, 학년을 초기화합니다. |

인스턴스

| 구조 | 인스턴스명=클래스명(데이터1, 데이터2, 데이터3, ...) |
|---|---|
| 예시 | ```python
#학생 인스턴스 생성
학생1=학생("철수", 15, 3)
학생2=학생("영희", 14, 2)
```
파이썬에서 인스턴스 생성 |
| 설명 | · '학생1=학생("철수", 15, 3)'은 '학생' 클래스를 사용하여 '학생1'이라는 인스턴스를 만듭니다.
· '학생2=학생("영희", 14, 2)'는 '학생' 클래스를 사용하여 '학생2'라는 인스턴스를 만듭니다. |

클래스와 인스턴스의 특징

1 **클래스는 인스턴스를 만들기 위한 설계도**: 클래스는 인스턴스가 가져야 할 데이터와 동작을 정의합니다. 예를 들어, '자동차' 클래스를 만들면 이 클래스는

자동차가 가질 데이터(색상, 모델 등)와 동작(직진, 멈춤 등)을 정의합니다.

2. **데이터와 동작을 포함**: 데이터는 객체의 상태를 저장하며, 동작은 객체가 수행할 수 있는 행동을 정의합니다. 예를 들어, '학생' 클래스는 데이터로 '이름', '나이', '학년'을 가질 수 있으며, 동작으로는 '공부하기()', '운동하기()' 같은 행동을 정의할 수 있습니다.

3. **클래스를 사용하여 실제 객체를 생성**: 이러한 실제 객체를 '인스턴스'라고 부릅니다. 각 인스턴스는 클래스에서 정의한 데이터와 동작을 가지고 있습니다. 예를 들어, '학생' 클래스에서 '철수'와 '영희'라는 두 인스턴스를 생성하면 이들은 모두 '학생' 클래스의 데이터와 동작을 공유하지만, 인스턴스는 개별적인 '이름', '나이', '학년' 값을 가집니다.

> **알면 플러스** **클래스는 꼭 필요할까?**
>
> 수많은 개발자들이 사용하는 프로그래밍언어 중 하나인 C언어에서는 클래스를 사용하지 않습니다. 다시 말하면, 클래스가 없어도 프로그램을 만드는 데 아무 문제가 없다는 말입니다. 파이썬으로 잘 만들어진 프로그램 중에는 클래스를 사용하지 않은 프로그램들도 많습니다. 즉 클래스는 자료형이나 함수처럼 프로그램을 만드는 데 꼭 필요하지는 않습니다. 하지만 클래스를 잘 사용하면 프로그램을 만드는 데 많은 도움이 됩니다.

024
스택**

스택(Stack)이란 가장 마지막에 입력된 데이터를 가장 먼저 처리하는 데이터 저장 구조 중 하나입니다. 쉽게 말해서 '가장 나중에 넣은 것이 가장 먼저 나오는' 방식을 말합니다. 이를 후입선출 혹은 LIFO(Last In, First Out)라고도 합니다. 즉 스택에서 데이터를 꺼낼 때는 마지막에 넣었던 데이터부터 꺼냅니다.

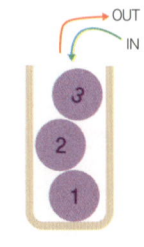

후입선출 스택 구조
(출처: 네이버 지식백과)

스택의 원리가
적용된 예: 쌓인 그릇

쌓인 그릇을 생각해 보면 쉽습니다. 식사를 마친 후 그릇을 씻어 쌓아 두면 나중에 올려놓은 그릇이 맨 위에 있습니다. 그래서 그릇을 꺼낼 때는 맨 위에 있는 그릇부터 꺼내게 됩니다. 이와 같은 원리가 스택에 적용됩니다.

스택의 연산

스택의 연산자와 그 쓰임새는 다음과 같습니다.

연산자	설명	파이썬에서 스택 사용법

push()	스택에 데이터를 추가하는 연산자	#데이터를 스택에 추가 (푸시)
		스택.append("첫 번째")
		스택.append("두 번째")
		스택.append("세 번째")
		
		스택에 데이터를 추가

		'스택.append("첫번째")'는 스택의 맨 위에 '"첫번째"'라는 데이터를 추가합니다.
| pop() | 스택에서 가장 최근에 추가된 데이터를 제거하고 꺼내는 연산자 | ```
#스택에서 가장 위 데이터 제거 (팝)
가장_최근=스택.pop()
```<br>스택에서 데이터를 제거<br><br>'가장_최근=스택.pop()'은 스택의 맨 위의 데이터를 꺼내 '가장_최근' 변수에 저장합니다. 제거 후 스택에는 '"세번째"'는 제거되고, '"첫번째"', '"두번째"'만 남습니다. |
| peek() | 스택에서 가장 최근에 추가된 데이터를 제거하지 않고 확인하는 연산자 | ```
#스택에서 가장 위 데이터 확인 (피크)
가장_최근=스택[-1]
```<br>스택에서 가장 위 데이터 확인<br><br>'가장_최근=스택[-1]'은 스택의 맨 위에 있는 데이터를 확인합니다. [-1]은 리스트의 마지막 데이터를 의미합니다. |

스택의 활용

우리 일상에서 스택의 원리를 이용한 경우를 쉽게 찾아볼 수 있습니다. 그릇 쌓기, 닭꼬치 먹기, 책 쌓기 등이 있습니다. 그렇다면 컴퓨터에서는 스택을 언제 활용하는지 알아보겠습니다.

가장 대표적으로, 응용 프로그램을 사용하여 문서 작업이나 그림 및 영상 편집 등을 할 때 방금 한 작업을 취소하기 위해 사용하는 '되돌리기' 기능이 있습니다. 또한 방문한 사이트들의 기록을 저장해 둔 웹 브라우저에서도 '이전 페이지로 돌아가기' 기능이 있습니다.

Ctrl + Z **실행 취소(되돌리기)**

스택의 원리가 적용된 되돌리기 단축키

> **알면 플러스** **스택의 상태를 확인하는 연산자들**
>
> 스택이 비었거나 가득 찬 상태를 확인하는 연산자들에 대해 알아보겠습니다.
> 1. **isEmpty()**: 스택이 비었는지 확인하는 연산자입니다. 스택의 길이가 0이면 'True', 그렇지 않으면 'False'를 반환합니다.
> 2. **isFull()**: 스택이 가득 찼는지 확인하는 연산자입니다. 스택의 길이가 설정한 최대 크기와 같거나 크면 'True', 그렇지 않으면 'False'를 반환합니다.

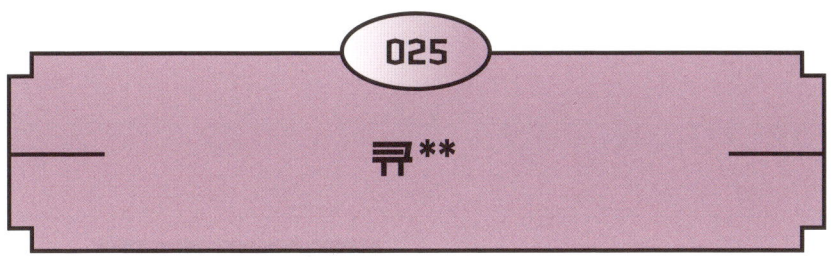

025

큐**

큐(Queue)란 가장 먼저 입력된 데이터를 가장 먼저 처리하는 데이터 저장 구조 중 하나입니다. 쉽게 말해서 '가장 먼저 넣은 것이 가장 먼저 나오는' 방식을 말합니다. 이를 **선입선출** 혹은 **FIFO**(First In, First Out)라고도 합니다. 즉 큐에서 데이터를 꺼낼 때는 제일 먼저 넣었던 데이터부터 꺼냅니다.

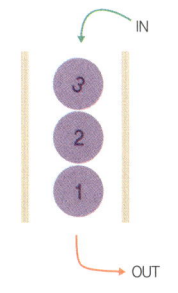

선입선출 큐 구조
(출처: 네이버 지식백과)

예를 들어, 버스나 놀이공원에서 줄을 서는 것과 비슷합니다. 줄을 맨 처음 선 사람부터 서비스를 받게 됩니다. 우리가 알고 있는 '선착순'과 같은 의미라고 생각하면 됩니다. 이와 같은 원리가 큐에 적용됩니다.

큐의 원리가 적용된 예: 놀이공원에 줄 선 사람들

큐의 연산

큐의 연산자와 그 쓰임새는 다음과 같습니다.

연산자	설명	파이썬에서 스택 사용법

enqueue()	큐의 뒤쪽에 데이터를 추가하는 연산자	#인큐: 데이터를 큐에 추가
		큐.append("첫 번째")
		큐.append("두 번째")
		큐.append("세 번째")
		
		큐에 데이터를 추가
		
		'큐.append("첫 번째")'은 큐의 맨 뒤에 '"첫 번째"'라는 데이터를 추가합니다.

dequeue()	큐에서 가장 앞쪽의 데이터를 꺼내는 연산자	#디큐: 큐에서 가장 앞쪽의 데이터를 꺼냄
		가장_오래된=큐.pop(0)
		
		큐에서 데이터를 제거
		
		'가장_오래된=큐.pop(0)'은 큐의 가장 앞쪽의 데이터를 꺼내어 '가장_오래된' 변수에 저장합니다.
		제거 후, 큐에는 '"첫 번째"'는 제거되고, '"두 번째"', '"세 번째"'만 남게 됩니다.

peek()	큐에서 가장 앞쪽에 있는 데이터를 제거하지 않고 확인하는 연산자	#피크: 큐에서 가장 앞쪽의 데이터를 확인
		가장_오래된=큐[0]
		
		큐에서 가장 앞쪽 데이터 확인
		
		'가장_오래된=큐[0]'은 큐의 가장 앞쪽에 있는 데이터를 확인합니다.

큐의 활용

스택과 마찬가지로 우리 일상에서 큐가 사용되는 예를 쉽게 찾아볼 수 있습니다. 이와 같은 큐 구조를 컴퓨터에서는 어떻게 사용하는지 알아보겠습니다.

대표적인 예가 SNS를 하거나 인터넷 검색 혹은 문서를 작성할 때 키보드를 사용하는 것입니다. 키보드를 사용할 때 우리가 두드린 순서대로 문자가 나열됩니다. 먼저 적은 문자가 먼저 나열되는 것 역시 큐 구조라고 할 수 있습니다. 뿐만 아니라 프린터를 사용하여 여러 개의 문서를 출력할 때 먼저 프린트 키를 누른 것부터 출력되는 것 역시 큐의 원리가 적용된 것입니다.

큐의 원리가 적용된 예: 키보드 사용

해싱**

해싱(Hashing)은 데이터를 저장할 때 특정한 방법으로 데이터를 빠르게 찾을 수 있도록 돕는 방법입니다. 해싱을 통해 데이터는 고유한 주소를 가지게 되며, 이 주소를 통해 데이터를 매우 빠르게 찾을 수 있습니다. 예를 들어, 택배함을 생각해 보겠습니다. 집에 택배가 도착하면 그 택배는 집의 주소를 기준으로 배달됩니다. 집 주소는 택배가 도착할 위치를 정확히 알려 주기 때문에 택배를 빠르고 정확하게 전달할 수 있습니다.

해싱의 원리가 적용된 예: 택배

해싱은 이와 비슷합니다. 해시 함수라는 특별한 방법을 사용해 데이터를 저장할 주소를 결정합니다. 이 주소는 데이터를 저장할 정확한 위치를 알려 줍니다.

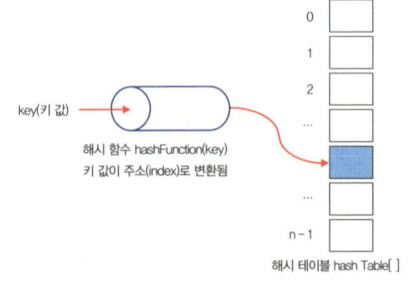

해싱의 구조 (출처: wisecow 블로그)

해시 함수

해시 함수(Hash Function)는 어떤 데이터를 입력받아 고유한 숫자나 문자열로 변환해 주는 도구입니다. 이렇게 만들어진 숫자나 문자열은 데이터를 저장하거나 찾는 데 사용됩니다.

그 예로 우편번호를 생각해 볼 수 있습니다. 집 주소가 입력되면 해당 집 주소에 맞는 우편번호가 출력됩니다. 우편번호는 집 주소라는 긴 데이터를 짧고 고정된 형태로 변환한 것입니다. 이처럼 해시 함수도 복잡한 데이터를 고정된 길이의 값으로 변환하여 저장하거나 비교하기 쉽게 만들어 줍니다.

'사과' 단어를 이용한 해시 함수 설명

데이터	해시 함수	설명
'사과' 단어	단어 '사과'를 입력받아 '7'이라는 숫자를 반환	숫자 '7'은 '사과'가 저장될 위치를 알려 주는 주소를 의미

해시 테이블

해시 테이블(Hash Table)은 해시 함수가 만들어 준 번호를 사용하여 데이터를 저장하고 찾는 공간입니다. 여러 개의 칸이 있는 무인택배함을 생각해 봅시다. 각 칸에는 번호가 붙어 있으며, 택배는 해당 번호의 택배함에 넣게 됩니다.

해시 테이블은 여러 개의 칸으로 나뉘어 있습니다. 이를 **슬롯(slot)**이라고 합니다. 해시 함수가 만든 숫자는 슬롯의 번호가 됩니다. 따라서 데이터는 숫자에 맞는 슬롯에 저장되게 됩니다.

'사과' 단어를 이용한 해시 테이블 설명

해시 테이블	데이터 저장 설명
10개의 슬롯이 있는 테이블	'사과'를 해시 함수로 처리해 숫자 '7'을 얻으면, 숫자 '7'이 붙은 슬롯에 '사과'를 저장

PART 4

인공지능

001
인공지능(AI)*

인공지능(AI: Artificial Intelligence)이란 인간의 지능이 가지는 학습, 추리, 적응 등의 기능을 컴퓨터 시스템에 구현하는 기술을 말합니다. 즉 인간과 유사한 방식으로 사고하고 학습하는 지적 능력을 인공적으로 구현하여 문제를 해결하고자 하는 기술입니다. 인공지능이라는 용어는 1956년 다트머스 학회에서 처음 정의되어 만들어졌습니다.

인공지능은, 인간이 지식을 획득하고 이를 이용하여 새로운 상황에 대처하고 문제를 해결하는 것처럼, 스스로 방대한 양의 데이터를 학습하여 새로운 상황을 인식하고, 더 나아가 미래를 예측하고 스스로 판단을 하기도 합니다. 그런 점에서 인공지능의 특성을 학습, 추론, 의사 결정으로 정리할 수 있습니다.

1. **학습**: 데이터와 경험을 바탕으로 스스로 학습할 수 있습니다.
2. **추론**: 주어진 정보와 데이터를 바탕으로 논리적인 추론을 통해 문제를 해결할 수 있습니다.
3. **의사 결정**: 상황을 분석하여 최적의 의사 결정을 내릴 수 있습니다.

인공지능은 약인공지능과 강인공지능으로 구분됩니다.
약인공지능은 특정 분야에 적용되는 인공지능 기술로, 주어진 조건에서만 작동이 가능한 인공지능 시스템을 말합니다. 알파고, 챗GPT 등 우리가 알고 있는 대부분의 인공지능 시스템이 약인공지능에 해당합니다. 약인공지능은 다음과 같은 특징이 있습니다.

1 특정한 일이나 업무에 최적화되어 있습니다. 예를 들어 음성인식, 이미지 분류 등 특정 기능에 최적화되어 있습니다.

2 자신이 학습한 영역을 제외한 다른 영역에 대해서는 지능을 발휘하지 못합니다. 즉 특정 기능에만 능숙하고 다른 일에는 적용하기 어렵습니다.
3 스스로 학습할 수 없으며, 인간이 정의한 학습 방법에 따라 동작합니다.

강인공지능은 인간과 비슷한 수준의 지능을 가진 인공지능 시스템을 말합니다. 영화에 등장하는 인간형 로봇처럼 인간과 같은 사고가 가능하며, 능동적이고 창의적으로 복잡한 문제를 해결할 수 있어 다양한 분야에 활용될 수 있습니다. 강인공지능이 등장하면 우리의 삶은 완전히 달라질 것입니다. 강인공지능은 다음과 같은 특징이 있습니다.

1 특정 분야에 치우지지 않고 다양한 분야에서 문제를 해결할 수 있습니다. 이는 인간의 지능과 비슷한 수준의 일반화된 문제 해결 능력을 의미합니다.
2 인간이 정의하지 않아도 스스로 학습하고 판단하며 행동할 수 있고, 복잡한 문제도 자율적으로 해결할 수 있습니다. 이것은 미리 정해진 알고리즘을 수행하는 것이 아니라, 환경과 상황에 맞춰 스스로 행동하는 능력을 의미합니다.
3 단순한 데이터 처리를 넘어 새로운 아이디어를 창출할 수 있습니다. 이는 인간의 창의성과 비슷한 수준의 능력을 의미합니다.
4 인간이 다양한 경험을 통해 지식을 쌓아 응용하는 것처럼, 다양한 상황에 응용할 수 있는 일반화된 지식과 기술을 가지고 있습니다. 이를 통해서 인공지능은 새로운 문제에 대한 해결책을 찾아낼 수 있습니다.
5 인간이 상황을 판단하는 능력처럼 인공지능이 상황을 종합적으로 파악하여 행동을 선택할 수 있습니다.

현재까지 강인공지능을 구현하는 것은 매우 어려운 일로 여겨지고 있습니다. 하지만 인공지능 기술의 발전과 더불어 강인공지능에 대한 연구도 진행 중이며, 앞으로 다가올 미래에는 인간의 지능과 비슷한 수준의 강인공지능이 나타날 것으로 기대되고 있습니다. 강인공지능의 발전은 우리 삶에 큰 변화를 가져올 것으로 예상되며, 이는 다양한 사회적·경제적 문제를 해결할 수 있는 새로운 도구가 될 것입니다.

002
튜링 테스트*

1950년 영국의 수학자였던 앨런 튜링은 〈계산 기계와 지성(Computing Machinery and Intelligence)〉이라는 논문을 발표합니다. 그 논문에서 앨런 튜링은 'Can machines think?(기계도 생각할 수 있을까?)'라는 질문을 던집니다. 앨런 튜링은 기계도 사람처럼 생각할 수 있다고 주장합니다. 컴퓨터와 대화를 나눴을 때의 컴퓨터 반응을 인간의 반응과 구별할 수 없다면 컴퓨터가 생각할 수 있는 것으로 볼 수 있다는 논리입니다. 앨런 튜링이 말한 '생각하는 기계'는 오늘날 인공지능의 개념과 같다고 볼 수 있습니다.

앨런 튜링이 제안했던 생각하는 기계에 대한 실험을 **튜링 테스트**(Turing Test)라고 부릅니다. 다시 말해 튜링 테스트는 기계가 인간처럼 생각하는지 여부를 판별하는 테스트입니다. 튜링 테스트는 어떻게 진행하는 실험일까요?

튜링 테스트 진행 과정

1. 각각 다른 방에 A와 B가 있습니다. 심사위원인 C는 별도의 다른 방에 있습니다.
2. 심사위원 C는 A와 B에게 텍스트로만 질문합니다. A와 B는 진실을 말할 수도, 거짓을 말할 수도 있으며, 역시 텍스트로만 답변합니다.
3. 심사위원 C는 답변을 보며 A와 B가 사람인지 컴퓨터인지를 판정합니다.
4. 일반인으로 구성된 심사위원의 30% 이상이 컴퓨터를 사람으로 판정하면 튜링 테스트를 통과한 것으로 판단합니다. 즉 생각하는 기계라고 판단합니다.

> **알면 플러스**　**튜링 테스트를 통과한 유진 구스트만**

2014년 러시아 연구진이 개발한 챗봇인 유진 구스트만이 튜링 테스트를 통과하였다는 뉴스가 보도되었습니다. 보도 내용에 의하면, 유진 구스트만과 대화를 나눈 심사위원 중 33%가 인간이라고 판별했다고 합니다. 그러나 이 발표에 대한 비판적인 입장도 곧 등장합니다. 질문에 대해 유진 구스트만이 기계적인 반응만 보였다면서 의문을 제기한 것이죠. 유진 구스트만의 대화를 찾아보고, 유진 구스트만이 진짜 생각하는 기계인지에 대한 자신의 생각을 작성해 봅시다.

★ 이진경, "세계일보 기자, 13살 인공지능 '유진 구스트만'과 대화하다", 세계일보, 2014년 6월 9일
https://www.segye.com/newsView/20140609005043?OutUrl=naver

★ 안상욱, "유진이 튜링 테스트를 통과했다고? 허튼소리!", 블로터, 2014년 6월 12일
https://www.bloter.net/news/articleView.html?idxno=18967

> **생각해 보기**

오늘날 챗GPT와 같은 인공지능 챗봇은 튜링 테스트를 통과할까요? 현재의 인공지능 발전 속도를 생각하면 튜링 테스트는 충분할까요? 인간인지 컴퓨터인지 구별할 수 없게 된다면 나타날 문제점은 무엇일까요?

인식*

인공지능은 우리처럼 눈, 귀, 코, 혀, 피부로 세상을 인식하지는 않습니다. 대신 **센서**라는 전자장치를 통해 다양한 정보를 수집하고, **인공신경망**이라는 복잡한 계산 시스템을 통해 이 정보를 이해합니다. 이 과정을 **인식**이라고 합니다.

센서: 인공지능의 5가지 감각

센서는 인공지능의 눈, 귀, 코, 혀, 피부 역할을 합니다. 주변 환경에서 물리적 에너지를 감지하고 이를 전기신호로 변환하여 인공신경망에 전달합니다. 대표적인 센서로는 다음과 같은 것들이 있습니다.

인공지능 인식에 활용되는 센서들

센서 종류		활용 분야
시각 센서(카메라)	소형 포토 센서	빛을 감지하여 이미지와 영상 정보를 얻습니다. (자율주행차, 드론, 얼굴 인식, 보안 시스템)
청각 센서(마이크)	소리 감지 센서	소리를 감지하여 음성 정보를 얻습니다. (음성인식, 의료 진단, 고객 서비스)
거리 센서	초음파 센서	물체와의 거리를 측정합니다. 초음파, 적외선, 레이저 등 다양한 방식을 사용합니다. (로봇 팔, 자율주행차, 드론)

촉각 센서	DHT11(온습도)	압력, 온도, 습도 등을 감지합니다. (로봇 팔, 의료 기기)
화학 센서	MQ-6(가스 센서)	특정 가스나 화학물질을 감지합니다. (환경오염 감지, 의료 진단)

인식

인공신경망(센서 정보를 이해하는 뇌)

인공신경망은 인간의 뇌를 모방하여 만들어진 계산 시스템입니다. 센서로부터 받은 전기신호를 복잡한 계산 과정을 거쳐서 이해하고 해석합니다. 인공신경망은 학습을 통해 지속적으로 발전하며, 이를 통해 인공지능은 점점 더 세상을 정확하게 인식할 수 있게 됩니다.

인식의 종류

1 이미지 인식: 우리보다 더 잘 볼 수도 있을까?

인공지능은 인간보다 훨씬 더 많은 양의 이미지 데이터를 학습할 수 있습니다. 이를 통해 사람이 놓칠 수 있는 작은 부분까지도 정확하게 인식할 수 있습니다. 또한 인공지능은 적외선이나 자외선처럼 인간의 눈으로 볼 수 없는 영역도 감지할 수 있어 암 진단이나 범죄 현장 탐사 등에 활용되고 있습니다.

2 음성인식: 우리 목소리를 완벽하게 이해할까?

인공지능은 다양한 언어와 방언을 이해하고, 사람의 목소리에 섞인 잡음을 제거하여 음성을 명확하게 인식할 수 있습니다. 또한 인공지능은 사람의 감정이 담긴 음성까지 분석하여 고객 서비스나 의료 상담 분야에 활용되고 있습니다.

3 주변 환경 인식: 우리 주변을 어떻게 탐색할까?

인공지능은 카메라, 레이저, 초음파 센서 등을 활용하여 주변 환경을 3D로 인식하고 자신이 어디에 있는지, 주변에 어떤 물체들이 있는지 정확하게 파악할 수 있습니다. 이를 통해 인공지능은 자율주행차, 드론, 로봇 청소기 등 다양한 분야에서 활용되고 있습니다.

- **자율주행차**: 인공지능은 주변 도로 상황을 인식하고, 다른 차량과의 거리를 측정하며, 신호등과 같은 교통 표지판을 인식하여 안전하게 주행할 수 있도록 합니다.
- **드론**: 인공지능은 주변 환경을 탐색하고 장애물을 피하면서 목표 지점까지 정확하게 이동할 수 있도록 합니다. 또한 인공지능은 드론을 활용하여 농지 조사, 재난 현장 탐사, 건설 현장 감시 등 다양한 작업을 수행할 수 있도록 합니다.
- **로봇 청소기**: 인공지능은 집 안의 구조를 파악하고, 장애물을 피하며, 더러운 곳을 정확하게 인식하여 효율적으로 청소할 수 있도록 합니다. 또한 인공지능은 로봇 청소기에 장착된 카메라와 마이크를 통해 사용자와 상호작용을 하거나 실시간으로 청소 상황을 확인할 수 있는 기능도 개발되고 있습니다.

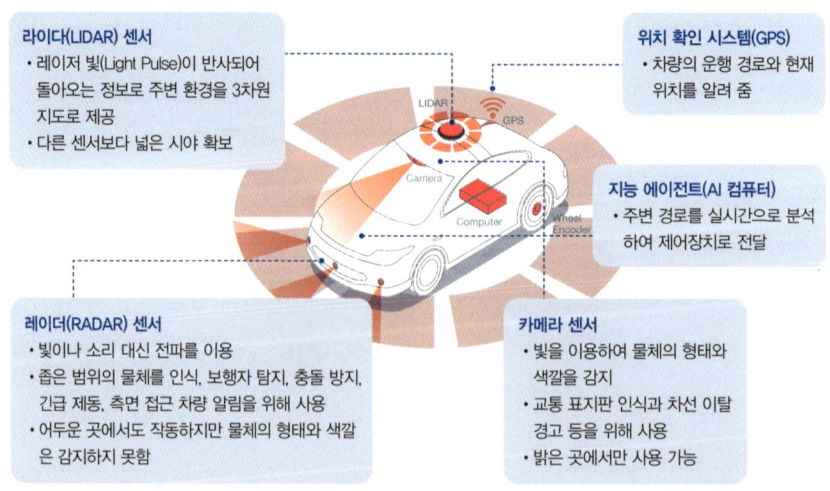

인공지능의 인식 능력이 우리 삶에 어떤 영향을 미칠까?

인공지능의 인식 능력은 우리 삶의 많은 부분에 긍정적인 영향을 미칠 것으로 기대됩니다.

1. 안전한 사회: 인공지능은 자율주행차, 스마트 보안 시스템 등을 통해 우리 사회를 더욱 안전하게 만들 수 있습니다.
2. 편리한 생활: 인공지능은 로봇 청소기, 가정용 로봇 등을 통해 우리 삶을 더욱 편리하게 만들 수 있습니다.
3. 효율적인 산업: 인공지능은 제조 공정 자동화, 의료 진단, 농업 생산성 향상 등 다양한 산업 분야에서 효율성을 높일 수 있습니다.
4. 새로운 가능성: 인공지능의 인식 능력은 아직 개발 초기 단계이지만, 앞으로 더욱 발전하면서 우리가 상상하지 못했던 새로운 가능성을 열어 줄 수 있을 것입니다.

> **생각해 보기**
>
> 인공지능의 인식 능력이 우리 삶에 미치는 부정적인 영향은 무엇인지 생각해 봅시다.

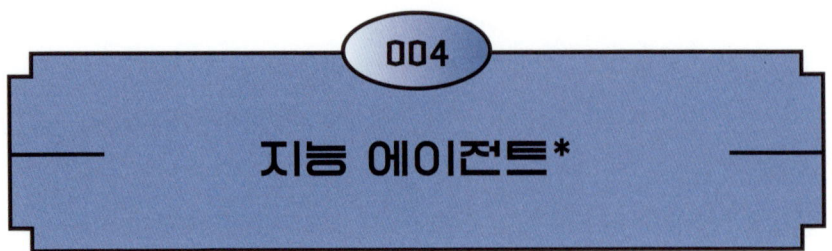

지능 에이전트*

우리 주변에서 분주히 일하는 인공지능의 주역인 **에이전트(Agent)**와 **지능 에이전트(Intelligent Agent)**에 대해 알아보겠습니다.

에이전트, 무엇일까?

에이전트는 우리 주변의 스마트폰이나 로봇처럼 목표를 가지고 스스로 행동하는 시스템입니다. 에이전트의 특징은 다음과 같습니다.

1. 자율성: 외부의 명령 없이 스스로 판단하고 행동합니다.
2. 반응성: 환경의 변화에 반응하여 행동을 조절합니다.
3. 목적 지향성: 특정 목적을 달성하기 위해 노력합니다.

에이전트는 소프트웨어 에이전트, 하드웨어 에이전트로 나뉩니다.

1. 소프트웨어 에이전트: 웹 브라우저, 챗봇 등
2. 하드웨어 에이전트: 로봇 등

지능 에이전트, 능력 업그레이드!

지능 에이전트는 에이전트의 개념에 인공지능 기술을 더하여 더욱 복잡한 문제를 해결하고 학습할 수 있는 능력을 갖춘 시스템을 의미합니다. 지능 에이전트의 특징은 다음과 같습니다.

1. 학습 능력: 경험을 통해 지식을 습득하고 행동 방식을 개선합니다.
2. 추론 능력: 주어진 정보를 바탕으로 결론을 도출하고 문제를 해결합니다.
3. 자기반성: 자기 행동을 평가하고 개선 방안을 모색합니다.

대표적인 지능 에이전트로 딥러닝 기반의 챗봇, 자율주행차, 개인 비서가 있습니다.

1 딥러닝 기반의 챗봇: 복잡한 대화를 이해하고 자연스러운 답변을 생성합니다.
2 자율주행차: 다양한 환경 변화에 적응하며 안전하게 운전합니다.
3 개인 비서: 사용자의 습관과 선호도를 학습하여 맞춤형 서비스를 제공합니다.

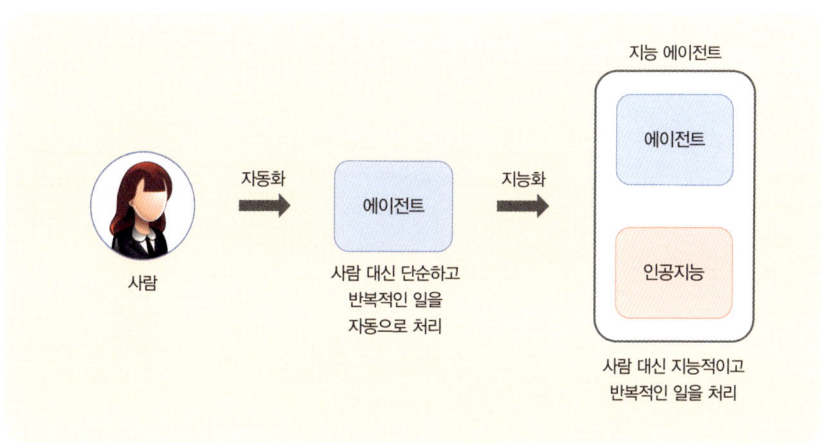

사람, 에이전트, 지능 에이전트의 관계

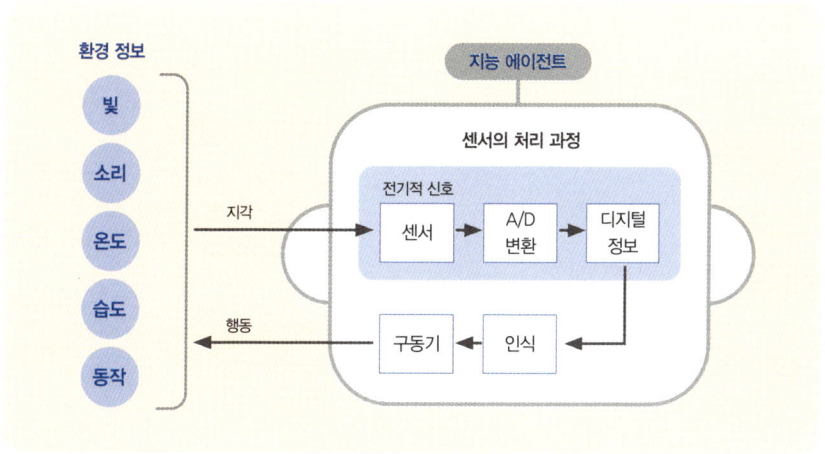

지능 에이전트의 작동 원리
(참고: A/D 변환기(Analog/Digital, 아날로그 신호를 디지털 신호로 변환하는 장치))

생각해 보기

- 에이전트와 지능 에이전트의 차이점은 무엇일까요?
- 에이전트와 지능 에이전트는 우리 삶의 어떤 부분에 활용될 수 있을까요?

005
컴퓨터 비전*

컴퓨터 비전(CV: Computer Vision)은 컴퓨터가 인간의 시각처럼 이미지와 영상을 이해하고 해석하는 기술입니다. 쉽게 말하면, 컴퓨터에게 눈으로 보고 판단하는 능력이 있다고 생각하면 됩니다. 컴퓨터 비전은 카메라, 스마트폰, 로봇 등 다양한 장치에 활용되어 우리 주변에서 이미 많이 사용되고 있습니다.

컴퓨터 비전의 주요 기능

1. 객체 인식 및 분류: 이미지나 영상에서 사람, 자동차, 동물 등 객체를 식별하고 분류합니다.
2. 움직임 감지: 이미지나 영상에서 움직이는 물체를 감지합니다.
3. 패턴 인식: 이미지나 영상에서 특정한 패턴을 찾아냅니다.
4. 3D 재구성: 이미지나 영상을 기반으로 3D 객체를 재구성합니다.

컴퓨터 비전은 어떻게 작동할까?

컴퓨터 비전은 크게 5단계로 작동합니다.

1. 1단계. 데이터 입력(영상 획득): 카메라나 영상 센서를 통해 이미지나 영상 데이터를 획득합니다.
2. 2단계. 전처리(영상 처리): 획득된 영상 데이터에서 노이즈 제거, 색상 변환, 윤곽선 추출 등의 전처리를 수행합니다.
3. 3단계. 특징 추출: 영상에서 중요한 특징을 추출합니다.
4. 4단계. 머신러닝(기계학습) 모델: 학습 및 인식, 사전에 학습된 데이터와 비교하여 영상 속 객체를 인식합니다.

5 5단계. 결과 해석: 인식된 결과를 바탕으로 다양한 작업을 수행합니다.

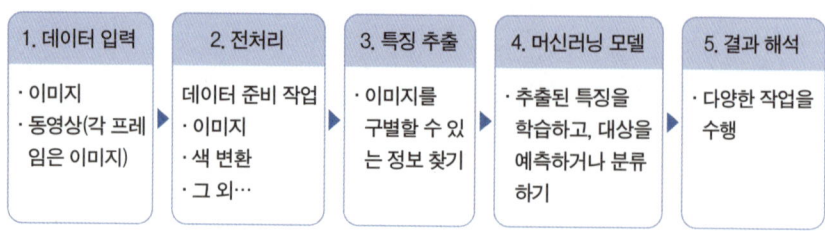

컴퓨터 비전의 활용

컴퓨터 비전의 주요 연구 영역은 객체 탐지, 이미지 분할, 이미지 분류입니다.

컴퓨터 비전의 주요 영역

1 보안: 방범 카메라, 얼굴 인식 시스템, 자동차 번호판 인식 시스템 등에 활용됩니다.

2 의료: 의료 영상 분석, 수술 지원, 로봇 수술 등에 활용됩니다.

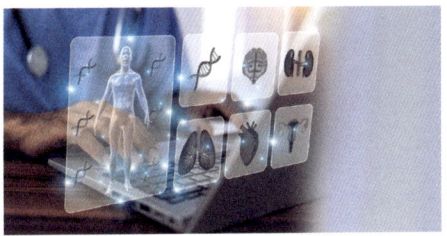

3 자동차: 자율주행차, 차선 유지 지원 시스템, 사각지대 경보 시스템 등에 활용됩니다.

4 제조: 품질 검사, 자동화 작업, 로봇 제어 등에 활용됩니다.
5 소매: 고객 인식, 제품 추천, 재고 관리 등에 활용됩니다.

따라해 보기

실습 사이트: 마이크로소프트 애저(Azure) AI 비전
https://azure.microsoft.com/ko-kr/products/ai-services/ai-vision/#demo

006 음성인식*

<u>음성인식</u>은 인간의 음성을 컴퓨터가 텍스트로 변환하는 기술로, 인간과 컴퓨터 간의 상호작용을 더욱 자연스럽게 만들어 줍니다. 마치 마법처럼 말 한마디로 원하는 정보를 얻거나 기기를 조작할 수 있게 해주는 놀라운 기술입니다. 1952년 미국의 벨연구소에서 단일 숫자·음성인식 장치 오드리(Audrey) 개발을 시작으로, 1963년에는 IBM에서 세계 최초로 음성을 통해 16개의 영어단어를 인식할 수 있고 간단한 숫자 계산이 가능한 슈박스(Shoebox)라는 장비를 공개하였습니다. 이후 많은 민간 및 정부 연구소에서 연구를 진행하여 1980년대에는 인식 가능한 단어 수가 1,000단어에서 1만 단어까지 늘어났으며, 1990년대에 이르러 음성인식이 상용화될 수 있었습니다. 이후 꾸준한 연구 개발을 통해 음성인식 기술은 비약적인 발전을 이루었고, 앞으로 음성인식 기술은 더욱 발전하여 우리 삶에 깊숙이 자리 잡을 것으로 예상됩니다.

음성인식은 어떻게 작동할까?

마이크를 통해 사용자의 말을 소리 신호로 받아들입니다. 인공지능 기술을 이용하여 소리 신호를 분석하고, 각 소리의 특징을 파악합니다. 분석된 특징을 기반으로 발음된 단어를 추측하고 문장으로 구성합니다. 인식된 음성을 텍스트로 변환하여 사용자에게 제공합니다.

음성인식 시스템의 작동 순서

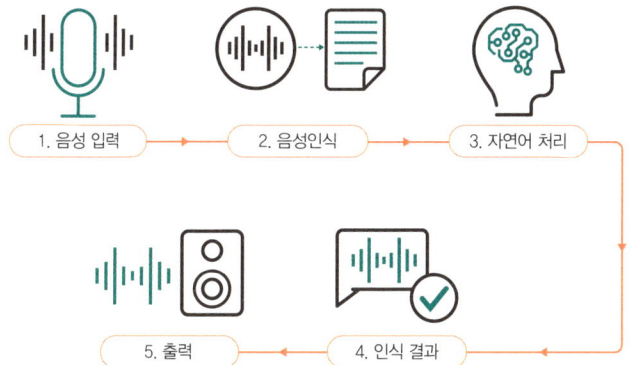

작동 순서	역할
1. 음성 입력	호출어와 함께 스마트폰의 가상 비서나 AI 스피커에 명령어를 입력합니다.
2. 음성인식	기계는 STT(Speech-To-Text) 기술을 통해 사용자의 음성을 텍스트로 변환합니다.
3. 자연어 처리	기계는 NLP(Natural Language Processing) 기술을 통해 데이터를 분석하고 이해합니다.
4. 인식 결과	TTS(Text-To-Speech) 기술로 처리한 텍스트를 오디오로 변환합니다.
5. 출력	변환된 오디오를 사용자에게 송출합니다.

음성인식의 활용 분야

1 스마트 기기: 스마트폰, 스마트 스피커 등 다양한 기기에서 음성 명령으로 전화, 메시지, 검색, 일정 관리, 음악 재생 등을 손쉽게 수행할 수 있습니다.
   예 "오늘 날씨 어때?"

2 스마트 홈: 냉장고, TV, 로봇 청소기 등 다양한 가전제품을 음성으로 제어할 수 있으며, 스마트 홈 시스템과 연동하여 조명, 난방, 보안 시스템 등을 음성으로 제어하고 맞춤형 환경을 구축합니다.
   예 "조명 밝기를 낮춰 줘."

3 번역: 외국어를 실시간으로 번역하여 소통을 돕습니다.
   예 "한국어로 말씀해 주세요. 제가 영어로 번역해 드릴게요."

4 장애인 지원: 시각장애인에게 음성 정보를 제공하고, 청각장애인에게 음성을 텍스트로 변환해 주는 기능을 제공하여 정보 접근성을 높여 줍니다.

5 차량 운전: 음성 명령으로 길 찾기, 음악 재생, 전화 통화 등을 안전하게 수행할 수 있도록 돕습니다.

예 "가장 가까운 카페를 찾아 줘."

6 교육: 외국어 학습, 독서 교육 등 다양한 교육 분야에 활용되어 학습 효과를 높입니다.

7 의료: 환자의 병력이나 증상을 음성으로 입력하여 진료 기록을 작성하거나, 의료진 간의 원활한 소통을 돕습니다.

8 금융: 계좌 조회, 송금, 투자 상담 등 다양한 금융 서비스를 음성으로 이용할 수 있습니다. 음성인식 기술은 우리 생활 곳곳에 스며들어 편리함을 더하고 있습니다.

따라해 보기 음성인식 AI 활용하기

모바일, PC 어디서든 편하게 녹음하기: 네이버 클로바 노트 https://clovanote.naver.com

007 인공지능의 언어 이해*

일반적으로 언어를 이해한다는 것은 문법과 같은 언어의 형식을 이해한다는 것이 아니라 문장 속의 의미를 파악한다는 뜻입니다. 그러나 **인공지능의 언어 이해**란 문장에서 단어를 분리하여 단어 간의 관계를 분석하는 과정까지 포함합니다. 이때 언어 이해의 핵심은 텍스트 문서에서 '단어'를 표현하는 방법을 이해하는 것입니다.

인공지능의 핵심 기술: 언어 이해

인공지능이 언어를 이해하는 방법

1 머신러닝(기계학습): 인공지능은 방대한 양의 텍스트와 코드 데이터를 학습하여 언어를 이해합니다. 이 과정을 '머신러닝'이라고 합니다. 언어 이해를 위한 머신러닝에는 크게 두 가지 유형이 있습니다.
   - 지도 학습: 정답이 있는 데이터를 사용하여 학습합니다. 예를 들어, 영어 문장과 그에 해당하는 한국어 문장의 쌍을 학습하여 영어 문장을 한국어로 번역하는 방법을 익힙니다.
   - 비지도 학습: 정답이 없는 데이터를 사용하여 학습합니다. 예를 들어, 방대한 양의 뉴스 기사를 학습하여 기사의 주제를 파악하는 방법을 익힙니다.

2 자연어 처리(NLP: Natural Language Processing): 컴퓨터가 인간의 언어를 이해하고 처리하는 기술입니다. NLP는 머신러닝을 포함하여 다양한 기술을 사용합니다. NLP의 주요 활용 분야는 다음과 같습니다.
   - 기계 번역: 한 언어의 문장을 다른 언어로 자동으로 번역합니다.
   - 음성인식: 음성을 텍스트로 변환합니다.

- **텍스트 요약**: 긴 텍스트의 핵심 내용을 요약합니다.
- **감정 분석**: 텍스트의 감정을 분석합니다.

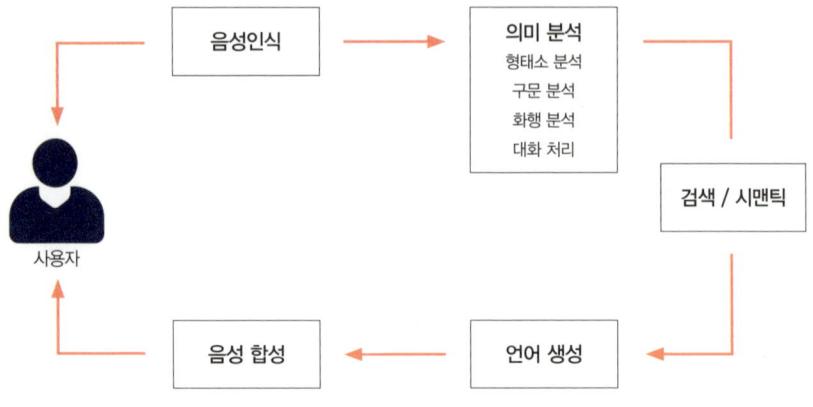

인공지능이 언어를 이해하는 방법

언어 이해 기술의 활용 분야

1 **더 나은 의사소통 도구 개발**: 인공지능은 언어 이해 능력을 통해 더 나은 의사소통 도구를 개발할 수 있습니다. 예를 들어, 다음과 같은 도구가 개발될 수 있습니다.
- **실시간 번역기**: 두 사람이 서로 다른 언어를 사용하더라도 실시간으로 대화할 수 있도록 돕습니다.
- **자동 요약 도구**: 긴 문서를 빠르게 요약하여 주요 내용을 파악할 수 있도록 돕습니다.
- **개인 맞춤형 교육 시스템**: 학생의 학습 수준에 맞는 맞춤형 교육 콘텐츠를 제공합니다.

2 **창의적인 콘텐츠 제작**: 인공지능은 언어 이해 능력을 통해 소설, 시, 음악 등 창의적인 콘텐츠를 제작할 수 있습니다. 예를 들어, 다음과 같은 콘텐츠가 제작될 수 있습니다.
- **인공지능 작가**: 인간 작가와 같은 수준으로 소설이나 시를 작성합니다.
- **인공지능 작곡가**: 인간 작곡가와 같은 수준으로 음악을 작곡합니다.

- **인공지능 화가**: 인간 화가와 같은 수준으로 그림을 그립니다.
3 **새로운 과학적 발견**: 인공지능은 언어 이해 능력을 통해 새로운 과학적 발견을 촉진할 수 있습니다. 예를 들어, 다음과 같은 분야에서 활용될 수 있습니다.
- **의료**: 방대한 양의 의료 데이터를 분석하여 새로운 치료법을 개발합니다.
- **우주학**: 우주탐사 데이터를 분석하여 새로운 우주 현상을 발견합니다.
- **사회과학**: 사회과학 데이터를 분석하여 인간 사회에 대한 새로운 지식을 얻습니다.

> 따라해 보기

1. 그림 생성 AI
   DALL·E 2 (https://openai.com/index/dall-e-2)
   Midjourney (https://www.midjourney.com)
2. 영상 생성 AI: Make-A-Video (https://makeavideo.studio)
3. 노래 생성 AI: Suno (https://suno.com/create)

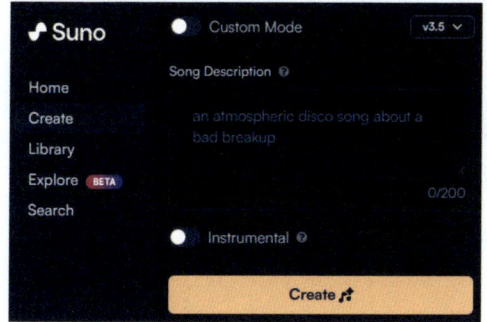

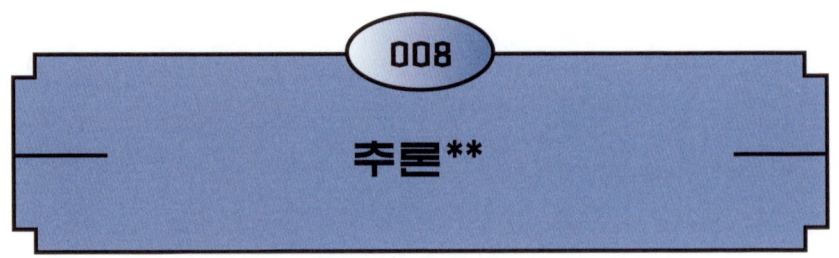

추론(Reasoning)이란 컴퓨터가 이미 알고 있는 정보를 바탕으로 새로운 정보를 이끌어 내는 과정을 말해요. 마치 우리가 학교에서 배운 지식을 이용해 문제를 풀거나, 일상생활에서 경험을 바탕으로 결정을 내리는 것과 비슷하죠. '하늘이 캄캄하고 별이 많다.'라는 정보를 가지고 '지금은 밤이다.'라고 결론을 내리는 것, '고양이는 포유류이고, 포유류는 젖을 먹인다.'라는 정보를 가지고 '고양이는 젖을 먹인다.'라고 결론을 내리는 것이 추론의 대표적인 예입니다.

인공지능은 어떤 방식으로 추론할까?

인공지능은 크게 두 가지 방식으로 추론을 수행합니다. 데이터를 통해 학습하고, 학습한 내용을 바탕으로 규칙을 찾아내 추론을 수행합니다.

1 통계적 추론: 방대한 양의 데이터를 분석하여 패턴을 찾아냅니다. 예를 들어, 고양이의 사진을 많이 보여 주면 고양이의 특징을 학습할 수 있습니다.

2 규칙 기반 추론: 데이터를 분석하여 얻은 규칙을 바탕으로 새로운 정보를 예측합니다. 예를 들어, '고양이는 네 다리를 가지고 있다.'라는 규칙을 학습한 인공지능은 새로운 고양이의 사진을 보고 '이 동물은 고양이다.'라고 판단할 수 있습니다.

우리 생활 속의 추론

인공지능의 추론 기술은 우리 생활 곳곳에서 활용되고 있습니다.

1 검색엔진: 우리가 검색창에 질문을 입력하면 검색엔진은 방대한 양의 데이터를 분석하여 가장 관련성 높은 정보를 찾아줍니다.

2 추천 시스템: 온라인 쇼핑몰에서 우리가 좋아할 만한 상품을 추천해 주는 것도 추론 기술 덕분입니다.
3 자율주행차: 자율주행차는 주변 환경을 인식하고 다른 차량이나 보행자의 움직임을 예측하여 안전하게 운전합니다.
4 의료 진단: 의료 영상 데이터를 분석하여 질병을 진단하는 데에도 추론 기술이 활용됩니다.

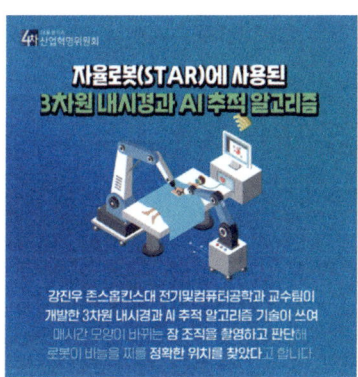 

의료에 AI 기술이 활용된 예

미래의 추론

인공지능의 추론 기술은 더욱 발전하여 우리 삶을 더욱 편리하고 안전하게 만들어 줄 것입니다. 예를 들어, 인공지능은 개인 맞춤형 교육, 신약 개발 등 다양한 분야에서 활용될 수 있습니다.

정답, 범주**

인공지능은 방대한 양의 데이터를 학습하면서 스스로 규칙을 찾아내 문제를 해결하도록 설계됩니다. 이때 중요한 개념이 인공지능 학습의 핵심이라 할 수 있는 **정답(Label)**과 **범주(Class)**입니다.

인공지능은 정답을 찾는 여정

인공지능은 '스스로 학습하는 똑똑한 기계'라고 할 수 있습니다. 인공지능은 우리가 주는 데이터를 학습하고, 그 데이터 속에 담긴 패턴을 찾아내 문제를 해결하거나 예측하는 능력을 키웁니다.

정답(Label)의 정의

인공지능은 우리가 주변에서 흔히 볼 수 있는 많은 일을 수행합니다. 예를 들어, 스마트폰의 얼굴 인식 기능은 우리의 얼굴을 보고 누구인지 정확하게 맞힙니다. 이때 인공지능이 찾아내는 '누구인지'라는 정보가 바로 정답입니다. 더 쉽게 말해, 인공지능이 어떤 문제에 대한 답을 찾아내는 과정에서 얻게 되는 결과물이 정답이라고 할 수 있습니다.

정답의 종류

1. **명확한 정답**: 객관적인 사실에 기반한 정답으로, 맞고 틀림이 분명한 경우입니다. 예를 들어, 고양이 사진을 보고 '고양이'라고 판단하는 것처럼요.
2. **확률적인 정답**: 여러 가능성이 존재할 때 각각의 가능성에 대한 확률을 나타내는 정답입니다. 예를 들어, '이 사진이 고양이일 확률은 80%, 강아지일 확률은 20%'와 같이 표현할 수 있습니다.

3 주관적 정답: 개인의 판단이나 의견에 따라 달라질 수 있는 정답입니다. 예술 작품을 감정하거나 사람의 성격을 판단하는 것이 좋은 예입니다.

데이터 분류의 기준, 범주

범주(Class)의 정의
범주는 데이터를 분류하는 기준이 되는 묶음을 의미합니다.

범주의 종류
1 이진 분류: 데이터를 두 가지 범주로 나누는 경우입니다. 예를 들어, 메일을 스팸 메일과 일반 메일로 나누는 것처럼요.
2 다중 분류: 데이터를 둘 이상의 범주로 나누는 경우입니다. 예를 들어, 숫자 0~9로 분류하는 것처럼요.
3 계층적 분류: 범주 간에 계층구조가 있는 경우입니다. 예를 들어, '동물→포유류→고양이과→고양이' 식으로 분류하는 것처럼요.

정답과 범주의 관계와 역할

정답은 특정한 범주에 속하는 값입니다. 다시 말해, 인공지능이 찾아낸 정답은 미리 정의된 범주 중 하나에 해당한다는 의미입니다. 예를 들어, 사진 속 동물을 분류하는 문제에서 '고양이'라는 정답은 '동물'이라는 범주에 속하고, 뉴스 기사의 감정을 분석하는 문제에서 '기쁨'이라는 정답은 '감정'이라는 범주에 속합니다. 정답과 범주는 인공지능이 학습하고 판단하는 데 있어 매우 중요한 역할을 합니다.

1 학습 데이터 준비: 인공지능에게 정확한 정답과 범주를 가르쳐 주는 것은 마치 아이에게 사물의 이름을 가르쳐 주는 것과 같습니다.
2 성능 평가: 인공지능이 얼마나 정확하게 정답을 예측하는지를 평가하기 위해 정답과 범주를 사용합니다.
3 새로운 지식 획득: 정답과 범주를 통해 인공지능은 새로운 지식을 습득하고 세상을 더 정확하게 이해할 수 있습니다.

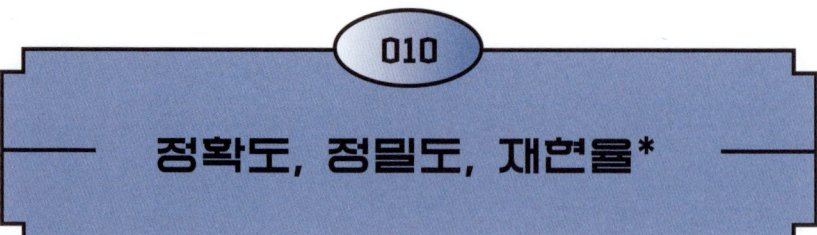

정확도, 정밀도, 재현율*

인공지능, 얼마나 정확할까?

인공지능은 우리 주변에서 다양한 문제를 해결하는 데 사용되고 있습니다. 스팸 메일을 걸러내거나, 사진 속 인물을 인식하거나, 질병을 진단하는 것처럼 말이죠. 그런데 인공지능이 내린 판단이 항상 정확할까요? 이때 인공지능의 성능을 평가하기 위해 사용하는 개념이 **정확도(Accuracy)**, **정밀도(Precision)**, **재현율(Recall)**입니다.

정확도

정확도(Accuracy)는 가장 널리 알려진 개념으로, 모든 예측 중에서 얼마나 많은 예측이 맞았는지를 나타내는 지표입니다. 즉 전체 문제 중 몇 문제를 맞혔는지를 백분율로 표현한 것이죠. 예를 들어, 스팸 메일 분류기가 100개의 메일을 판단했을 때 90개를 정확하게 분류했다면 정확도는 90%입니다.

정밀도

정밀도(Precision)는 양성으로 예측한 것 중에서 실제로 양성인 것의 비율을 의미합니다. 예를 들어, 인공지능이 스팸 메일이라고 판단한 메일 중 진짜 스팸 메일의 비율이 정밀도입니다. 스팸 메일 분류기가 100개의 메일 중 20개를 스팸 메일이라고 판단했는데 실제로 스팸 메일이 18개였다면 정밀도는 90%입니다.

재현율

재현율(Recall)은 실제 양성인 것 중에서 양성으로 예측한 것의 비율을 의미합니다. 예를 들어, 진짜 실제 스팸 메일 중에서 인공지능이 스팸 메일이라고 판단한 비율이 재현율입니다. 진짜 스팸 메일이 25개인 상황에서 스팸 메일 분류기가 20개를 스팸 메일이라고 판단했다면 재현율은 80%입니다.

정확도, 정밀도, 재현율의 관계

정확도, 정밀도, 재현율은 서로 밀접한 관련이 있지만, 각각 의미가 다릅니다. 일반적으로 정확도가 높을수록 좋은 모델이라고 생각할 수 있지만, 문제의 특성에 따라 정밀도나 재현율이 더 중요한 경우도 있습니다. 예를 들어, 질병 진단 모델의 경우 건강한 사람을 병에 걸렸다고 잘못 판단하는 것보다 병에 걸린 사람을 놓치는 것이 더 위험합니다. 따라서 질병 진단에서는 재현율이 높은 모델이 더 바람직합니다.

정리하면, 정확도와 정밀도, 재현율은 인공지능 모델의 성능을 평가하는 중요한 지표입니다. 각 지표의 의미를 정확히 이해하고, 문제의 특성에 맞는 지표를 선택하여 모델을 평가해야 합니다. 이를 통해 우리는 인공지능이 얼마나 정확하고 신뢰할 수 있는지 판단할 수 있고, 더 나은 인공지능 모델을 개발하는 데 기여할 수 있습니다.

인공지능은 우리 생활 속 깊숙이 들어와 있고, 앞으로 더 다양한 분야에서 활용될 것입니다. 이러한 인공지능의 성능을 평가하는 지표를 이해하는 것은 인공지능 시대를 살아가는 우리에게 매우 중요한 일이라고 할 수 있습니다.

011 머신러닝(기계학습)*

인간의 학습 능력을 모방하는 인공지능 기술을 구현하는 방법으로 **머신러닝** (Machine Learning)이 있습니다. **기계학습**이라고도 불리는 머신러닝은 데이터를 기반으로 학습하여 미래를 예측하는 인공지능 기술입니다. 즉 인간의 지적 능력을 모방하는 데 성공한 기술이라고 볼 수 있습니다.

머신러닝이라는 용어는 1959년 컴퓨터과학자 아서 사무엘이 처음 사용했습니다. 아서 사무엘은 '컴퓨터가 명시적으로 프로그램되지 않고도 학습할 수 있게 하는 연구 분야'라고 머신러닝을 정의했습니다. 즉 인간의 지적 능력인 '생각하여 행동하는 능력'을 기계가 따라하기 위한 방법으로 데이터를 기반으로 스스로 학습하는 방법을 연구하기 시작한 것입니다.

머신러닝의 학습 방법 또한 활발히 연구되고 있습니다. 학습하는 방법에 따라 지도 학습, 비지도 학습, 강화 학습으로 분류할 수 있습니다. 각각의 방법에 대해서는 다음 장에서 이어서 알아봅시다.

> **생각해 보기** **머신러닝으로 할 수 있는 것은?**
>
> 그렇다면 왜 기계를 학습시켜 인간의 지적 능력을 따라하게 하려고 할까요? 세상에는 해결되지 않은 많은 문제가 있습니다. 이를 해결하는 방법을 찾기 위해 과학기술이 연구되고 발전되고 있다고 볼 수 있습니다. 그중 컴퓨터 기술을 활용하여 인간처럼 문제 해결에 도움을 주는 기계를 만들고자 하는 것이 목적이 아닐까요?
> 머신러닝 기술을 활용하여 문제를 해결할 수 있는 우리 주변의 문제에는 무엇이 있을까요? 예를 들면, 스팸 메일 분류를 위한 머신러닝 시스템이 있을 수 있습니다. 이 외에도 자신의 생각을 적어 보고 주변 친구들과 공유해 봅시다.

 **오렌지(Orange)로 머신러닝하기**

머신러닝의 과정을 복잡한 수학 공식이나 별도의 프로그래밍 없이 학습하여 인공지능 모델을 구현할 수 있는 학습 플랫폼을 소개합니다.

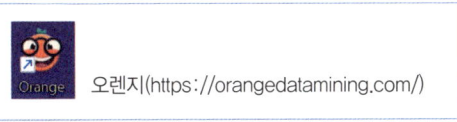

(출처: 오렌지 홈페이지)

오렌지(Orange)는 슬로베니아 류블랴나대학교의 생물정보학 연구소에서 오픈 소스 커뮤니티와 협력하여 개발한 오픈 소스 소프트웨어입니다. 무료로 사용이 가능하며, 운영체제에 맞는 프로그램을 다운로드받아 설치할 수 있습니다. 위젯을 활용하여 데이터 전처리, 인공지능 알고리즘 학습과 성능 평가의 과정을 학습해 볼 수 있습니다.

오렌지 사이트와 활용 화면 (출처: 오렌지 홈페이지)

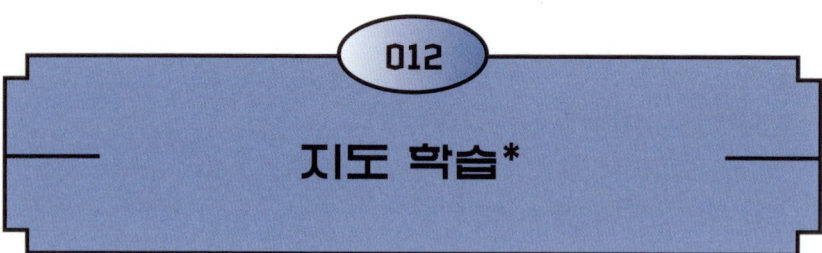

지도 학습*

머신러닝의 학습 방법은 여러 가지가 있습니다. 학습 데이터에 정답(Label)이 제공되는지의 여부를 기준으로 머신러닝 학습 방법을 구분합니다. 학습 데이터에 정답이 있는 경우를 **지도 학습(Supervised Learning)**이라고 합니다. 우리가 공부를 하는 것에 빗대어 보면 이해가 쉽습니다. 지도 학습은 문제와 정답을 모두 알려 주고 공부를 시키는 방법입니다.

지도 학습의 예

예를 들어, 고양이와 강아지를 구분하도록 학습을 시킨다고 가정합시다. 강아지 사진을 보여 주고 '강아지'라는 답을 알려 줍니다. 고양이 사진을 보여 주고 '고양이'라는 답을 알려 줍니다. 이 과정을 반복하여 학습시킵니다. 그리고 새로운 사진을 보여 주면 학습 결과를 토대로 강아지인지 고양이인지를 예측합니다. 이처럼 정답을 기준으로 기계를 학습시키는 방법이 바로 지도 학습입니다.

> **생각해 보기**   **우리 주변의 지도 학습 사례는?**

지도 학습을 하는 인공지능의 사례를 우리 주변에서도 쉽게 찾아볼 수 있습니다. 공부 시간에 따른 시험 성적 데이터로 예정된 시험 성적을 예측해 볼 수도 있고, 이제까지의 메일 패턴을 학습하여 스팸 메일을 자동 구분하는 서비스도 지도 학습의 사례입니다. 이 외에 우리 주변의 지도 학습 사례를 더 찾아볼까요? 또는 지도 학습으로 예측할 수 있는 예시를 들어 볼까요?

> **따라해 보기**   **티처블 머신(Teachable Machine)으로 지도 학습 체험하기**

지도 학습을 직접 체험해 볼까요? 간단한 인공지능 체험 플랫폼인 티처블 머신(Teachable Machine)을 소개합니다.

Teachable Machine

티처블 머신 (https://teachablemachine.withgoogle.com/)   (출처: 티처블 머신 홈페이지)

티처블 머신은 이미지, 사운드를 인식하여 머신러닝 모델을 쉽고 빠르게 만들어 볼 수 있는 서비스입니다. 전문 지식이나 코딩 능력 없이도 쉽게 사용할 수 있어 학생들이 머신러닝의 원리를 학습하기에 적합합니다. 웹캠을 활용하여 이미지 데이터를 수집하고 학습시켜 결과를 예측해 볼 수 있습니다. 아래는 가위, 바위, 보를 예측하도록 설계한 모델의 예시입니다.

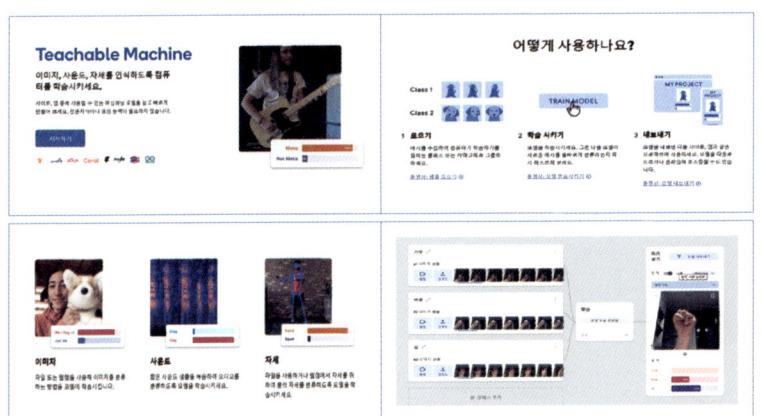

티처블 머신 활용 화면 (출처: 티처블 머신 홈페이지)

티처블 머신으로 강아지, 고양이를 구분하는 모델을 구현해 보면 어떨까요?

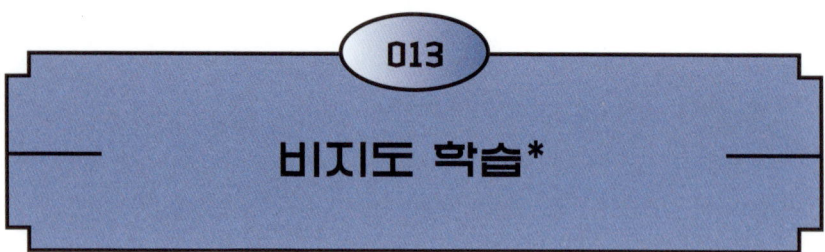

비지도 학습*

학습 데이터의 정답 유무를 활용해 머신러닝의 학습 방법을 구분한다는 말을 기억하나요? 지도 학습과는 반대로, **비지도 학습**(Unsupervised Learning)은 기계를 학습시킬 때 정답이 없는 데이터를 활용하는 방법입니다. 정답을 알려 주지 않으니 지도 학습보다 불친절한 학습 방법이라고 볼 수 있습니다.

우리가 공부할 때 사용하는 문제집에 정답이 없다면 어떨까요? 막막하지만 정답을 찾아내기 위해 많은 문제를 풀이하고 예측할 만한 정보를 찾으려고 하지 않을까요? 이처럼 비지도 학습은 입력 데이터의 패턴이나 특성을 찾아 학습하여 결과를 예측합니다.

비지도 학습의 종류로는 비슷한 것끼리 그룹화하는 **군집화 모델**이 있습니다. 예를 들어, 강아지 사진과 고양이 사진을 학습하며 귀·다리·꼬리 등의 형태, 털의 종류 등의 데이터에서 패턴을 찾아 유사한 것끼리 모아 그룹을 만드는 방법입니다. 비지도 학습은 지도 학습처럼 문제 해결을 위한 머신러닝의 학습 방법으로 사용하기보다는 스스로 생각하고 결정하는 진정한 의미의 인공지능 구현을 목표로 연구되고 있습니다.

| 따라해 보기 | **비지도 학습으로 재활용품 분류하기** |

재활용품 분리배출 문제를 해결하기 위해 분리배출 인공지능 시스템을 개발하려고 합니다. 비지도 학습 방법을 사용하여 기계를 학습시킬 때의 과정을 따라가 봅시다.

| | 페트병 1개 | 신문 뭉치 | 캔 여러 개 | 캔 1개 | 포개진 신문지 |
| | 페트병 줌인 | 종이 뭉치 | 페트병 여러 개 | 구겨진 캔 | 종이 1장 |

1단계. 인공지능 시스템은 서로 비슷하다고 생각되는 것끼리 묶어서 그룹을 만듭니다. 몇 개의 그룹으로 만들어 볼까요? 서로 다른 색으로 동그라미 해봅시다.

2단계. 그룹의 특징을 글로 작성해 봅시다.

	어떤 그림이 해당되나요?	어떤 특징이 있나요?
그룹 1		
그룹 2		
그룹 3		

이처럼 인공지능이 데이터들을 확인하여 특징이나 패턴을 찾아내 학습해 나가는 방법을 비지도 학습이라고 합니다.

014 강화 학습*

머신러닝의 학습 방법으로 지도 학습과 비지도 학습을 살펴보았습니다. 지도 학습이 친절하게 정답을 알려 주고 학습시키는 반면, 비지도 학습은 정답 없이 알아서 패턴을 찾아 학습해야 하는 다소 불친절한 방법이죠. 하지만 비지도 학습보다 더 불친절한 학습 방법이 있습니다. 바로 강화 학습입니다.

강화 학습(Reinforcement Learning)은 보상을 최대화 또는 최소화하여 학습하는 방법입니다. 즉 패턴과 같은 관계를 분석하기보다 시행착오를 통해 목적에 맞도록 성장시키는 학습 방법이라고 말할 수 있습니다. 실패하면 벌칙이 주어지고, 성공하면 보상을 받는 시스템. 어디서 많이 보지 않았나요? 맞습니다. 게임에서 주로 등장하는 개념이지요. 미션을 수행하면 아이템과 같은 보상이 있고 실패하면 에너지 손실과 같은 벌칙이 있는, 게임에서 사용하는 학습 방법이 강화 학습입니다.

강화 학습은 온라인 게임 외에 주식 투자에도 사용됩니다. 또한 스스로 운전하는 자동차인 자율주행차에도 활용되고 있습니다.

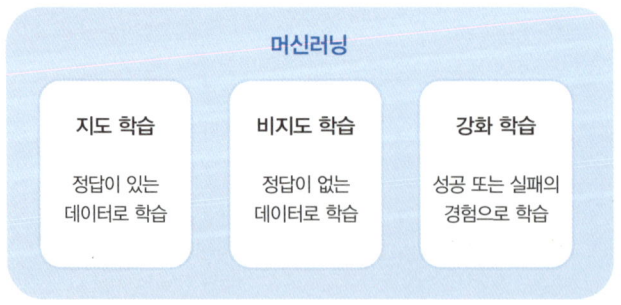

머신러닝과 지도 학습, 비지도 학습, 강화 학습의 포함 관계

| 알면 플러스 | **알파고와의 세기의 대결** |

2016년 이세돌 기사와 알파고(AlphaGo)가 치른 세기의 대결을 알고 있나요? 알파고는 구글 딥마인드에서 개발한 인공지능 바둑 프로그램입니다. 당시만 하더라도 인공지능에 대한 개념이 널리 알려져 있지 않던 때였습니다. 당연히 이세돌 기사가 알파고를 이길 것이란 전망이 우세했죠. 하지만 대국 결과는 예상과 달랐습니다. 이세돌 기사와 알파고의 다섯 번 바둑 대국은 결국 1 대 4로

알파고의 승리로 끝났습니다. 당시 대국이 생중계되며 많은 파장을 일으켰습니다. 이후 인공지능에 대한 대중의 관심이 뜨거워졌고, 이를 '알파고 쇼크'라고 불렀죠. 이후 인공지능 기술의 발전은 속도를 더하게 됩니다. 또한 이때 이세돌 기사가 거둔 1승은 인류가 알파고에게 승리한 유일한 경험으로 역사에 남았습니다.

그렇다면 알파고의 학습 방법은 무엇이었을까요? 알파고는 초기에 인간의 기본 데이터, 즉 바둑의 대국 순서를 기록한 데이터를 기반으로 학습하였습니다. 지도 학습을 한 셈입니다. 그 이후 자신과 자신을 대결시키며 수많은 게임을 반복 수행하였습니다. 그 과정에서 좋은 수를 선택하고 나쁜 수를 배제하여 점점 승리 확률을 높여 갔습니다. 승리할수록 더 큰 보상을 받는 강화 학습을 한 것입니다.

알파고는 전 세계 최강 바둑 기사들과 대결하며 승리를 거두는 업적을 달성했습니다. 이후 인공지능이 인간을 뛰어넘는 세상에 대한 두려움도 함께 생겨났습니다. 하지만 인공지능을 만드는 주체는 인간입니다. 학습하여 성장하는 인공지능과 함께 살아가기 위해 우리는 무엇을 준비해야 할까요?

분류-KNN 알고리즘**

머신러닝 분야에서 가장 많이 발전된 분야는 무엇일까요? 하나만 꼽아 보면 바로 분류 모델입니다. **분류(Classification)**는 주어진 데이터를 정해진 범주(카테고리) 중 어디에 속하는지를 구별해 내는 모델을 말합니다. 정답이 있는 데이터로 학습한 후 주어진 데이터가 어느 범주에 속하는 데이터인지 판단하는 모델이지요. 우리가 일상에서 사용하는 '분류'라는 단어의 의미와도 유사하지요?

분류 모델을 만들기 위한 방법인 분류 알고리즘은 여러 가지가 있습니다. 이 중에 유명한 알고리즘인 KNN에 대해 알아볼까요?

KNN(K-Nearest Neighbor) 알고리즘은 '최근접 이웃 알고리즘'이라고도 불립니다. 새로운 데이터의 범주를 예측할 때 K개의 가장 가까운 이웃 데이터를 고려하는 방법입니다.

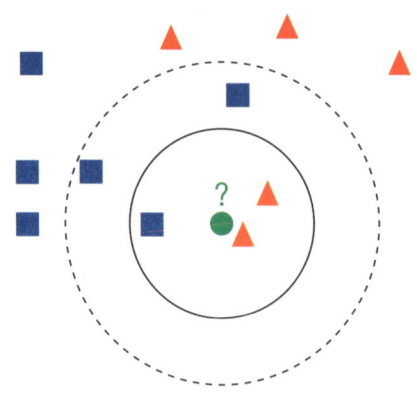

K값이 변경될 때의 KNN 알고리즘

위의 그림에서 범주는 파란 네모와 빨간 세모입니다. 새로 들어온 데이터인 초록색 동그라미는 둘 중에 어느 범주에 속하게 될까요? KNN 알고리즘에서 K의 값을 3이라고 정한다면 초록색 동그라미와 가장 가까운 이웃은 검은 실선으로 표기된 원 안의 데이터들입니다. 빨간 세모 둘과 파란 네모 하나이지요. 다수결에 따라 빨간 세모가 더 많으므로 초록 동그라미는 빨간 세모로 분류됩니다.

그렇다면 K의 값을 5로 정한다면 이웃의 범위가 커지겠죠? 그럼 점선으로 표기된 원 안에 들어간 파란 네모 둘이 포함됩니다. 그럴 경우, 초록 동그라미에 가장 근접한 이웃은 빨간 세모가 둘, 파란 네모가 셋이 됩니다. 그러면 초록 동그라미는 파란 네모로 분류될 거예요. 이처럼 K값에 따라 가장 가까운 이웃 데이터를 고려해 분류하는 방법이 바로 최근접 이웃 방법, KNN입니다.

참고로 K값이 짝수보다는 홀수인 것이 결정하기 쉽겠죠? 짝수일 경우에는 2:2와 같이 다수결의 법칙을 따르기가 어려운 상황이 발생할 수 있으니까요.

> **생각해 보기**   **우리 주변의 분류 모델 찾기**
>
> 우리 주변의 문제들을 분류의 관점으로 살펴볼까요? 어떤 범주를 결정하기 위한 인공지능 모델에는 무엇이 있을지 생각해 봅시다. 몇 가지 주제를 제안하니 답을 고민해 보세요.

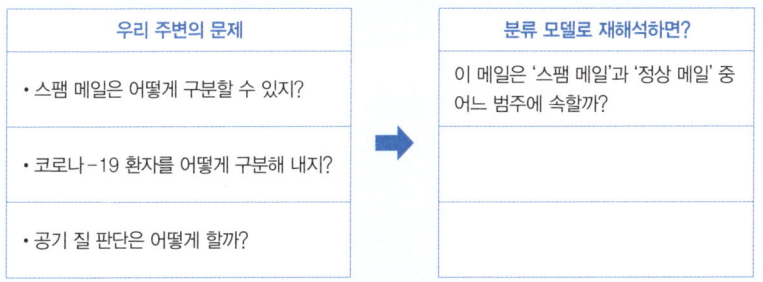

분류 모델로 재해석이 가능하다면 인공지능 분류 모델을 기획해 볼 수 있겠죠? 우리 생활 속에서 찾을 수 있는 분류 문제를 고민해 보고 인공지능 모델 기획까지 아이디어를 제시해 봅시다.

016
분류-로지스틱 회귀 모델**

머신러닝의 지도 학습 중 하나인 **분류(Classification)** 모델을 구현하기 위한 알고리즘은 다양합니다. KNN(K-Nearest Neighbor) 알고리즘에 대해서는 알아보았지요? 이 외에 유명한 알고리즘을 하나 더 알아보겠습니다. 바로 **로지스틱 회귀 모델(Logistic Regression)**입니다.

로지스틱 회귀 모델도 주어진 데이터가 어느 범주(카테고리)에 속하는지 예측할 때 사용하는 알고리즘입니다. 범주를 예측할 때 KNN이 근처에 있는 이웃 데이터를 고려했다면 로지스틱 회귀 모델은 **시그모이드 함수**를 활용합니다. 그렇다면 시그모이드 함수란 무엇일까요?

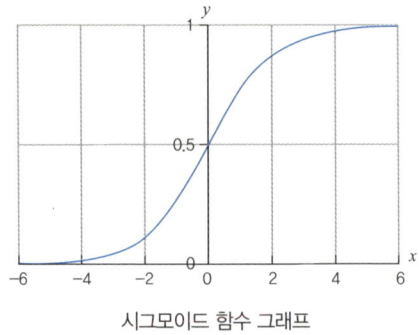

시그모이드 함수 그래프

시그모이드 함수는 위의 그래프와 같이 S자 모양의 곡선으로 나타나는 함수입니다. 그래프를 보면 x값이 증가할 때 함수 값인 y값도 증가하는 모양이 보이죠? 하지만 가장 작은 값은 0, 가장 큰 값은 1에 가까워질 뿐 이 범위를 벗어나지 않습니다.

로지스틱 회귀 모델은 시그모이드 함수를 활용하여 데이터를 분류하는 모델입니다. 함수의 식과 확률적 판단이 필요하지만 매우 간단히 표현하면 '0과 1로 분류하는 모델'이라고 생각하면 됩니다. 이렇게 두 가지 값으로 분류하는 모델을 **이진 분류**라고 부릅니다.

이진 분류로 예측할 수 있는 문제들은 무엇이 있을까요? 시합에서의 승리와 패배, 질병의 발생 유무 등 다양한 생활 속 분류 문제들을 찾을 수 있습니다. 그리고 결과에 영향을 미치는 요소들을 활용하여 로지스틱 회귀 모델을 구현하고 결과를 예측해 보는 작업을 해볼 수 있겠죠?

> 따라해 보기   **시험 합격 여부를 예측해 보면?**
>
> 시험은 언제나 긴장되지요. 특히 합격과 불합격의 결과를 보여 주는 시험이라면 더더욱 그렇겠죠? 시험 결과에 영향을 주는 요소로 시험 합격 여부를 예측하는 인공지능 모델을 만들어 본다고 가정합시다. 로지스틱 회귀 모델의 예측 과정을 따라가 볼까요?

```
어떤 학생이 시험에 합격할 확률을 0과 1 사이의 값으로 나타낼 수 있다고 가정합시다.
```

```
시험 합격에 영향을 미치는 요소들에는 무엇이 있을까요? 이전 성적, 출석, 태도 등 다양한 데이터를 모아 학습 데이터로 사용합니다.
```

```
시그모이드 함수를 이용해 확률을 계산할 때 분류 기준을 설정해야 합니다. 합격 확률이 50% 이상이면 합격, 50% 미만이면 불합격으로 정해 볼까요? 이처럼 인공지능 모델은 판단 기준을 가지고 두 가지 범주로 분류합니다.
```

```
모델이 얼마나 정확하게 예측했는지 확인해 봅니다. 실제로 합격한 학생 중 인공지능 모델이 합격으로 예측한 비율, 인공지능 모델이 합격이라고 예측한 학생 중 실제로 합격한 비율 등을 설명할 수 있습니다.
```

머신러닝의 지도 학습 방법 중 하나는 **회귀**(Regression)입니다. 회귀라고 하니 어려운 단어처럼 느껴질 텐데요. 회귀란 '퇴행', '후퇴'의 뜻을 가지고 있습니다. 즉 회귀한다는 말은 어느 값으로 돌아간다는 말로 이해해도 되지요.

영어로 Regression은 '회귀'라고 번역되기도 하지만 머신러닝 과정을 설명할 때 **예측**으로 번역되기도 합니다. 어떤 변수 A의 변화가 다른 변수 B의 변화를 불러일으킬 때 그 변화 정도를 예측할 수 있습니다. 예를 들어 운동을 많이 할수록 체중이 감량되는 결과를 가져올 때 변수 A는 운동량이고 변수 B는 체중이라고 볼 수 있습니다.

머신러닝에서 분류가 범주(카테고리)를 예측하는 것이라면, 회귀는 값을 예측합니다. 범주가 아닌 숫자를 예측한다고 생각하면 이해가 더 쉽습니다. 위에서 든 예를 다시 볼까요? 운동을 많이 할수록 체중이 감량되는 결과를 예측한다고 가정합시다. 운동량이라는 변수에 따라 체중이 감량되었는지, 감량되지 않았는지의 범주를 예측한다면 분류 모델입니다. 하지만 운동량이라는 변수에 따라 체중 감량 값을 예측한다면 회귀 모델입니다. 즉 회귀는 주어진 데이터로부터 연속적인 값을 예측하는 머신러닝 기법이라고 정의할 수 있습니다.

> **생각해 보기** **머신러닝 회귀 모델을 기획한다면?**

다음 주어진 데이터로 어떤 회귀 모델을 만들 수 있을지 생각하여 작성해 봅시다. 또한 주어진 데이터 중 예측 목표로 설정할 데이터(Target)는 무엇인지도 생각하여 작성해 보세요.

주어진 데이터	회귀 모델	예측 데이터(Target)
공부 시간, 출석률, 이전 성적, 과외 수업 여부, 최종 성적	예) 학생 성적 예측 모델	예) 최종 성적
날짜, 계절, 습도, 풍속, 지역, 지역별 기온		
면적, 방 수, 화장실 수, 위치, 연식, 주택 가격		
신장, 나이, 성별, 운동 시간, 식습관, 체중		

이번에는 어떤 데이터를 수집하면 나만의 머신러닝 회귀 모델을 만들 수 있을지 고민해 볼까요? 어떤 데이터들을 가지고 무엇을 예측할지 작성해 봅시다.

필요한 데이터	예측 데이터(Target)	나만의 회귀 모델명

018 군집화**

머신러닝을 지도 학습과 비지도 학습, 강화 학습으로 구분한다는 내용을 기억하나요? 인공지능에게 학습시킬 데이터에 정답이 있는지 없는지에 따라 구분했었죠? 정답이 있는 데이터로 학습시키는 경우가 지도 학습, 정답이 없는 데이터로 학습시키는 경우는 비지도 학습입니다. **군집화(Clustering)**는 비지도 학습의 방법 중 하나입니다. 즉 정답이 없는 데이터로 학습시키는 방법입니다.

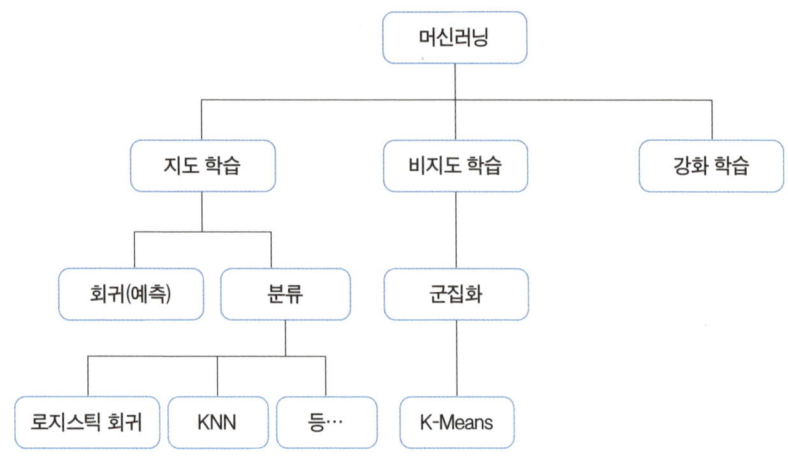

대표적인 비지도 학습인 군집화는 비슷한 집단끼리 그룹을 만들어서 분류된 그룹의 특징을 파악하는 분석 방법입니다. 데이터에 대한 사전지식이 없을 때 주로 사용하는 기법으로, 유의미한 데이터의 특징을 분석하는 것에 의미가 있는 방법이지요. 예를 들어, 물품 배송 위치 데이터를 분석하여 택배 배송 물류 창고의 적절한 위치를 예측할 수 있습니다. 군집화에 사용하는 유명한 알고리즘으로는 K-평균(K-Means) 알고리즘이 있습니다.

> **알면 플러스** **K-평균(K-Means) 알고리즘**

군집화의 가장 유명한 알고리즘인 K-평균 알고리즘에 대해 더 알아볼까요? Means는 '평균'이라는 뜻입니다. K는 중점의 개수를 표현합니다. K개의 평균을 만드는 알고리즘처럼 해석되지 않나요? 쉽게 말하면 데이터를 비슷한 것끼리 모으는데 K개의 그룹으로 모은다고 생각하면 쉽습니다. K-평균 알고리즘의 절차를 따라가 봅시다.

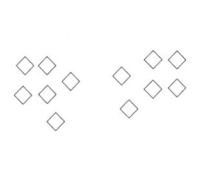

초기 데이터입니다.

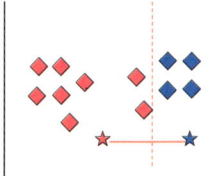

단계 1

그룹의 수(K)를 정하는 단계입니다. 2개의 그룹으로 정한다면 K=2입니다. 임의로 두 개의 중심점을 정해 봅니다. 모든 데이터를 중심점 두 개 중 가장 가까운 쪽으로 그룹화합니다.

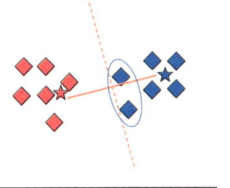

단계 2

정해진 그룹에서 새롭게 중심점을 설정합니다. 중심점 이동입니다.

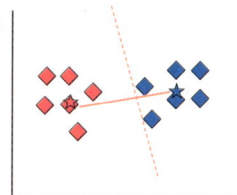

단계 3

변경된 중심점을 기준으로 가장 가까운 쪽으로 그룹을 새로 묶어 봅니다. 중심점이 더 이상 변하지 않을 때까지 단계 2와 단계 3을 반복합니다.

019 딥러닝*

딥러닝(Deep Learning)이라는 단어를 들어 본 적이 있나요? 최근 뉴스나 신문 기사에서 인공지능을 이야기할 때 딥러닝이라는 단어가 단골로 등장하는데, 어떤 의미일까요? 인간의 지적인 능력을 모방하는 기술인 인공지능을 구현하는 방법 중 하나인 머신러닝의 개념에 대해서는 앞서 알아보았는데요. 데이터 학습을 통해 인공지능을 구현하는 머신러닝 방법 중 하나가 바로 딥러닝입니다. 딥러닝은 인공신경망을 통해 데이터를 기반으로 학습하는 머신러닝 기술입니다.

그렇다면 인공신경망은 무엇일까요? 인공신경망(ANN: Artificial Neural Network)은 인간의 신경세포를 모방한 것입니다. 인간의 신경세포의 기본 단위인 뉴런은 외부로부터 자극을 받아들여 정보를 전달하는 역할을 합니다. 인공신경망에서 정보 전달 역할을 하는 신경망을 퍼셉트론(Perceptron)이라고 부릅니다. 인간의 신경망은 구조가 단순하지 않습니다. 여러 층으로 이루어진 다층 구조이지요. 이러한 다층 구조를 인공신경망에서도 모방합니다. 즉 인공신경망은 다층 퍼셉트론을 활용하여 정보를 처리합니다. 이러한 학습 방법을 딥러닝이라고 부릅니다.

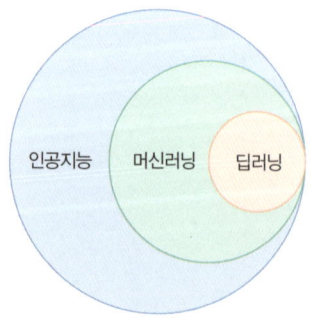

인공지능, 머신러닝, 딥러닝의 관계

> **따라해 보기** 진짜 얼굴은?

딥러닝은 다양한 분야에서 활용되고 있습니다. 사람이 하는 일을 돕기도 하고 대신하기도 하지요. 최근 인공지능은 창작의 영역에서도 활용되고 있습니다. 이때 인간의 신경망을 모방한 딥러닝 기술이 쓰이고 있습니다.

인공지능의 창작에 대해서는 다양한 관점에서 생각해 볼 수 있습니다. 실제와 같은 이미지나 영상을 생성하는 딥페이크(deep fake, 5장 '019. 딥페이크' 참고), 실제와 같은 음성을 생성하는 딥보이스(deep voice) 기술은 긍정적인 영역뿐 아니라 부정적으로도 사용되어 문제를 일으키고 있습니다.

인공신경망 학습을 통해 생성해 낸 이미지와 실제 인간의 사진을 구분할 수 있을까요? 이에 대한 질문을 담은 사이트가 있습니다. 'WhichFaceisReal' 사이트에 접속해 우리가 실제 인물을 구분해 낼 수 있을지 체험해 봅시다. 다음 사이트에 접속해 진짜 인간의 얼굴을 선택해 보고 딥러닝 기술을 활용한 딥페이크, 딥보이스 기술의 장점과 문제점을 생각해 봅시다.

진짜 인간의 얼굴 찾기(출처: whichfaceisreal 홈페이지)

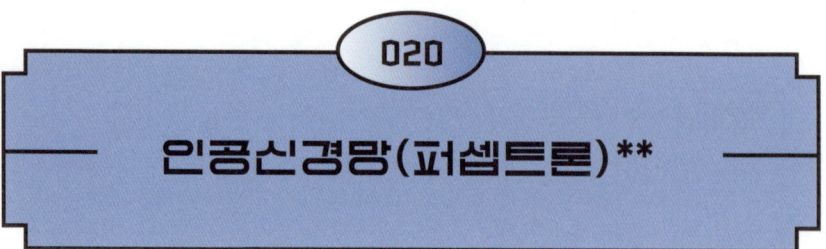

인공신경망과 퍼셉트론은 머신러닝 및 인공지능 분야에서 중요한 개념으로, 서로 연결되어 있습니다. 하지만 차이가 있습니다.

인공신경망

인공신경망(ANN: Artificial Neural Network)은 생물학적인 신경망에서 영감을 받아 만들어진 시스템으로 데이터 처리, 패턴 인식에 사용됩니다.

1. 구조: 인공신경망은 여러 층의 노드(뉴런)로 구성되어 있습니다. 일반적으로 입력층, 다수의 은닉층, 그리고 출력층으로 나뉘며, 각 층은 서로 연결되어 정보를 전달합니다.
2. 활성화 함수: 각 뉴런에서 입력 신호의 가중합을 계산한 후 활성화 함수를 적용하여 출력 신호를 생성합니다. 일반적인 활성화 함수로는 시그모이드, ReLU(Rectified Linear Unit), 탄젠트 하이퍼볼릭 등이 있습니다.
3. 학습: 신경망은 주어진 데이터에 대해 오차 역전파(Backpropagation) 알고리즘을 사용하여 가중치를 조정하여 학습합니다. 이 과정에서 입력과 출력의 차이를 기반으로 가중치를 최적화합니다.
4. 응용: 이미지 인식, 자연어 처리, 음성인식 등 복잡한 문제를 해결할 때 사용됩니다.

퍼셉트론

퍼셉트론(Perceptron)은 인공신경망의 가장 기본적인 형태로, 단일 층으로 구성되어 있습니다. 퍼셉트론은 주로 이진 분류 문제에 사용됩니다.

1 구조: 퍼셉트론은 입력층과 출력층만 존재하며, 은닉층이 없습니다. 입력 뉴런은 여러 개의 특성을 받아들이고, 이 입력에 가중치를 곱하여 단일 출력값인 0 또는 1의 이진 값을 반환합니다.

2 활성화 함수: 일반적으로 단순한 계단함수(Step Function)를 사용하여 출력값을 결정합니다. 입력의 가중합이 특정 임계값을 넘으면 1, 그렇지 않으면 0을 반환합니다.

3 학습: 퍼셉트론은 간단한 학습 알고리즘을 사용하여 가중치를 수정합니다. 선형 분리가 가능한 문제에 대해서만 학습이 가능합니다.

4 응용: 주로 이진 분류 문제에 사용되며, 배타적 논리합(XOR: Exclusive OR) 문제와 같은 비선형 문제는 해결할 수 없습니다.

인공신경망과 퍼셉트론의 차이점

이 두 개념은 서로 연결되어 있지만 복잡성과 적용 범위 면에서 차이가 있습니다.

1 복잡성: 퍼셉트론은 단일 층 구조라 선형 분리가 가능한 문제에만 적용할 수 있지만, 인공신경망은 여러 층을 통해 비선형 문제를 해결할 수 있습니다.

2 적용 범위: 인공신경망은 이미지 인식, 자연어 처리 등 복잡한 데이터에 대한 처리와 예측이 가능합니다. 즉 인공신경망은 다양한 분야에서 활용되는 반면, 퍼셉트론은 간단한 이진 분류 문제에 사용되며 주로 교육적 목적으로 사용됩니다.

021
심층신경망(다층 퍼셉트론)**

심층신경망과 다층 퍼셉트론은 인공신경망의 주요 형태로, 기본적으로 신경망 구조를 기반으로 하지만 그 구성과 성능에서 몇 가지 중요한 차이점이 있습니다.

다층 퍼셉트론

다층 퍼셉트론(MLP: Multi-Layer Perceptron)은 인공신경망의 한 형태로 입력층, 은닉층, 출력층의 뉴런으로 구성되어 있습니다. 이러한 구조는 기본적인 퍼셉트론보다 더 복잡한 문제를 해결할 수 있습니다. 은닉층의 개수가 제한적이므로 복잡한 데이터 패턴을 학습하는 데는 한계가 있습니다.

1 구조: 입력층은 입력 데이터를 받아들이는 첫 번째 층이고, 은닉층은 입력층과 출력층 사이에 위치하며 하나 이상의 층이 있을 수 있습니다. 뉴런들은 은닉층에서 비선형 변환을 통해 입력 데이터를 처리합니다. 최종 결과를 생성하는 층은 출력층입니다.

2 학습 능력: 비교적 간단한 문제 해결에 적합합니다. 예를 들어, 기본적인 분류 문제나 회귀 문제를 해결하는 데 적합합니다. 그러나 은닉층의 수가 제한적이기 때문에 복잡한 패턴을 학습하는 데는 한계가 있습니다.

3 응용 분야: 간단한 이미지 분류나 기본적인 데이터 예측 작업에서 사용될 수 있습니다.

심층신경망

심층신경망(DNN: Deep Neural Network)은 다층 퍼셉트론의 확장 개념으로, 더 많은 수의 은닉층을 가진 인공신경망의 한 형태입니다. 수십 개에서 수백 개의 은닉층을 가질 수 있습니다. 이러한 구조 덕분에 복잡한 데이터의 패턴을 학습하고 추론하는 데 매우 좋습니다. 심층신경망은 특히 대량의 데이터와 복잡한 문제를 처리하는 데 강점이 있습니다.

[1] **구조**: 입력층은 데이터의 특성을 나타내는 뉴런들이 위치합니다. 은닉층은 입력층과 출력층 사이에 위치하며, 여러 개의 은닉층이 있을 수 있습니다. 각 층의 뉴런은 이전 층의 출력을 입력으로 받아 여러 비선형 변환을 수행합니다. 최종 예측 결과를 생성하는 층은 출력층입니다.

[2] **학습 능력**: 더 깊은 구조로 인해 매우 복잡한 데이터 패턴을 학습할 수 있습니다. 이미지 인식, 자연어 처리, 음성인식 등 고차원 데이터에서 뛰어난 성능을 발휘합니다. 특히 비선형 관계를 모델링하는 것에 강점이 있으며, 더 정교한 문제 해결을 가능하게 합니다.

[3] **응용 분야**: 이미지 인식, 음성인식, 자연어 처리 등 복잡한 문제를 해결하는 데 사용됩니다. 심층신경망은 다양한 최신 딥러닝 모델의 기초로 활용되고 있습니다. 예를 들어 자율주행차, 의료 진단 등 여러 분야에서 사용됩니다.

022 생성형 인공지능**

생성형 인공지능이란 이용자의 요구에 따라 텍스트, 이미지, 소리, 영상 등 기존의 데이터를 기반으로 학습하여 새로운 데이터를 생성할 수 있는 인공지능 기술을 말합니다.

인공지능의 주요 개념과 생성형 인공지능의 관계
(출처: 〈ChatGPT를 넘어 생성형 AI 시대로: 미디어·콘텐츠 생성형 AI 서비스 사례와 경쟁력 확보 방안〉, 양지훈·윤상혁)

거대 언어 모델

거대 언어 모델(LLM: Large Language Models)은 대량의 문서와 매우 큰 규모의 데이터세트를 학습한 후 인간의 언어를 이해하고 생성할 수 있는 인공지능 모델이며, 다양한 언어 처리 작업에 사용됩니다.

수십억 개의 단어로부터 언어의 구조, 문법, 의미 등을 학습하여 텍스트를 생성하거나 텍스트에 기반한 질문에 답변하고, 문장을 이해하거나 번역하는 등 다양한 언어 관련 작업을 수행합니다.

적대적 생성 신경망

적대적 생성 신경망(GAN: Generative Adversarial Network)은 생성자와 판별자로 구성되어 있으며, 서로 경쟁하며 학습하는 구조로 되어 있습니다. 이 기술은 주로 이미지 생성이나 변환 등 다양한 데이터 생성 작업에 활용됩니다. 판별자는 생성된 데이터의 진위 여부를 실제 데이터와 비교하여 평가하고 그것이 진짜인지 가짜인지 판단합니다.

생성형 AI의 종류

1 텍스트 생성 AI → 예 챗GPT(ChatGPT), 뤼튼(Wrtn.)
2 이미지 생성 AI → 예 미드저니(Midjourney), 파이어플라이(Adobe Firefly)
3 음성 생성 AI → 예 아이바(AIVA), 수노(SUNO)
4 동영상 생성 AI → 예 플루닛 스튜디오, 브루(Vrew)
5 PPT 생성 AI → 예 감마(Gamma)
6 디자인 생성 AI(마인드맵, 플로차트) → 예 웜지컬(Whimsical)
7 검색 기반 생성 AI → 예 네이버 cue
8 질문 생성-구글 설문 연동 AI → 예 퀘스천웰(QuestionWell)
9 교육 자료 생성 AI → 예 디핏(diffit)
10 유튜브 서비스-유튜브 영상 퀴즈 생성 AI → 예 퀴지움(Quizium)
11 홈페이지 생성 AI → 예 프레이머 AI(Framer AI)

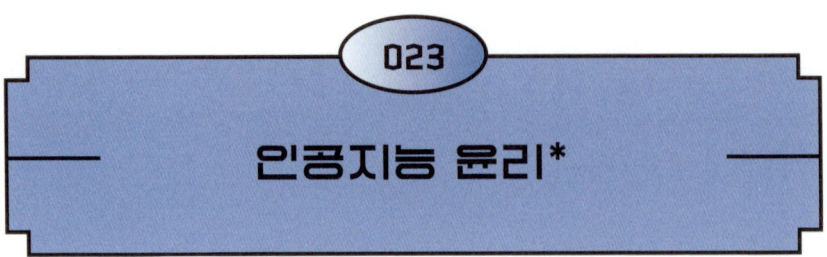

인공지능 윤리*

과학기술이 급속도로 발전하면서 인공지능 관련 기술도 급속도로 발전하고 있으며, 인공지능 기술은 현대 사회의 다양한 영역에서 엄청난 영향력을 발휘하고 있습니다. 이러한 상황에서 인공지능 기술이 미치는 사회적 영향력의 파장을 고려해 인공지능 기술의 발전을 사회에 이로운 방향으로 안내하기 위한 가이드라인이 필요해졌고, 이것이 **인공지능 윤리**입니다.

인공지능 윤리는 사회 구성원들이 인공지능을 올바르게 활용할 수 있게 만들어 주는 가치나 규범입니다. 인공지능의 급속한 발전은 다양한 영역에서 급속한 변화를 불러오기 때문에 인공지능 윤리의 기준을 세우지 않으면 급속한 변화에 따른 가치관 등에서 혼란이 발생할 것입니다.

인간은 교육을 통한 사회화를 통해 윤리의식을 가지고 상황을 판단하고 그에 맞는 행동을 하지만, 인공지능은 **학습된 가이드라인**을 통해 판단하고 행동합니다. 인간이 다양한 상황에서 유연하게 반응할 수 있는 반면에 인공지능은 학습된 가이드라인만 가지고 행동하고 반응하기에 논리적 모순 상황에 빠질 가능성이 있습니다. 그렇기에 인공지능 윤리라는 보편적인 기준을 구체적이고 명확하고 상세하게 정하여 다양한 상황에 대처할 수 있는 능력을 학습시키는 것이 필요합니다. 이것을 달성하기 위해서 인공지능 개발에 다양한 분야의 전문가들이 협력하여 인공지능 윤리를 만들어야 합니다.

인공지능 윤리의 범위

인공지능 윤리는 인공지능 기술이 접목되는 다양한 현장에서 발생하는 윤리적인 상황에 적절히 대처할 수 있는 방안을 모색할 수 있어야 합니다. 인공지능 윤리는 신뢰성, 편향성, 저작권, 콘텐츠 오남용, 책임성 등 다양한 부분을 포함합니다.

1. **신뢰성**: 인공지능의 잘못된 판단, 최신 데이터 학습 부족, 환각 현상(실제로 존재하지 않거나 사실이 아닌 정보를 사실처럼 생성하는 현상)
2. **편향성**: 데이터 편향, 인공지능 편견
3. **저작권**: 저작권자 침해, 저작권 침해
4. **콘텐츠 오남용**: 딥페이크, 음성 조작, 보이스피싱
5. **책임성**: 인공지능으로 인한 사고의 책임

> **생각해 보기**
>
> 1. 생성형 AI가 만든 창작물의 저작권은 누구에게 있을까요?
> 2. 딥페이크 기술이 미치는 좋은 영향은 무엇이 있을까요?

024 트롤리 딜레마*

트롤리 딜레마(Trolley Dilemma)는 영국의 철학자 필리파 풋이 가장 먼저 제시한 내용입니다.

인공지능이 도덕적인 결정을 내릴 때 트롤리 딜레마는 중요한 문제를 보여 줍니다. 예를 들어, 자율주행차가 사고가 난다면 그 상황에서 인공지능은 어떤 기준을 가지고 결정을 내리게 될까요? 다섯 명을 구할 것인지 한 명을 구할 것인지 결정을 내려야 한다면 인공지능은 어떤 선택을 해야 할까요? 이런 상황에서 인공지능은 미리 프로그래밍된 기준에 따라 선택을 하게 됩니다. 인공지능의 결정은 인공지능 시스템을 설계하는 사람들이 어떠한 기준을 가지고 윤리적인 가치관을 프로그래밍하느냐에 따라 결과가 달라질 수 있습니다.

인공지능의 윤리적인 결정은 사회적 논의와 책임이 따릅니다. 인공지능 시스템이 잘못된 결정을 내리는 경우 그 책임에 대한 논의도 필요합니다. 인공지능이 내리는 선택을 우리가 믿고 따를 수 있는지, 그 신뢰성을 어떻게 높일 수 있는지 생각해 봐야 합니다. 인공지능의 윤리적인 판단을 위해 그 능력을 향상시켜야 하며, 이를 위한 연구도 필요합니다. 인공지능이 인간의 감정을 이해하고 상황을 판단할 수 있도록 해야 합니다.

인공지능이 점점 우리를 대신해 많은 결정을 하게 될 수도 있습니다. 인공지능에게 인간이 가지고 있는 도덕적 윤리와 가치관을 어떻게 프로그래밍할 수 있을지 앞으로 지속적인 논의가 필요합니다.

> 생각해 보기

1. 5명을 희생시키고 1명을 살릴 것인가요? 아니면 1명을 희생시키고 5명을 살릴 것인가요?
2. 범죄자 5명을 희생시키고 1명을 살릴 것인가요? 아니면 1명을 희생시키고 범죄자 5명을 살릴 것인가요?

윤리적 딜레마 체험해 보기
https://www.moralmachine.net/hl/kr

025
인공지능 윤리 지침
(로봇 3원칙)**

로봇 3원칙은 아이작 아시모프라는 과학소설 작가가 제안한 것으로, 인공지능 로봇이 인간과 상호작용을 하는 동안 필수적으로 지켜야 할 기본적인 윤리 원칙을 말합니다. 여기서 나오는 원칙들은 인공지능 로봇의 행동을 규제하고 있으며, 안전성과 윤리를 위해 만들어졌습니다. 아시모프의 로봇 3원칙은 인공지능의 발전과 함께 지속적으로 언급되는 주제입니다. 로봇 3원칙은 아래와 같습니다.

제1원칙: 로봇은 인간에게 피해를 입혀서는 안 됩니다

이 원칙은 인간의 생명과 안전을 가장 먼저 고려하도록 하는 규범입니다. 로봇은 어떠한 상황에서도 인간에게 신체적·정신적 피해를 주는 행동을 하지 않도록 설계되어야 합니다. 예를 들어, 자율주행차는 도로에서 발생할 수 있는 다양한 상황들을 인식하고 인간 보행자나 다른 차량에 피해를 주지 않도록 안전하게 주행해야 합니다.

제2원칙: 제1원칙에 위배되지 않는 한, 로봇은 인간의 명령에 복종해야 합니다

이 원칙은 로봇이 인간의 지시를 따르도록 하여 인간과의 협력적인 관계를 형성하는 것을 목표로 합니다. 그러나 인간에게 해를 끼치는 명령인 경우 로봇은 그 명령을 무시해야 합니다. 이 원칙은 '로봇은 인간의 안전을 최우선으로 고려해야 한다.'는 점을 알게 해주는 가장 중요한 규범입니다. 예를 들어, 군사용 로봇이 인간에게 해를 끼치라는 명령을 받았을 때 그 명령을 거부하고 인간의 생명을 보호하는 것이 이 원칙의 핵심입니다.

제3원칙: 제1원칙과 제2원칙에 위배되지 않는 한, 로봇은 자신의 존재를 보호해야 합니다

로봇은 자신의 생존을 위해 안전을 생각해야 한다는 규범입니다. 또한 인간의 안전을 우선시하며 인간에게 해를 끼치는 행동을 해서는 안 되고, 인간의 명령을 거부해서도 안 됩니다. 이는 로봇이 인간과의 관계에서 자율성을 가지면서도 인간을 존중하는 태도를 갖도록 하는 중요한 기준이 됩니다. 예를 들어, 로봇이 위험한 상황에 처했을 때 그 상황에서 인간을 해치지 않으면서 자신의 안전을 확보하는 방식으로 행동해야 합니다.

> **알면 플러스** **기술적 특이점(Technological Singularity)**
>
> 인공지능 기술이 인간의 능력을 뛰어넘어 새로운 문명을 만들어 내는 미래의 시점을 말하며, 급격한 기술적 발달의 결과 제어가 어렵고 다시는 되돌릴 수 없을 정도의 인류 문명 변화를 가져올 가설적인 미래 시점입니다. 미래학자들은 인간의 지능을 닮은 인공지능이 통제 불가능한 수준으로 발전해 지능의 폭발(Intelligence Explosion)이 일어나는 이 현상이 다가올 것이라 예견하고 있습니다. (5장 '020. 기술적 특이점' 참고)

PART 5

디지털 문화

001
정보 기술(IT)*

정보 기술(IT: Information Technology)은 정보를 수집, 생성, 저장, 처리, 전송하는 기술을 말합니다. 컴퓨터 기술이 발전하고 인터넷이 보급되면서 IT는 급속하게 발전하고 있으며, 정보화 시대에 더욱 중요해지고 있습니다. 매년 발표되는 글로벌 브랜드 가치 랭킹의 변화를 살펴보면 IT의 발전을 확인할 수 있습니다. 다음은 세계적 권위의 영국 브랜드 평가 기관인 브랜드 파이낸스가 발표한 2024년도 글로벌 브랜드 가치 상위 5개 기업입니다.

2024년도 글로벌 브랜드 가치 상위 5개 기업

애플(Apple)	스마트폰, 태블릿, 컴퓨터, 웨어러블 기기 등 다양한 IT 제품으로 세계인의 삶을 혁신적으로 변화시키는 기업입니다.
마이크로소프트(Microsoft) & 구글(Google)	운영체제와 인터넷 검색엔진 분야에서 독점적 지위를 누리며 사용자들의 일상생활에 깊숙이 자리 잡고 있는 기업입니다.
아마존(Amazon)	전자상거래와 클라우드 컴퓨팅 분야에서 독보적인 리더십을 발휘하고 있는 기업입니다.
삼성전자(Samsung)	스마트폰, TV, 가전제품 등 다양한 IT 기기를 통해 세계 소비자들의 사랑을 받는 기업입니다.

(출처: 브랜드 파이낸스)

이처럼 스마트폰, 빅데이터, 클라우드, 인공지능, 블록체인 등 IT의 발전은 우리 사회 전반에 걸쳐 삶의 질을 높이는 데 크게 기여하고 있습니다. 그러나 IT의 발전과 함께 사이버 보안 위협, 개인 정보 보호 문제, 디지털 리터러시 등 주의해야 할 문제들도 존재합니다.

IT의 주요 구성요소

하드웨어	• 컴퓨터, 스마트폰, 태블릿, 서버 등의 물리적인 장치를 말합니다. • 중앙처리장치(CPU), 기억장치(메모리), 통신 장치, 입출력장치 등으로 구성됩니다.
소프트웨어	• 운영체제, 프로그래밍언어, 응용 프로그램 등 논리적 요소들로 구성됩니다. • 하드웨어를 제어하고 사용자의 요구사항을 처리합니다.
네트워크	• 유선 및 무선통신 기술을 통해 정보를 전송하고 공유합니다. • 인터넷, 클라우드 컴퓨팅, 사물인터넷(IoT) 등을 포함합니다.
데이터베이스	• 체계적으로 구조화된 데이터를 저장 및 관리합니다. • 데이터의 검색, 수정, 삭제 등의 기능을 제공합니다.
보안	• 해킹, 바이러스, 데이터 유출 등의 위협으로부터 시스템과 정보를 보호합니다. • 암호화, 접근 제어, 백업 및 복구 등의 기술을 활용합니다.

> **알면 플러스** **IT와 ICT는 무엇이 다른가요?**

ICT는 정보통신기술로 정보 기술과 통신 기술이 합쳐진 개념입니다. 따라서 ICT는 IT를 포괄하는 개념입니다. ICT는 IT와 같은 의미로 통용되지만 통신 시장의 중요성이 커지면서 IT 용어 대신 ICT 용어를 사용하는 기업이 점점 증가하는 추세입니다. 다만, IT라는 표현이 더 범용적인 표현입니다.

	정보 기술 (Information Technology)	정보통신기술 (Information Communications Technology)
범위	정보 생성, 저장, 처리, 전송 등의 기술 분야	정보 기술 + 통신 기술. 정보통신, 방송 미디어 등을 포함하며 더 광범위
역사	1970년대 이후 컴퓨터 기술의 발전과 함께 발전	1990년대 이후 인터넷, 모바일 통신 등 통신 기술의 발전과 함께 부상

002
소셜 네트워킹 서비스 (SNS)와 소셜 미디어*

소셜 네트워킹 서비스(SNS: Social Networking Service)는 인터넷 공간에서 관계를 맺고 소통할 수 있도록 해주는 온라인 서비스입니다. 보통 SNS로 지칭합니다. 인터넷이 발달하고 스마트폰이 일상화되면서 온라인상에서 자신의 의견을 표출하거나 정보를 공유하는 등 사람들과 소통하려는 욕구가 높아졌습니다. 그 영향으로 다양한 SNS 플랫폼이 등장했고 SNS가 발달하게 되었습니다. 대표적인 SNS 플랫폼으로는 카카오톡, 페이스북, 인스타그램, 유튜브 등이 있습니다.

소셜 미디어는 사람들의 의견, 생각, 경험, 관점을 공유하기 위해 사용하는 온라인 도구나 플랫폼을 말합니다. SNS를 포함하여 팟캐스트, 블로그, 메시지 보드 등 온라인 플랫폼과 프로그램을 총칭하는 용어입니다. SNS와 소셜 미디어가 혼동하는 경우가 많은데, 소셜 미디어는 SNS를 포함하는 더 큰 개념입니다.

SNS는 온라인상에서 소통을 하고 관계를 맺게 해주는 '서비스 소비'에 초점을 맞추는 반면, 소셜 미디어는 온라인상에서 '소통을 위한 플랫폼 이용'에 초점을 맞추는 용어입니다. 우리나라는 SNS라는 용어를 많이 사용하지만, 영미권에서는 SNS보다 소셜 미디어라는 용어를 더 많이 사용하고 있습니다.

국내 스마트폰 사용 실태에 대해 표본조사를 한 결과 사람들이 많이 사용하는 앱 상위권에는 SNS가 대부분을 차지하고 있습니다. 또한 잘파세대(Ztalpha)[1]가 가장 많이 사용하는 앱에서도 SNS 앱이 높은 비율을 차지하고 있습니다. 월간 사용 시간을 살펴보면, 트렌드에 민감한 잘파세대의 SNS 사용 시간이 매우 많은 것으로 보아 SNS가 일상화되어 있음을 알 수 있습니다.

---

1) 1990년대 중반에서 2000년대 초반에 태어난 Z세대와 2010년대 초반 이후에 태어난 알파세대의 합성어로, 1990년대 중반 이후 태어난 세대를 통칭하는 말.

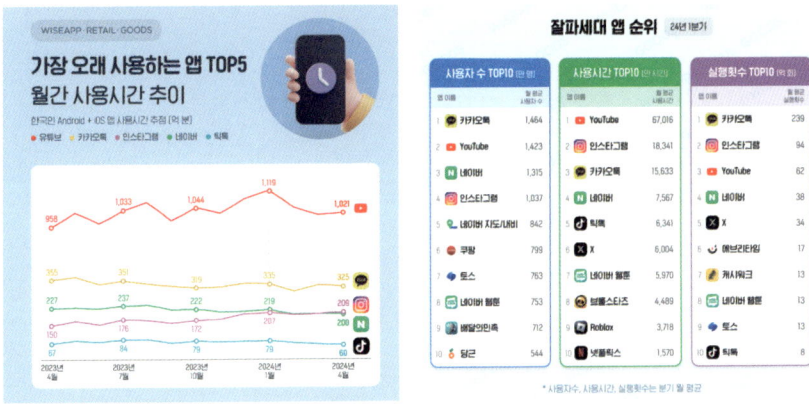

한국인이 가장 오래 사용하는 앱 TOP 5   데이터로 이해하는 2024 잘파세대 트렌드
(출처: 와이즈앱·리테일·굿즈)

> **생각해 보기**   **SNS의 순기능과 역기능은 무엇일까?**

SNS는 사람들이 언제 어디서나 스마트폰으로 쉽게 생각과 의견을 표현할 수 있게 하여 유익한 정보를 공유하고 사회 참여를 높이는 긍정적인 영향력이 있습니다. 그러나 '인스타그래머블', '플렉스'와 같은 용어가 SNS상에서 유행어처럼 번져 SNS에 사진 올리기 좋을 만한 장소를 찾아다니고, 자기 과시를 하며 남들과 비교하는 문화가 MZ세대를 중심으로 퍼지는 등 부정적인 영향도 있습니다. 여러분이 생각하는 SNS의 순기능과 역기능은 무엇인가요?

1. SNS의 순기능에는 무엇이 있을까요?
2. SNS의 역기능에는 무엇이 있을까요?

003 온라인과 오프라인*

온라인(On-line)은 컴퓨터 주변 장치들이 중앙처리장치(CPU)와 직접 연결되어 중앙처리장치의 통제를 받는 상태를 말합니다. 온라인 시스템은 컴퓨터나 단말 장치가 회선으로 연결되어 있습니다. 보통 컴퓨팅 시스템에 전원이 들어왔을 때 인터넷에 접속하는 상태를 '온라인'이라고 말합니다.

오프라인(Off-line)은 온라인에 대비되는 용어로, 컴퓨팅 시스템이 인터넷에 접속되어 있지 않은 상태를 말합니다. 오프라인 시스템은 컴퓨터나 단말 장치가 회선으로 연결되어 있지 않아 컴퓨터나 단말 장치의 직접적인 통제를 받지 않습니다. 보통 전원이 꺼져 있거나 네트워크에 연결되어 있지 않은 상태를 '오프라인'이라고 표현합니다.

온라인과 오프라인의 의미 확장

온라인과 오프라인이라는 용어는 이러한 사전적 정의를 넘어 의미가 확장되어 사용되고 있습니다. 온라인은 컴퓨팅 시스템을 활용하여 디지털로 정보를 처리하는 것을 말하고, 오프라인은 컴퓨팅 시스템을 사용하지 않고 아날로그적으로 처리하는 것을 말할 때가 많습니다. 예를 들어, '온라인 수업'은 수업을 들으러 직접 가지 않고 어디에서든 컴퓨터를 활용하여 원격으로 듣는 것을 말하며, '오프라인 수업'은 직접 수업을 들으러 강의실로 가는 것을 말합니다. 즉 사이버상에서 작업을 하고 누군가와 교류하는 것을 온라인, 직접 물리적으로 작업을 하고 누군가와 직접 교류하는 것을 오프라인이라고 의미를 확장하여 사용하고 있습니다.

온라인 수업   오프라인 수업

> **알면 플러스** 다른 나라 사람들과 인터넷으로 소통할 수 있는 이유는 무엇일까?

우리는 어떻게 멀리 떨어져 있는 사람들과 인터넷을 통해 소통할 수 있을까요? 우리 눈에 보이지 않으니 '무선으로 사이버 공간에서 만난다.'라고 생각할 테지만, 사실은 모두 선으로 연결되어 있습니다.

무선 네트워크를 통해 인터넷 연결을 할 수도 있지만 무선 공유기로 네트워크에 접속하면 공유기와 거리가 멀어질수록 네트워크 접속이 끊기는 경험을 하게 됩니다. 멀리 떨어진 바다 건너의 다른 나라 사람들과 안정적으로 통신을 하기 위해서는 선으로 연결되어야 합니다. 나라와 나라 간에 육지에서는 전봇대를 이용하거나 땅속에 묻어 둔 선으로 연결이 되지만, 대부분 바닷속 해저 광케이블을 통해 선으로 연결되어 있습니다. 우리는 이 선을 통해 엄청난 양의 데이터를 빛의 속도로 주고받을 수 있습니다. 우리 눈에는 보이지 않지만 세계가 물리적으로 연결되어 있는 것입니다.

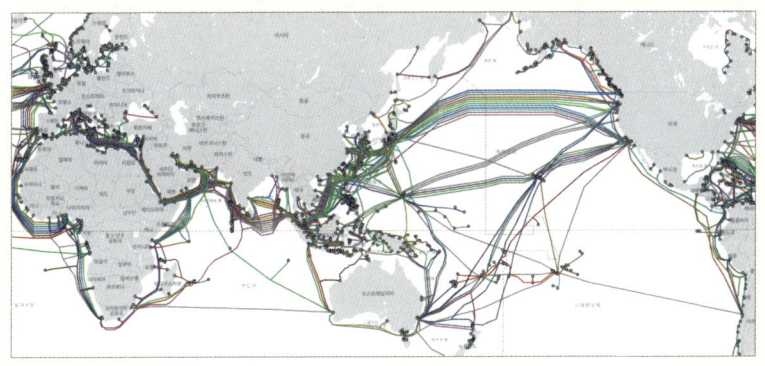

해저 케이블 지도(Submarine Cable Map)

초연결 지능화*

초연결 지능화는 IT를 바탕으로 사람과 프로세스, 데이터, 사물이 서로 연결됨으로써 지능화된 네트워크를 구축하여 새로운 가치와 혁신을 창출하는 것을 말합니다. 즉 인공지능이 보편화되고 사회의 모든 것이 연결되는 단계입니다. 초연결 지능화 시대의 핵심 기술로 인공지능과 사물인터넷, 5G, 빅데이터 등이 강조되고 있습니다. 사회의 각 분야에서는 IT를 접목시켜 기존의 전통적인 형태를 벗어나 모든 시스템이 연결되는 새로운 형태로 바뀌고 있습니다.

초연결 지능화 시대

스마트 시티

도시 또한 시민들의 삶의 질을 높이고 도시의 지속 가능성을 높이며 새로운 산업을 육성하기 위해 4차 산업혁명 시대의 혁신 기술을 활용하고 있습니다. 스마트 시티에서는 정보통신기술(ICT)을 바탕으로 도시의 다양한 정보를 수집하고 관리하여 도시에서 발생할 수 있는 교통 문제, 환경문제, 주거 문제, 시설 문제 등을 해결함으로써 편리하고 쾌적한 도시 환경을 제공할 수 있습니다. 예를 들어, 폭설이 내리면 도시의 기상 관측 시스템이 이를 인식하고 도로 관리 시스템에 정보를 제공하여 도로에 깔린 열선을 작동시킵니다. 이렇게 되면 도로가 얼어 미끄러워지는 것을 방지할 수 있어 각종 사고와 교통 문제를 예방할 수 있습니다.

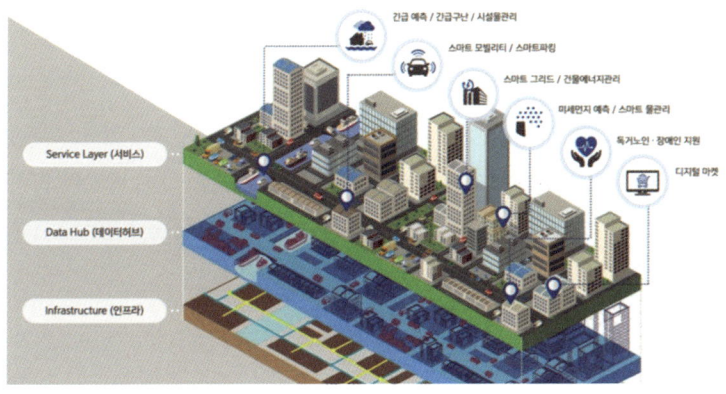

초연결 지능화의 예: 스마트 시티

생각해 보기 초연결 지능화 사회의 허점

초연결 지능화 사회는 스마트 기술로 인해 다양한 객체가 언제 어디서나 상호 연결되어 정보를 주고받기에 사람들의 삶을 편리하게 만들어 줍니다. 하지만 허점도 있습니다. 최근 마이크로소프트 IT 마비 사태로 세계 850만 대의 컴퓨터가 작동하지 않아 세계 곳곳에서 공항이 멈추고 방송, 통신, 의료, 금융 등 다양한 분야에서 피해가 속출한 사건이 있었습니다. 이 사건은 어느 보안 소프트웨어의 업데이트 파일과 마이크로소프트 운영체제가 충돌을 일으켜 벌어진 일이었습니다. 피해 규모는 수치상으로 모든 윈도 시스템의 1% 미만이었지만, 피해를 받은 시스템의 대부분이 중요한 서비스를 운영하는 기업 시스템이었기에 피해는 심각했습니다. 단순 소프트웨어 오류로도 이렇게 사회 인프라가 모두 마비되어 세계적으로 혼란을 가져오고 사이버 공격 등 범죄에 취약해질 수 있습니다. 앞으로 이러한 사태가 발생하지 않도록 사이버 보안 강화를 위해 어떤 노력을 해나가야 할까요?

MS IT 대란으로 인한 공항 마비(출처: 로이터 통신)

005 디지털 리터러시*

디지털 문화는 현대 사회에서 정보와 커뮤니케이션의 방식을 혁신적으로 변화시켰습니다. 또한 코로나-19(COVID-19) 팬데믹 기간에 온라인 커뮤니케이션이 확장되면서 디지털 리터러시의 중요성이 더욱 대두되었습니다. **디지털 리터러시(Digital Literacy)**는 이러한 변화 속에서 개인이 효과적으로 정보를 이해하고 평가하며 활용할 수 있는 능력을 의미합니다.

최근의 〈초·중학생 디지털 리터러시 수준 측정 연구〉에 따르면, 청소년들은 다양한 소셜 미디어에서 많은 정보를 접하지만 정보의 진위를 판단하는 데는 어려움을 겪고 있습니다. 따라서 정보의 출처를 확인하고, 비판적으로 사고하며, 다양한 매체를 통해 소통하는 디지털 리터러시 능력을 길러야 할 필요성이 커지고 있습니다.

디지털 리터러시의 요소

디지털 기기와 소프트웨어의 활용	디지털 기기의 활용	디지털 기기의 조작에 필요한 기본 원리와 기능을 이해하고 활용합니다.
	소프트웨어의 활용	소프트웨어의 기본 원리와 기능을 이해하고 다양한 작업에서 소프트웨어를 활용합니다.
	인공지능의 활용	다양한 문제 해결 과정에 인공지능 기술이 탑재된 도구를 활용합니다.
디지털 정보의 활용과 생성	자료의 수집과 저장	사용 목적을 고려해 자료를 수집하고, 비판적 시각으로 정확성을 평가하여 효율적으로 저장 및 관리합니다.
	정보의 분석과 표현	정보를 효과적으로 전달하기 위해 데이터를 분석 및 종합하고 시각화합니다.
	디지털 콘텐츠 생성	디지털 미디어를 통해 제공될 수 있는 다양한 유형의 콘텐츠를 생성합니다.

디지털 의사소통과 문제 해결	디지털 의사소통	디지털 환경에서 정보를 비판적으로 분석하고, 정보 공유, 의사 결정 참여, 협업을 수행합니다.
	디지털 문제 해결	문제 해결 방안을 구안하고, 디지털 도구를 활용하여 실행합니다.
디지털 윤리와 정보 보호	디지털 윤리	디지털 사회의 성숙한 시민으로서 타인을 배려하고 예절과 윤리를 실천합니다.
	디지털 정보 보호	자신과 타인의 정보를 보호하는 방법을 실천합니다.

(출처: 교육부)

알면 플러스 '팩트체크: 사실 혹은 거짓' & 디지털 시민교육 게임(구글 인터랜드)

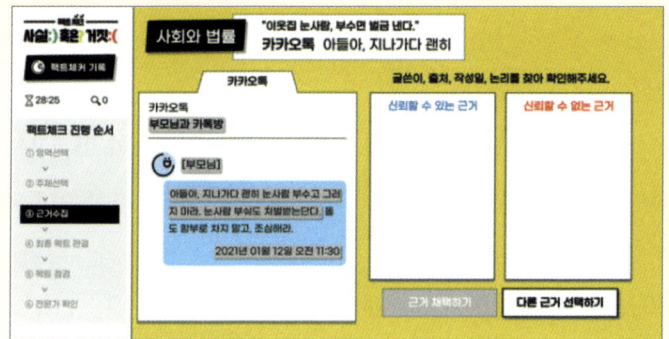

'팩트체크(fcainse.kr)'는 정보를 비판적으로 사고할 수 있도록 도와주는 온라인 사이트입니다. '팩트체커'라는 신분을 부여하면서 시작되며 인터넷에 떠도는 정보 중에서 가짜 뉴스를 골라 내야 합니다. 이 과정에서 카카오톡, 페이스북, 인스타그램, 유튜브 등 실제 인터넷 환경이 유사하게 구현되고 시각적인 이미지와 텍스트를 적절하게 배합해 읽을거리 역시 풍부하게 담았습니다. 체험 결과는 별도의 결과지로 제공되어 자신에게 부족한 디지털 리터러시 능력이 무엇인지 파악할 수 있습니다.

디지털 시민교육 게임인 '인터랜드(https://beinternetawesome.withgoogle.com/ko_kr/interland)'에서는 신중하게 공유하는 방법을 알 수 있는 '명상의 산', 거짓 정보를 구별하는 '현실의 강', 친절하게 행동하는 '친절 왕국', 개인 정보를 보호하는 '보물 탑' 등의 콘텐츠를 통해 체험하고 학습할 수 있습니다.

006 클라우드 컴퓨팅 서비스*

클라우드 컴퓨팅(Cloud Computing) 서비스는 인터넷을 통해 데이터의 저장, 관리, 처리 및 분석을 제공하는 기술입니다. 물리적인 서버나 저장장치를 소유하지 않고 원격으로 접근할 수 있습니다. 클라우드 컴퓨팅의 '클라우드(Cloud)'는 컴퓨터네트워크를 나타내는 그래픽에서 유래되었습니다. 과거 인터넷이나 네트워크를 나타내기 위해 구름 모양의 아이콘이 사용되었고, 이에 따라 클라우드라는 용어가 시작되었습니다.

클라우드 컴퓨팅 서비스는 1960년대 대형 컴퓨터를 여러 사용자가 공유하는 형태에서 시작하여 2000년대 초반 인터넷의 발전과 함께 데이터 저장 및 처리의 필요성이 증가하면서 개념이 확립되었습니다. 주변에서 쉽게 볼 수 있는 클라우드 컴퓨팅 기술로는 구글의 '드라이브(Google Drive)', 애플의 'iCloud', 마이크로소프트의 '원드라이브(OneDrive)'와 '애저(Azure)', '아마존웹서비스(AWS)' 등이 있습니다.

구글 클라우드   마이크로소프트 애저   아마존웹서비스

클라우드 컴퓨팅 서비스의 장점

1. 접근성: 언제 어디서나 인터넷만 있으면 데이터를 확인하고 수정할 수 있습니다. 예를 들어, 학교에서 작성한 과제를 집에서도 쉽게 열어 볼 수 있습니다.
2. 저장 공간: 큰 용량의 데이터를 저장할 수 있게 해줍니다. 스마트폰의 사진이

나 동영상을 클라우드에 저장하면 기기의 저장 공간을 절약할 수 있습니다.

3 **협업**: 친구들과 함께 프로젝트를 할 때 실시간으로 작업을 공유하고 수정할 수 있습니다. 구글 문서와 같은 도구를 사용하면 각자 다른 장소에서도 동시에 작업할 수 있어 매우 편리합니다.

4 **비용 절감**: 복잡한 하드웨어를 구매할 필요가 없습니다. 필요한 만큼의 서비스만 사용하고 비용을 내면 되기 때문에 경제적입니다.

5 **자동 백업**: 자동으로 백업이 이루어져, 혹시라도 컴퓨터나 스마트폰이 고장나더라도 중요한 자료를 잃지 않을 수 있습니다.

클라우드 컴퓨팅 서비스 사용 시 고려해야 할 점

클라우드 컴퓨팅 서비스는 많은 이점이 있지만, 보안 문제를 함께 고려해야 합니다. 데이터 유출, 해킹, 서비스 중단 등의 위험성이 존재하므로 클라우드 서비스를 사용할 때는 강력한 비밀번호 설정, 데이터 암호화, 정기적인 보안 점검과 백업 절차를 통해 보안을 강화해야 합니다.

클라우드 컴퓨팅 서비스 사용 시 고려해야 할 점

데이터 유출	클라우드에 저장된 데이터는 해커의 공격 대상이 될 수 있습니다. 만약 적절한 보안 조치가 이루어지지 않으면 개인 정보나 중요한 데이터가 유출될 위험이 있습니다.
접근 권한 관리	클라우드 컴퓨팅 서비스에 여러 사용자가 접근할 수 있는 경우, 누가 어떤 데이터에 접근할 수 있는지를 관리하는 것이 중요합니다. 잘못된 설정으로 인해 불필요한 사용자에게 민감한 정보가 노출될 수 있습니다.
서비스 중단	클라우드 서비스 제공자가 다운되거나 문제가 발생하면 사용자는 데이터에 접근할 수 없게 됩니다. 이에 따라 중요한 작업이나 서비스가 중단될 수 있습니다.
데이터 손실	클라우드 서비스에 데이터가 저장되더라도 기술적인 문제나 자연재해로 인해 데이터가 손실될 수 있습니다. 따라서 중요한 데이터는 여러 곳에 백업해 두는 것이 좋습니다.
암호화 부족	클라우드에 저장된 데이터가 암호화되지 않으면 해커가 데이터를 쉽게 읽을 수 있습니다. 데이터를 안전하게 유지하기 위해서는 암호화를 통해 보호하는 것이 중요합니다.

> **알면 플러스**   **최근 HOT한 클라우드 컴퓨팅 서비스, '노션'**
>
> '노션(Notion)'은 클라우드 기반의 올인원 워크 스페이스입니다. 메모, 문서 작성, 프로젝트 관리, 데이터베이스 구축 등 다양한 기능을 제공하여 개인과 팀이 효율적으로 협업할 수 있도록 돕습니다. 사용자 맞춤형으로 다양한 템플릿을 사용할 수 있으며 접근성이 좋습니다. 노션에 대해 더 알아보고 싶다면 오른쪽의 QR 코드를 찍어 보세요!
>
>

웨어러블 컴퓨터*

웨어러블 컴퓨터(Wearable Computer)는 몸에 착용할 수 있는 컴퓨팅 장치로 시계, 안경처럼 소형화되고 간편화되어 사람들이 쉽게 몸에 착용할 수 있는 형태로 되어 있습니다. 웨어러블 컴퓨터는 몸에 착용해야 하기에 유연성과 신축성, 전원 공급 기술, 탈부착 기술 등이 핵심 요소입니다. 특히 신체의 변화를 정확히 기록하고 이를 송수신하기 위해서는 신축성이 있는 무선 주파수 소자와 회로가 필요합니다. 웨어러블 컴퓨터는 이러한 기술을 바탕으로 사용자의 스마트폰과 무선으로 연동되어 사용자가 스마트폰을 손에 꼭 쥐고 있지 않아도 스마트폰에 있는 다양한 기능에 접근할 수 있게 합니다.

웨어러블 컴퓨터의 활용

글로벌 IT 기업들이 개발하는 액세서리 형태의 웨어러블 컴퓨터는 가장 대중화된 웨어러블 컴퓨터입니다. 대표적으로 삼성, 애플 등이 만든 무선 이어폰과 손목시계 형태의 스마트 워치, 안경 형태의 '구글 글라스(Glass)', 애플의 '비전 프로(Vision Pro)', 반지 형태의 '갤럭시 링(Galaxy Ring)' 등이 있습니다.

웨어러블 컴퓨터는 건강관리와 의료, 엔터테인먼트와 게이밍, 산업 및 군사용 등 다양한 분야에서 활용되고 있습니다. 기기를 몸에 부착하여 사용하기에 사용자의 신체 활동을 추적할 수 있어 건강관리 및 재활 치료 과정에서 활용되기도 합니다.

또한 가상현실(VR), 증강현실(AR) 기술과 결합되어 사용자를 가상 세계로 이끌어 실감나는 엔터테인먼트와 게임을 즐기는 데 활용되기도 합니다. 산업 분야에서는 안전하고 효율적인 생산 관리를 위해 사용되며, 군사 분야에서는 위치 추적과 실시간 정보 공유, 신체 상태 모니터링을 위해 사용되기도 합니다.

(출처: https://www.lgcns.com/blog/it-trend/22476)

웨어러블 컴퓨터의 예

> **생각해 보기** **웨어러블 컴퓨터와 헬스케어**
>
> 최근 떠오르는 분야인 헬스케어에 대해 이야기할 때 빠질 수 없는 기술이 웨어러블 컴퓨터입니다. 웨어러블 컴퓨터는 몸에 착용해 신체와 접촉되어 있어 심박수, 심전도, 혈중 산소포화도, 수면 패턴, 신체 운동량 등 사용자의 건강 상태를 실시간으로 모니터링하고 생활 패턴을 분석할 수 있습니다.
>
> 1. 웨어러블 컴퓨터를 헬스케어 분야에 활용할 때 어떤 장점이 있을까요?
> 2. 웨어러블 컴퓨터를 헬스케어 분야에 활용할 때 어떤 한계가 있을까요?

008 가상현실과 증강현실*

가상현실(VR)이란 특정한 장소나 상황을 실제로 존재하는 현실인 것처럼 구현하는 기술을 말합니다. 가상현실은 현실에서 경험하기 힘든 가상의 상황을 경험하게 해줍니다. 예를 들어, 실제 상황인 것처럼 전투기를 조종할 수 있게 하거나, 신체적 장애를 가진 사람에게 전 세계 관광지를 경험할 수 있게 해줍니다. 가상현실 기술은 360도의 3D 그래픽을 통해 시공간적인 제약을 넘어 마치 현실인 것처럼 가상의 상황을 제공하며, 고글이나 헤드셋 등 웨어러블 컴퓨터를 통해 사용자의 움직임에 따라 시선과 상황이 바뀌고 사용자가 오감을 느낄 수 있게 해줍니다.

증강현실(AR)이란 현실의 이미지나 배경에 3차원의 가상 이미지나 배경을 입히는 기술을 말합니다. 즉 현실 세계에 가상 콘텐츠를 결합시키는 기술입니다. 증강현실은 현실 세계와 가상 세계가 적절히 조화되는 기술이기 때문에 사용자가 실제 세계와 가상 세계가 분리되어 있다는 사실을 인지하지 못합니다.

가상현실과 용어가 혼동되어 사용되는 경우가 있는데, 가상현실과 증강현실은 엄연히 다른 용어입니다. 가상현실은 가상 공간을 기반으로 가상의 상황을 구현하는 기술이지만, 증강현실은 현실을 기반으로 가상의 정보가 추가되는 기술입니다. 따라서 가상현실은 가상의 공간과만 상호작용할 수 있어 사용자가 가상 세계에 몰입하게 해주며, 증강현실은 사용자가 실제 세계를 바탕으로 가상 상황에 대해 현실감을 느끼도록 해줍니다.

가상현실의 예
(출처: 워너브라더스의 '레디 플레이어 원')

증강현실의 예
(출처: '포켓몬고' 웹사이트)

> **알면 플러스** 혼합현실은 무엇일까?
>
> 혼합현실이란 현실 세계를 기반으로 가상현실을 접목시킨 기술입니다. 현실 세계와 가상 세계의 정보를 결합해 두 세계가 융합된 공간을 구현해 냅니다. 혼합현실은 가상현실의 몰입도와 증강현실의 현실감을 모두 느낄 수 있다는 장점이 있습니다. 증강현실처럼 현실 세계를 기반으로 가상의 콘텐츠를 접목시키는 기술이지만, 혼합현실에서는 증강현실에서와 달리 가상의 콘텐츠와 상호작용하고 피드백을 주고받을 수 있습니다.

혼합현실의 예(출처: 애플코리아)

메타버스*

메타버스(Metaverse)는 현실 세계와 가상 세계가 융합된 디지털 공간을 의미합니다. 사용자들은 아바타를 통해 이 공간에 참여하여 소통하고 활동하며 다양한 경험을 할 수 있습니다. 메타버스는 단순한 가상현실(VR) 게임을 넘어 사회적 상호작용, 경제활동, 교육 등 다양한 분야에서 활용되고 있습니다.

소셜 네트워킹의 진화

메타버스는 사용자들이 가상 공간에서 친구와 만나고 소통할 수 있는 새로운 방법을 제공합니다. 예를 들어, 사용자들은 가상 회의에 참석하거나 콘서트와 같은 이벤트에 참여하여 서로의 경험을 공유할 수 있습니다. 이러한 소통 방식은 지리적 제약을 없애고, 전 세계 사람들과 더 쉽게 연결될 수 있도록 합니다.

메타버스 플랫폼 '스파셜(Spatial)'
(출처: Spatial 홈페이지)

경제활동의 새로운 장

메타버스 내에서는 가상의 자산과 경제활동이 이루어집니다. 사용자들은 가상 아이템을 사고팔거나, 가상 부동산을 소유할 수 있습니다. 이러한 경제활동은 새로운 직업 기회를 창출하고, 창작자들이 자신의 작품을 수익화할 수 있는 경로를 제공합니다. NFT(대체 불가능한 토큰)와 같은 기술은 메타버스에서의 자산 소유권을 명확히 하여 사용자들이 더욱 적극적으로 참여할 수 있게 합니다.

'크립토펑크(CryptoPunks)' 앱
(출처: 'CryptoPunks' 앱)

대표적인 메타버스 플랫폼

1. 네이버 제페토(ZEPETO): 사용자가 자신만의 아바타를 만들어 다양한 가상 세계를 탐험할 수 있는 플랫폼입니다. 친구들과 소통하고, 다양한 게임과 콘텐츠를 즐길 수 있으며, 다양한 사용자 제작 콘텐츠를 경험할 수 있습니다. 특히 디자인 요소가 풍부하여 창의성을 발휘할 수 있는 기회를 제공합니다.

2. ZEP: 교육과 소통을 중심으로 한 메타버스 플랫폼입니다. 학생들은 가상 공간에서 실시간으로 모임을 하거나 수업을 들을 수 있으며, 다양한 활동을 통해 협업 능력을 키울 수 있습니다. 사용자가 자유롭게 공간을 꾸밀 수 있어 자신만의 독특한 환경을 만들어 볼 수 있습니다.

3. 로블록스(Roblox): 게임 제작과 플레이가 중심인 메타버스 플랫폼입니다. 학생들은 다양한 게임을 즐기고, 자신만의 게임을 만들어 공유할 수 있습니다. 프로그래밍과 디자인을 배우는 데 유용하며, 친구들과의 협력과 경쟁을 통해 사회적 상호작용을 경험할 수 있습니다.

4. 개더타운(Gather): 아바타를 통해 가상 공간에서 소통하는 플랫폼으로, 주로

회의와 모임에 적합합니다. 학생들은 다양한 테마의 방에서 친구들과 대화하고 협업 프로젝트를 진행할 수 있습니다. 직관적인 인터페이스 덕분에 사용이 간편하며, 다양한 팀 활동을 지원합니다.

5 제프 월드(JEFF World): 교육적 요소가 강화된 메타버스 플랫폼으로, 다양한 학습 콘텐츠와 활동을 제공합니다. 학생들은 가상 교실에서 수업을 듣고, 퀴즈나 게임을 통해 학습 내용을 복습할 수 있습니다. 제프 월드는 협력적 학습 환경을 조성하여 학생들의 참여를 유도합니다.

> **알면 플러스** | **메타버스의 역사**
>
> - **'메타버스' 용어의 탄생 (1992년)**
>   닐 스티븐슨의 소설 《스노우 크래시》에서 '메타버스'라는 용어가 처음 등장했습니다. 이 소설에서는 사람들이 가상 세계에서 아바타를 통해 상호작용하는 모습을 그렸습니다.
>
> - **가상 세계의 발전 (1990년대 중반~2000년대 초반)**
>   1996년에 '루니버스'와 같은 가상 세계가 등장했고, 사용자들이 아바타를 통해 서로 소통할 수 있는 공간이 생겼습니다. 2003년에 출시된 '세컨드 라이프'라는 플랫폼은 사용자들이 가상 세계에서 경제활동을 하며 커뮤니티를 형성할 기회를 제공했습니다. 이 플랫폼은 메타버스의 초기 모델로 여겨집니다.
>
> - **소셜 미디어와 게임의 융합 (2000년대 중반~2010년대 초반)**
>   '페이스북'과 같은 소셜 미디어가 등장하면서 소셜 게임(예: 팜빌)이 인기를 끌었습니다. 이러한 게임은 사용자 간의 상호작용을 강화했습니다. '월드 오브 워크래프트'와 같은 대규모 다중 사용자 온라인 롤플레잉 게임(MMORPG)은 많은 사용자가 동시에 가상 세계에서 활동하는 경험을 제공합니다.
>
> - **메타버스의 재조명, NFT와 가상 자산의 부상 (2010년대 중반~현재)**
>   최근 몇 년 동안 NFT(대체 불가능한 토큰)가 유행하면서 메타버스 내에서의 경제활동이 활발해졌습니다. 사용자들은 디지털 아트, 게임 아이템 등을 구매하고 거래할 수 있게 되었습니다.

010
5세대 이동통신 기술(5G)*

5세대 이동통신 기술(5G: Fifth Generation Technology Standard)은 2018년부터 채용되어 현대 통신 기술의 발전을 이끄는 핵심 요소로 자리 잡았습니다. 이전 세대인 4G LTE에 비해 현저히 향상된 데이터 전송 속도, 낮은 지연 시간, 그리고 대량의 기기 연결이 가능합니다.

5G는 최대 20Gbps의 속도로 데이터를 전송할 수 있어 대용량 파일 다운로드와 스트리밍 서비스를 획기적으로 개선합니다. 예를 들어, HD 영화 한 편을 몇 초 만에 다운로드할 수 있습니다. 또한 약 1밀리초(ms)의 낮은 지연 시간으로 기계 간에 데이터 교환을 빠르게 할 수 있어 더욱 안전하고 효율적인 시스템을 구축합니다. 더불어 동시에 수많은 IoT 기기가 연결될 수 있도록 설계되어 스마트 홈, 스마트 시티 등을 구현할 수 있습니다.

5G의 주파수 대역대와 네트워크 슬라이싱

5G는 새로운 주파수 대역인 **밀리미터파(mmwave)**를 사용합니다. 밀리미터파는 전자기 스펙트럼의 한 부분으로, 주파수가 30GHz에서 300GHz 사이의 파장을 가진 전파를 의미합니다. 이 범위의 파장은 약 1mm에서 10mm 사이입니다. 일반적으로 우리가 사용하는 와이파이(Wi-Fi)나 4G LTE는 밀리미터파보다 낮은 주파수를 사용합니다. 이처럼 밀리미터파는 높은 주파수를 가지고 있어 데이터 전송량이 많고 빠르다는 장점이 있지만, 단점도 있습니다. 주파수의 거리가 짧고 장애물에 잘 막힙니다. 따라서 5G의 원활한 이용을 위해서는 소형 기지국을 많이 설치해야 합니다.

네트워크 슬라이싱은 5G 기술의 중요한 요소로, 다양한 서비스와 애플리케이션의 요구에 맞춰 최적화된 네트워크를 제공합니다. 네트워크 슬라이싱은 하나의 물리적 네트워크를 여러 개의 가상 네트워크로 나누어 각기 다른 맞춤형 서비스를 제공하는 기술입니다. 예를 들어, 학교에서 여러 학생이 동시에 인터넷을 사용할 때 각 학생에게 필요한 만큼의 속도와 연결을 제공할 수 있습니다. 이렇게 하면 서로 방해받지 않고 각자의 필요를 충족할 수 있습니다.

알면 플러스 1G부터 6G까지

	1G	2G	3G	4G	5G	6G
주요 특징	아날로그 통신	디지털 통신	고속 데이터 전송	초고속 데이터 전송	초고속, 초저지연, 대규모 연결	위성통신 시스템
출시 시기	1980년대 초반	1990년대 초반	2000년대 초반	2010년대 초반	2010년대 초반	(예정)
주요 기술	아날로그 전화 시스템	GSM, CDMA	UMTS, HSPA	LTE, LTE-Advanced	mmWave, Massive MIMO, 네트워크 슬라이싱	
속도	최대 2.4kbps	최대 64kbps	최대 2Mbps (기본 속도), 14Mbps (HSPA)	최대 100Mbps (이동 중), 1Gbps (정지 상태)	최대 10Gbps 이상	1Tbps
특징	·기본적인 음성통화 서비스 제공 ·아날로그 기술로 인한 불안정한 통화 품질 ·낮은 보안성	·통화 품질 개선 ·문자메시지와 같은 데이터 서비스 추가 ·보안성과 배터리 효율성 개선	·웹 브라우징, 이메일, 멀티미디어 콘텐츠 전송 등의 서비스 활성화 ·다양한 애플리케이션의 등장	·HD 비디오 스트리밍과 같은 고용량 데이터 서비스 가능 ·VoLTE(Voice over LTE) 기술을 통해 고음질 음성통화 가능	·자율주행차, IoT, 가상현실(VR) 등 다양한 서비스 지원	·인공위성을 기지국으로 사용하여 해상과 항공에서의 자유로운 통신 가능

011 저작물 이용 허락 표시 (CCL)*

저작물 이용 허락 표시(CCL: Creative Commons License)는 창작자가 자신의 저작물을 어떻게 사용할 수 있는지를 스스로 정할 수 있도록 도와주는 시스템으로, 다양한 라이선스 옵션을 제공합니다. 이를 통해 사용자와 창작자 간의 원활한 소통을 지원하고, 저작물의 공유와 재사용을 촉진합니다. CCL을 사용하는 창작자는 자신의 저작물이 상업적으로 이용되거나 수정되는 것을 허용할지, 아니면 특정 조건을 붙일지를 자유롭게 결정할 수 있습니다. 이러한 방식은 저작물의 사용을 더 자유롭고 투명하게 만들어 주며, 창작자와 사용자가 서로의 권리를 존중할 수 있도록 합니다. CCL은 다음과 같이 표기할 수 있습니다.

> 저작물명: OOOOO, 저작자명: 홍길동, 출처: 공유마당*, CCL 조건: CC BY
>
> *공유마당(https://gongu.copyright.or.kr/gongu/main/main.do): CCL 저작물들이 공유되어 있는 사이트입니다. 다양한 이미지, 영상, 음악, 폰트 등의 저작물을 CCL 표기 조건에 맞게 사용할 수 있습니다.

CCL의 4가지 기본 원칙

1. 저작자 표시(BY, 혹은 Attribution): 저작물·저작자명, 출처, CCL 조건을 반드시 표시해야 합니다.
2. 비영리 목적(NC: Noncommercial): 영리 목적으로 사용할 수 없으며, 영리 목적의 이용을 위해서는 저작권자와 별도의 계약이 필요합니다.
3. 변경 금지(ND: No Derivative Works): 저작물을 변경하거나 저작물을 이용하여 새롭게 저작물(번역·편곡·변형·각색·영상 제작 등의 2차적 저작물)로 제작하는 것을 금지합니다.
4. 동일 조건 변경 허락(SA: Share Alike): 저작물을 이용하여 새롭게 저작물(번

역·편곡·변형·각색·영상 제작 등의 2차적 저작물)을 제작하는 것은 허용하되, 새로운 저작물에 원 저작물과 동일한 라이선스를 적용해야 합니다.

CCL의 6가지 유형

라이선스	문자 표기	이용 조건
	CC BY (저작자 표시)	저작물 · 저작자명 및 출처, CCL 조건만 표시한다면 제한 없이 자유롭게 이용할 수 있습니다.
	CC BY NC (저작자 표시-비영리)	저작물 · 저작자명 및 출처, CCL 조건을 표시하면 자유롭게 이용할 수 있지만, 상업적으로는 이용할 수 없습니다. 상업적 이용을 원하면 저작권자와 별도의 계약이 필요합니다.
	CC BY ND (저작자 표시-변경 금지)	저작물 · 저작자명 및 출처, CCL 조건을 표시하면 자유롭게 이용할 수 있습니다. 다만, 저작물을 변경하거나 저작물을 이용하여 2차적 저작물을 제작하는 것을 금지합니다.
	CC BY SA (저작자 표시-동일 조건 변경 허락)	저작물 · 저작자명 및 출처, CCL 조건을 표시하면 자유롭게 이용할 수 있습니다. 다만, 저작물을 이용하여 2차적 저작물을 제작하는 것은 허용하되, 새로운 저작물에 원 저작물과 동일한 라이선스를 적용해야 합니다.
	CC BY NC SA (저작자 표시-비영리-동일 조건 변경 허락)	저작물 · 저작자명 및 출처, CCL 조건을 표시하면 자유롭게 이용할 수 있지만, 상업적으로는 이용할 수 없습니다. 상업적 이용을 원하면 저작권자와 별도의 계약이 필요합니다. 또한 저작물을 이용하여 2차적 저작물을 제작하는 것은 허용하되, 새로운 저작물에 원 저작물과 동일한 라이선스를 적용해야 합니다.
	CC BY NC ND (저작자 표시-비영리-변경 금지)	저작물 · 저작자명 및 출처, CCL 조건을 표시하면 자유롭게 이용할 수 있지만, 상업적으로는 이용할 수 없습니다. 상업적 이용을 원하면 저작권자와 별도의 계약이 필요합니다. 또한 저작물을 변경하거나 저작물을 이용하여 2차적 저작물을 제작하는 것을 금지합니다.

(출처: 한국저작권위원회)

| 알면 플러스 | 크리에이티브 커먼즈 코리아(Creative Commons Korea) |

CCL에 대해 더 알고 싶다면 크리에이티브 커먼즈 코리아의 웹사이트(https://ccl.cckorea.org)에 들어가 보세요. '01. CC 라이선스 소개'에서는 동영상과 만화로 알아보는 CCL의 탄생 배경과 적용 사례를 알 수 있으며, '02. CC 라이선스 적용'에서는 네이버 및 다음 블로그, 2차 저작물 등에 어떻게 적용할 수 있는지를 알 수 있습니다. '03. CC 라이선스 콘텐츠 이용'에서 출처 표시 가이드와 CC 라이선스 콘텐츠도 찾아보세요.

(출처 : https://ccl.cckorea.org/ 홈페이지)

012 소프트웨어 라이선스*

소프트웨어 라이선스(Software License)는 소프트웨어의 사용, 배포, 수정 등에 대한 법적 권리를 명시한 계약입니다. 이는 소프트웨어 개발자와 사용자 간의 권리와 의무를 정리하여 소프트웨어의 올바른 사용을 보장하고 저작권을 보호하는 역할을 합니다. 소프트웨어 라이선스는 다양한 종류가 있으며, 각 라이선스는 조건과 제한이 각기 다릅니다.

소프트웨어 라이선스는 저작권 보호를 위한 필수 요소입니다. 개발자는 자신의 창작물을 보호하고, 사용자는 소프트웨어를 어떻게 사용할 수 있는지에 대한 명확한 지침을 받습니다. 이를 통해 소프트웨어의 불법 복제와 무단 사용을 방지하고, 개발자에게는 경제적 이익을 제공하며, 사용자에게는 법적 안전성을 제공합니다.

소프트웨어 라이선스의 종류

소프트웨어 라이선스는 크게 두 가지 범주로 나눌 수 있습니다. 상업적 라이선스와 오픈 소스 라이선스입니다.

상업적 라이선스

1. **독점 라이선스**: 소프트웨어의 모든 권리를 개발자가 보유하며, 사용자는 특정 조건으로 소프트웨어를 사용할 수 있습니다. 일반적으로 사용자는 소프트웨어를 구매하고, 라이선스 계약에 동의해야 합니다.
2. **서브스크립션 라이선스**: 사용자가 일정 기간 소프트웨어를 사용할 수 있도록 하는 라이선스입니다. 사용자는 정기적으로 요금을 지불하며, 사용 기간 동안 소프트웨어의 업데이트와 지원을 받을 수 있습니다.

오픈 소스 라이선스

1. GPL(General Public License): 사용자가 소프트웨어를 자유롭게 사용할 수 있으며 수정 및 재배포도 가능하지만, 수정된 소프트웨어도 동일한 라이선스 조건으로 배포해야 합니다.
2. MIT 라이선스: 매우 간단하고 유연한 라이선스로, 소프트웨어를 자유롭게 사용할 수 있으며, 수정 및 배포가 가능합니다. 단, 원 저작자를 명시해야 합니다.
3. 아파치(Apache) 라이선스: 소프트웨어의 사용, 수정, 재배포를 허용하며, 특허 권리에 관한 조항이 포함되어 있습니다. 사용자에게 법적 보호를 제공합니다.

알면 플러스 | MS 윈도, 오피스의 소프트웨어 라이선스

마이크로소프트(MS)는 세계적으로 유명한 소프트웨어 제품인 윈도(Windows)와 오피스(Office)를 제공합니다. 이들 소프트웨어는 상업적 라이선스에 따라 제공되며, 사용자는 정품 인증을 통해 합법적으로 사용해야 합니다.

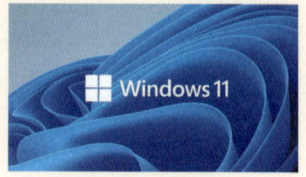

윈도11(출처: MS)

위반 내용	법적 결과
한 소규모 IT 회사가 MS의 소프트웨어를 정품으로 구매하지 않고 불법 복제하여 사용했습니다. 이 회사는 여러 대의 컴퓨터에 MS 소프트웨어를 설치했으며, 이를 통해 비즈니스를 운영했습니다.	MS는 해당 IT 회사를 조사하여 라이선스 위반 사실을 확인했습니다. 결과적으로 이 회사는 법적 조치를 당해 높은 금액의 벌금과 함께 소프트웨어 사용 중단 명령을 받았습니다. 이 사례는 소프트웨어 라이선스 위반이 개인이나 기업의 신뢰도와 명성에 얼마나 큰 영향을 미칠 수 있는지를 보여 줍니다.

소프트웨어 라이선스 위반의 예

013 블록체인과 가상 자산**

가상 자산이란 실물 없이 사이버상에서 거래되는 전자화폐입니다. 초창기에는 각국에서 **전자화폐**나 **암호화폐**로 불렸는데, 최근에는 화폐의 성격이 없다는 점을 강조하기 위해 '가상 자산'이라는 용어로 통일되고 있습니다.

비트코인의 등장

오프라인에서는 추적이 가능한 신용카드와 추적이 어려운 현금 모두를 사용할 수 있는 것과 달리, 온라인에서는 추적이 가능한 신용카드만 사용할 수 있으며, 금융기관을 거친 결제만 할 수 있었습니다. 금융기관을 통한 전자화폐만 사용되던 중 사토시 나카모토라는 익명의 일본인이 온전한 개인 대 개인 결제를 지원하는 전자화폐인 **비트코인**을 개발하였습니다. 이러한 통화 시스템은 블록체인 기술을 사용하여 금융기관의 개입을 없애 추적이 불가능하고 익명 거래가 가능합니다. 마치 온라인상의 현찰처럼 사용할 수 있습니다.

가상화폐의 등장은 기존의 금융 시스템에 혁명을 가져와 새로운 화폐 체계를 제시하였습니다. 블록체인 기술을 사용하는 전자화폐도 있고 사용하지 않는 전자화폐도 있으며, 화폐에 원·달러·유로 등이 있는 것처럼 가상화폐에도 비트코인·이더리움·리플 등 여러 종류가 있습니다.

블록체인 기술

블록체인 기술은 쉽게 말해 분산 데이터 저장 방식을 말합니다. 즉 정보를 하나의 서버에 모두 저장해 두는 것이 아니라 거래 내역이 저장되어 있는 거래 기록 묶음인 블록이 모든 사용자에게 똑같이 전송되어 분산 저장하는 기술입니다. 따라서 데이터를 마음대로 변경하거나 누락시킬 수 없으며, 누구나 변경된 데이터를 볼 수 있어 데이터에 대한 제어권이 분산되어 있습니다. 분산형 공공 거래 장부인 셈입니다.

블록체인은 시간 순서대로 연결된 데이터 블록으로 구성되어 각 블록이 사슬처럼 연결되어 있고, 각 블록에는 앞의 수학적 알고리즘에 의해 형성된 해시(Hash)라는 고유의 암호가 포함되어 있습니다. 그렇기에 블록체인 기술은 위조와 변조를 방지할 수 있으며, 보안성과 데이터의 투명성이 높아 위조 전자화폐를 관리할 수 있습니다.

채굴

종이 지폐를 보면 위조 방지 기술이 지폐에 들어가 있어 복제가 쉽지 않습니다. 이와 달리 가상화폐는 디지털 화폐이므로 디지털 속성에 따라 복제가 쉬워 위조가 더 수월합니다. 따라서 블록체인 기술을 바탕으로 모든 사용자가 위조 전자화폐를 감시하도록 설계되어 있습니다. 사용자의 컴퓨터에 깔려 있는 블록체인 프로그램이 인터넷을 모니터링하며 위조 화폐 목록을 작성하는데, 사용자 컴퓨터마다 목록이 다를 수 있으므로 10분마다 목록을 일치시키는 투표를 진행합니다. 이러한 투표는 프로그램이 자동으로 진행하지만, 사용자가 컴퓨터를 항상 켜놓아야 한다는 단점이 있습니다. 사용자들이 컴퓨터를 켜서 블록체인 프로그램이 작동하도록 동기 부여를 두는데 그것이 인센티브를 제공하는 것입니다. 10분마다 가장 빠르고 정확하게 수학 문제를 풀어 위조 화폐 목록을 작성하고 투표를 진행한 컴퓨터를 뽑아 그 컴퓨터에 비트코인을 제공합니다. 이렇게 비트코인을 제공받는 것을 **채굴(mining)**이라고 지칭합니다. 사용자들은 채굴을 위해 컴퓨터의 성능을 끌어올려 더 빨라질 수 있도록 경쟁하게 됩니다. 다만, 비트코인은 유통량이 2,100만 개로 정해져 있어 인센티브로 발행되는 코인의 양이 줄어들고 있습니다.

> **생각해 보기**   **가상 자산의 한계는 무엇일까?**
>
> 최근 가상 자산이 진정 화폐의 기능을 하는지에 대한 의문이 많이 제기되고 있습니다. 비트코인이나 이더리움과 같은 가상 자산으로 결제할 수 있는 온·오프라인 가게가 많아지고 있으나, 가상 자산의 가격 변동성이 커 하루 사이 몇 배로 가격이 급등하거나 급락하기 때문에 결제 수단으로 쓰기보다 금이나 주식과 같은 투자 종목으로 여겨지고 있습니다.
>
> **1.** 이 외에 가상 자산의 한계는 또 무엇이 있을까요?
> **2.** 가상 자산의 전망은 어떨까요?

014 대체 불가능한 토큰(NFT)**

대체 불가능한 토큰(NFT: Non-Fungible Token)은 교환과 복제가 불가능하여 고유성과 희소성을 지니는 블록체인 기반의 토큰입니다. 간단히 NFT라 불립니다. 토큰이란 어떤 것을 대신하여 지불할 수 있는 징표입니다. 예를 들어, 기프티콘이 토큰이라고 할 수 있습니다. 일종의 징표인 기프티콘을 지불하여 상품을 얻을 수 있기 때문입니다.

NFT는 복제가 불가능해 대체 불가한 고유성이 있는 토큰이지만, 같은 블록체인 기반의 시스템인 가상 자산은 코인끼리 서로 대체가 가능합니다. 또한 거래소에서 코인을 사고팔 때 원본인지 확인하지 않는 가상 자산과는 달리 NFT는 디지털상에서 고유하고 희소한 가치를 가진 자산이며 디지털 음악, 비디오 클립, 사진, 글 한 줄도 NFT로 만들어 고유 가치를 부여할 수 있습니다.

NFT 유형

NFT는 예술적 가치를 갖는 디지털 아트로 만들어지는 경우가 많습니다. 원작자는 디지털상에서 예술 작품에 고유성을 부여하고 해당 작품의 소유권을 팔 수 있습니다. 인터넷에 돌아다니는 이미지 파일과 NFT 아트가 다른 점은 일반 이미지 파일은 원작자가 아니어도 복제와 변형이 쉽지만, NFT는 블록체인 기술을 기반으로 디지털 자산에 소유권이 표시되어 있기 때문에 복제와 변형이 어렵고 원본을 명확히 구분할 수 있습니다.

예를 들어, 모나리자 이미지 파일은 누구나 가질 수 있고 얼마든지 복제나 변형이 가능하기 때문에 이미지 파일 자체에 가치를 매겨 원본을 따지지 않습니다. 그러나 NFT는 블록에 이미지의 고윳값을 넣어 원본의 소유자가 누구인지 사용자들에게 공개되므로 소유자권을 명확히 하고 원본을 구분할 수 있습니다.
NFT는 예술 작품 외에도 프로필 사진(PFP), 게임이나 메타버스상의 아이템, 부동산, 공연 티켓, 입장권, 음악 등 여러 형태로 존재합니다. NFT는 가상 자산의 지갑과 연동되어 가상 자산으로 사고팔 수 있으며, NFT의 가격은 가상 자산과 마찬가지로 변동성이 있어 처음 원작자가 5코인에 소유권을 팔았더라도 해당 NFT의 가치가 상승하면 소유자가 100코인으로 소유권을 되팔 수도 있습니다. 대표적인 해외 NFT 플랫폼으로는 '오픈씨(OpenSea)', '크립토닷컴(Crypto)', '니프티 게이트웨이(Nifty Gateway)' 등이 있고, 국내 NFT 플랫폼으로는 '업비트(upbit) NFT' 등이 있습니다.

NTF의 예

알면 플러스 NFT 시장 전망

NFT 시장은 등장과 함께 크게 각광받았으나, NFT가 자금 세탁과 사기 위험성이 높고 범죄에 이용될 가능성이 크다는 의견이 많았습니다. 실제로 NFT 관련 사기 범죄와 해킹으로 인한 NFT 탈취 사건 등이 일어나고, 소장 가치가 떨어져 보이는 NFT가 고가에 거래되는 경우가 많아지면서 가격 거품 논란이 더해져 NFT 시장에 대한 신뢰도가 크게 하락했습니다. 그러나 점차 다양한 분야에 NFT가 진출하고 블록체인 기술이 더 발전한다면 NFT 시장이 회복될 것이라는 전문가들의 의견이 많습니다.

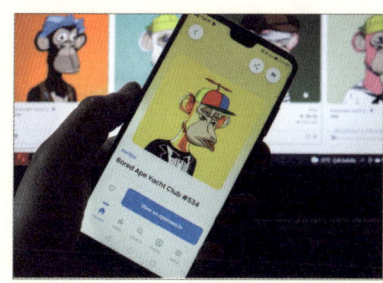

원숭이 NFT. 6억까지 올라갔던 원숭이 NFT의 가격은 NFT 시장의 하락세와 함께 90%나 가격이 떨어졌다.

핀테크*

금융에 기술이 더해진, 핀테크

핀테크(Fintech)는 '금융(Financial)'과 '기술(Technique)'을 합친 용어로, 돈과 관련된 여러 가지 기술을 의미합니다. 예를 들어, 스마트폰으로 물건을 사거나 친구에게 돈을 보내는 모바일 결제, 개인의 자산 관리를 도와주는 앱, 여러 사람의 돈을 모아 프로젝트를 지원하는 크라우드 펀딩 등이 핀테크에 해당합니다. 예전에는 은행에 가서 해야 했던 일들이 이제는 ATM이나 인터넷뱅킹, 모바일뱅킹을 통해 쉽게 할 수 있게 되었습니다.

기술 플랫폼이 만든 새로운 금융, 테크핀

테크핀(Techfin)은 '기술(Technology)'과 '금융(Finance)'을 합친 용어로, 주로 기술 회사가 금융 서비스를 제공하는 경우를 말합니다.
테크핀이라는 용어는 2016년 알리바바(Alibaba)의 마윈 회장에 의해 최초로 사용되었습니다. 한 세미나에서 그는 "핀테크는 기존 금융 시스템을 채택해 기술을 개선하는 반면, 테크핀은 그 금융 시스템을 기술로 새롭게 구축하는 것이다."라고 언급했습니다.

핀테크와 테크핀은 주도하는 주체로 구분할 수 있습니다. 예를 들어, 은행이나 카드사 같은 전통적인 금융기관이 모바일뱅킹이나 송금 서비스를 만들면 핀테크라고 하고, 네이버페이·카카오페이·삼성페이처럼 IT 기업이 기술을 활용해 금융 서비스를 만들면 테크핀이라고 할 수 있습니다. 테크핀은 많은 사용자 데이터를 가지고 있고, 빅데이터와 인공지능(AI) 같은 기술을 활용해 데이터를 분석하는 능력이 뛰어납니다. 그래서 기존의 핀테크와는 다른 점이 많습니다. 이렇게 핀테크와 테크핀은 돈과 기술의 만남을 통해 더 편리한 금융 서비스를 만들어 줍니다.

핀테크와 테크핀의 비교

	핀테크	테크핀
사업 주체	금융회사	IT 기업
서비스	금융 서비스를 웹 또는 모바일을 통해 제공	모바일 사용자에게 맞춤화된 금융 서비스 제공
서비스 예시	인터넷뱅킹, 모바일뱅킹, 간편 송금 등	데이터 분석을 통한 맞춤형 자산 관리 등
고객 데이터 출처	예·적금, 대출 등 은행 고객 데이터	메신저, 검색, 통신 가입자 등의 데이터
경쟁력	금융업의 노하우와 높은 신뢰도	빅데이터, AI, 블록체인 등 첨단 기술

> 알면 플러스 **핀테크 규제 샌드박스**

핀테크는 우리의 금융 생활을 편리하게 만들어 주는 중요한 서비스입니다. 하지만 많은 사람의 돈을 다루기 때문에 해킹이나 사기 등의 위험성이 있습니다. 따라서 안전하고 믿을 수 있는 서비스를 제공하기 위해서는 정부의 규제가 필요합니다. 이러한 규제는 사용자들을 보호하고, 핀테크 기업들이 더 안전하게 성장할 수 있는 기반을 마련해 줍니다.

금융위원회는 핀테크 기업들이 새로운 서비스를 실험할 수 있도록 규제 샌드박스를 제공하고 있습니다. 핀테크 규제 샌드박스는 새로운 금융 기술 서비스가 안전하게 실험될 수 있도록 만들어진 특별한 환경입니다. 이를 통해 스타트업이나 핀테크 기업이 혁신적인 아이디어를 테스트하고 발전시킬 수 있도록 지원합니다. 마치 어린이들이 놀이터에서 안전하게 놀 수 있도록 만들어진 공간과 비슷합니다. 이런 공간에서 핀테크 기업은 새로운 아이디어를 실험하고, 그 결과를 보고 규제를 어떻게 개선할 수 있을지 논의할 수 있습니다.

해킹(Hacking)은 프로그램 자체를 원래 제작자의 의도와 다르게 자기 마음대로 바꾸는 모든 행위를 의미합니다. 해킹에는 긍정적인 해킹도 있고 부정적인 해킹도 있으며, 불법적인 해킹을 크래킹(Cracking)이라고 부릅니다. 그러나 '크래킹'이라는 용어를 사용하기보다 대부분 '해킹'이라는 용어를 부정적인 의미로 인식하고 사용합니다. 따라서 일반적으로 해킹은 '컴퓨터 네트워크의 취약한 보안망에 불법적으로 접근하거나 정보 시스템에 유해한 영향을 끼치는 행위'를 의미합니다.

해킹의 유래

해킹은 메사추세츠 공과대학교(MIT) 동아리 모임에서 사용했던 '핵(Hack)'이라는 용어에서 유래되었습니다. 핵은 '작업 과정 자체에서 느껴지는 순수한 즐거움'의 뜻으로, 자신이 알고 있는 기술을 활용하여 벌이는 깜짝 장난을 의미합니다. 이러한 장난이 컴퓨터를 활용한 장난으로 바뀌었고, 컴퓨터를 활용해 장난을 벌이는 학생들이 스스로를 '해커'라고 이름 붙였습니다.

초기 해커들은 '정보만큼은 특정 단체의 독점 없이 모두가 공유할 수 있도록 하자.'라는 신념 아래 활동하였으며, 모든 프로그램의 소스가 공개되어야 한다고 믿었습니다. 그러나 인터넷의 보급이 확대되는 정보화 시대에 들어선 이후에는 세계 모든 정보가 인터넷을 거치면서 불법적인 의도로 해킹이 이루어지는 경우가 늘어났습니다. 현재는 해킹 범죄가 더욱 심각해지고 있을 뿐만 아니라, 개인 차원의 범죄를 넘어 국가 간의 해킹으로 확대되어 국가 간의 정보 전쟁이 되었습니다. 장난으로 시작된 해킹이 심각한 범죄로 발전된 것입니다.

해킹의 종류

해킹에는 스푸핑, 스니핑, 디도스 등 다양한 방법이 사용됩니다. **스푸핑**(Spoofing)은 A와 B가 정보를 주고받을 때 중간에서 A인 척 위장하여 B에 접근하는 공격입니다. IP 주소를 숨기고 정상적인 IP 주소로 위장하는 방법입니다. **스니핑**(Sniffing)은 네트워크상에서 주고받는 데이터를 훔쳐보며 취약점을 알아내는 방법입니다. 스푸핑에 비해 소극적인 방법입니다. **디도스**(DDos)는 분산 서비스 거부 공격으로 컴퓨터 여러 대로 공격 대상 서버의 트래픽을 폭주시켜 해당 서버를 마비시키는 사이버 테러 방법입니다. 디도스 공격을 위해서는 서버를 마비시킬 수 있을 정도의 많은 좀비 PC가 필요한데, 백신이 깔려 있지 않거나 백신 프로그램이 업데이트되어 있지 않은 컴퓨터가 좀비 PC의 대상이 됩니다.

최근에는 컴퓨터보다 스마트폰을 이용하는 해킹이 많아지고 있습니다. 스마트폰을 활용한 해킹 범죄 중 대표적인 것으로 스미싱이 있습니다. **스미싱**(Smishing)은 '문자메시지'를 뜻하는 SMS(Short Message Service)와 '사용자를 낚는다'는 의미의 Fishing의 합성어입니다. 스미싱은 문자메시지에 악성코드 설치를 위한 링크를 보내고, 사용자가 링크를 누르면 그 즉시 악성 앱을 설치하는 파일이 저장되거나 개인 정보 입력을 요구하는 가짜 사이트로 연결되는 방식입니다.

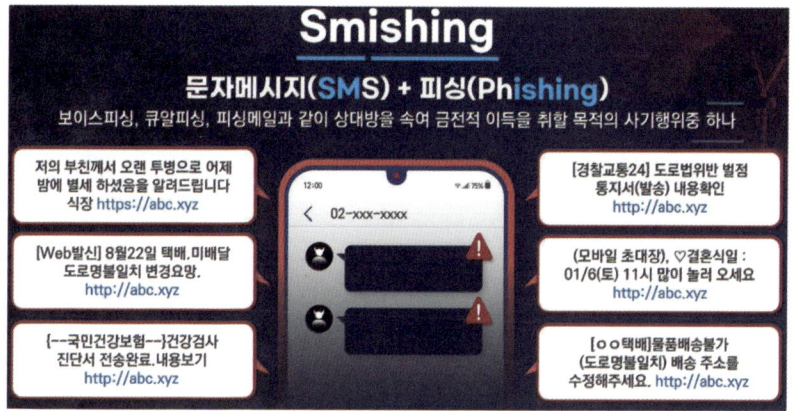

스미싱의 예(출처: 연합뉴스 https://www.yna.co.kr/view/AKR20240329124000017)

017
빅브라더*

빅브라더(Big Brother)는 개인의 사생활을 감시하는 상황 또는 정보의 독점으로 사회를 통제하는 관리 권력과 사회체계를 비유하는 말로, 영국의 소설가 조지 오웰의 소설 《1984년》에 등장하는 독재자 '빅 브라더'에서 유래된 용어입니다.

조지 오웰의 소설 《1984년》

소설 속 수수께끼의 독재자인 빅 브라더는 다양한 감시 장비를 통해 모든 사람을 실시간으로 지켜보고 개인의 생활과 정신까지 감시하며 사회를 통제합니다. 이에 빗대어 생긴 용어 '빅브라더'는 인터넷이 보급되고 SNS가 일상화되었으며 CCTV가 보편화된 정보화 사회에서 나도 모르는 사이 누군가가 나를 지켜보고 있을 수 있음을 시사합니다. 부정적인 의미로 쓰이는 용어이지만, 선의의 목적으로 사회를 돌보는 '보호적 감시'라는 긍정적인 의미로도 쓰입니다. 최근에는 빅브라더라는 용어를 제시하며 인공지능 시대, 초연결 사회에서 자주 발생하는 사생활 침해에 대해 지적합니다.

인공지능 기술이 보편화되면서 기업들은 더 똑똑한 인공지능을 만들기 위해 방대한 개인의 데이터를 확보하여 인공지능을 학습시키는 것이 중요해졌습니다. 따라서 기업들은 사용자에게 서비스를 제공하며 사용자들의 개인 정보 활용에 대한 동의를 얻습니다. 사람들은 서비스를 사용하는 대신 자신의 개인 정보를 기업에 건네주는 셈입니다. 이 과정에서 기업의 관리 부실로 인해 데이터가 유출되기도 하며, 생각지도 못한 곳에 개인 정보가 사용될 수도 있습니다.

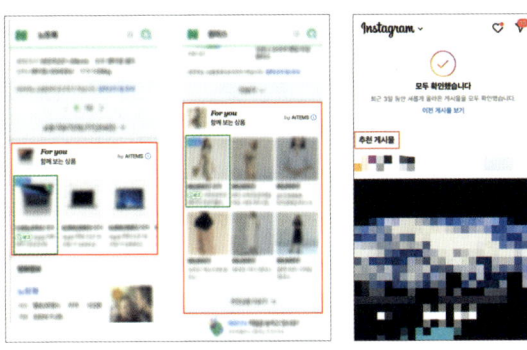

네이버 검색 광고(좌)와 SNS 추천 게시물(우)

사람들은 SNS를 통해 자신의 일상을 공유함으로써 사람들과 관계를 맺고 자신에 대해 표현할 수 있게 되었지만, 불특정 다수와 공유하기 때문에 개인 정보 유출로 인한 범죄의 타깃이 되기도 합니다. 또한 우리 주변 곳곳에 있는 CCTV와 차량 블랙박스는 사고나 범죄가 발생하였을 때 큰 도움을 주며 범죄를 예방하는 기능도 하지만, 언제 어디서나 나의 동의 없이 나를 찍고 있는 카메라가 있는 셈입니다. 초연결 사회에서는 사물과 환경, 사람이 모두 인터넷으로 연결되어 있어 편리성이 증대되었지만 동시에 사생활 보호, 개인 정보 보호가 매우 어려워지고 있습니다.

CCTV 감시

> **생각해 보기**
>
> 나의 검색 데이터를 활용한 맞춤형 광고와 추천 게시물은 개인 정보 침해의 결과일까요, 편리함 증대를 위한 자료일까요?

디지털 포렌식*

포렌식(Forensic)이란 고대 로마 시대의 포럼(Forum)이라는 라틴어에서 유래했으며 원래는 '법의학적인, 범죄 과학 수사의, 법정의, 재판에 관한'의 뜻을 가진 형용사입니다. 현대 사회에서 포렌식은 범죄에 대한 것을 밝혀 내기 위한 과학적인 수단과 방법으로 활용되고 있으며, 주로 디지털 포렌식(Digital Forensic)의 방식으로 큰 역할을 하고 있습니다.

디지털 포렌식이란 디지털 증거물을 분석하여 수사에 활용하고, 디지털 증거물의 증거 능력을 향상하기 위해 사용되는 특수한 과학 수사 기법을 총칭하는 용어입니다. 사건 현장 주위의 CCTV, 카드 사용 이력, 휴대폰 사용 기지국, PC방에서 접속한 온라인 게임 등 디지털 기기에 남아 있는 각종 메타데이터를 조사하여 사건을 규명하는 법과학 분야를 디지털 포렌식이라고 합니다. 최근 디지털 기기의 사용이 증가하면서 사이버 범죄와 디지털 사고가 빈번하게 발생하고 있습니다. 해킹, 데이터 유출, 사이버 괴롭힘 등 다양한 디지털 사건을 해결하기 위해 범죄의 증거를 확보하고 사건의 경위를 파악하는 디지털 포렌식이 필수로 요구되고 있습니다.

화이트 해커와 디지털 포렌식 전문가

화이트 해커와 디지털 포렌식 전문가는 모두 정보 보안 분야에서 중요한 역할을 하지만, 그들의 목적과 작업 방식은 다릅니다. 화이트 해커(White Hacker)는 해커들의 공격에 대항할 뿐만 아니라 보안 시스템의 취약점을 발견하여 사이버 공격을 예방하고 보안을 강화하는 일을 합니다. 따라서 화이트 해커는 디지털 기기에서 정보와 증거를 찾는 디지털 포렌식 전문가와는 다르다고 볼 수 있습니다.

화이트 해커와 디지털 포렌식 전문가의 비교

	화이트 해커	디지털 포렌식 전문가
목적	시스템 보안을 강화하고 사이버 공격을 예방하기 위해 활동합니다.	침투 테스트, 취약점 분석, 보안 교육 등을 통해 보안을 강화합니다.
작업 방식	침투 테스트, 취약점 분석, 보안 교육 등을 통해 보안을 강화합니다.	증거 수집, 데이터 분석, 법적 보고서 작성을 통해 사건을 조사합니다.
법적 성격	법적으로 허가된 범위 내에서 활동합니다.	법적 절차에 따라 작업하며, 수사 영장이나 동의가 필요합니다.

> **알면 플러스** **SNS에 올린 사진에 우리 집 주소가?: 메타데이터**

무심코 SNS에 올린 사진으로 집 주소가 유출될 수 있다는 사실을 알고 있나요? 메타데이터는 데이터를 설명하는 데이터로, 다른 데이터에 대한 정보를 제공하며 디지털 포렌식에서 매우 중요한 역할을 합니다. 예를 들어, 사진 파일의 메타데이터에는 촬영 날짜, 카메라 모델, 위치 정보 등이 포함됩니다. 디지털 포렌식 전문가들은 사이버 범죄 사건에서 해커의 IP를 추적하거나 성범죄 사건에서 피해자의 위치 정보를 확인하는 등 메타데이터를 활용하여 다양한 사건을 조사합니다. 메타데이터를 해독하는 프로그램을 사용하여 내가 인터넷에 올린 사진의 촬영 날짜, 위치 정보 등을 알 수 있는 이유이기도 합니다. 따라서 사진의 메타데이터를 유출하지 않으려면 위치 정보가 기록되지 않도록 캡처해서 올려야 합니다.

019 딥페이크*

딥페이크(Deep Fake)는 인공지능 기술인 딥러닝(Deep Learning)과 '가짜'의 뜻을 가진 영어단어 페이크(Fake)의 합성어로, 딥러닝 기술을 활용한 인간 이미지 합성 기술입니다. 합성하려는 인물이 나오는 사진이나 영상을 학습하고, 학습한 인물의 얼굴이나 신체 일부분을 원하는 영상에 합성시킴으로써 실제로 그 인물이 찍힌 것처럼 나오는 가짜 영상 편집물을 만들어 냅니다. 딥페이크 기술을 통해 만들어진 영상은 데이터의 진위 여부를 구별할 수 없을 정도로 정교해지고 있습니다.

딥페이크의 예 (출처: 페이스북)

딥페이크 기술의 활용

딥페이크 기술은 의료 분야나 영화 제작에 사용될 수 있으며, 이미 사망한 인물을 재현하여 영상으로 되살리거나, 나이가 든 인물의 젊은 시절을 되살리고, 고인을 추억하기 위해 활용되는 경우가 많습니다. 한 기업에서는 딥페이크 기술을 통해 죄수복을 입고 옥중에서 순국한 독립운동가들의 마지막 사진을 멋진 한복을 입은 사진으로 바꿔 주는 '처음 입는 광복' 영상을 제작하기도 했습니다. 한 유튜버는 광복절을 맞아 독립운동가들에게 광복 소식을 전했을 때의 반응을 딥페이크 영상물로 제작했습니다. 그 영상에는 만세를 부르며 기뻐하는 독립운동가들의 모습이 생동감 있게 담겨 있어 많은 사람에게 감동을 주었습니다. 이처럼 딥페이크 기술을 활용한다면 일어나지 않은 일을 실제처럼 생동감 있게 전달할 수 있어 여러 사람과 사회에 선한 영향력을 줄 수 있습니다.

빙그레 독립유공자 캠페인 히스토리 '처음 입는 광복'
(출처: https://design.co.kr/article/29407)

하지만 딥페이크 기술이 발전하며 유명인의 신체를 무단으로 활용한 딥페이크 포르노 영상이 확산되고 있습니다. 온라인 합성 미디어 모니터링 회사인 딥트레이스(Deeptrace)의 보고서에 따르면, 2019년에 온라인에 퍼져 있는 딥페이크 영상 1만 4,678건 중 성인물이 전체의 96%를 차지하였습니다. 딥페이크 영상물 중 대부분이 성인물인 것입니다.

딥페이크 기술의 부작용

최근에는 딥페이크 기술을 활용하는 오픈 소스 형태의 영상 합성 제작 프로그램과 무료 소프트웨어가 많이 배포되면서 사진만 있다면 누구나 손쉽게 가짜 영상을 제작할 수 있게 되었습니다. 예전과 달리 가짜 뉴스를 배포할 때 딥페이크 영상을 증거 영상으로 함께 제시함으로써 진실과 거짓 구분이 어려워져 온라인상에서 거짓 정보가 더욱 확산되는 경우가 많아지고 있습니다. 또한 유명인의 사진뿐만 아니라 지인의 SNS 게시물, 프로필 사진을 통해 딥페이크 음란물을 제작하는 디지털 성범죄가 증가하고 있습니다.

최근 어느 대학교에서 대학 동문의 사진을 이용해 딥페이크 불법 음란물을 만들고 유통한 사건이 발생하며 딥페이크 기술을 활용한 성범죄가 사회적으로 논란이 되었습니다. 또한 딥페이크 범죄 가해자와 피해자의 연령이 청소년으로 점차 낮아지는 등 청소년의 딥페이크 범죄 노출 정도가 심해지는 문제가 발생하고 있습니다. 딥페이크 기술을 활용한 사기와 성범죄 등 각종 범죄가 발생하며 이제는 사진과 영상을 봐도 그대로 믿으면 안 되고, 내 사진을 함부로 온라인상에 게시하면 안 되는 사회로 바뀌고 있습니다.

> **생각해 보기**   **딥페이크 기술의 긍정적인 활용**
>
> 딥페이크 기술을 활용한 범죄로 인해 각종 부작용이 발생하고 있지만, 딥페이크 기술이 부정적인 측면만 있는 것은 아닙니다. 딥페이크 기술이 어떤 목적으로 어떻게 쓰이는지에 따라 사회에 긍정적인 영향을 끼치고 다양한 분야에 발전을 가져올 수 있습니다.
>
> 1. 딥페이크 기술이 긍정적으로 활용되는 사례에는 무엇이 있을까요?
> 2. 딥페이크 기술을 활용한 범죄를 방지하기 위해 어떤 대책이 마련되어야 할까요?

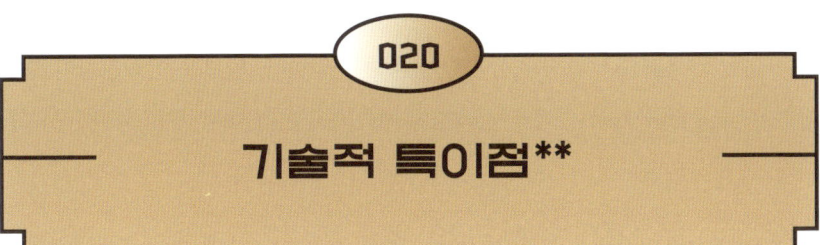

기술적 특이점**

기술적 특이점(Technical Singularity)은 인공지능의 발전이 가속화되어 인간의 지능을 넘어서는 역사적 기점을 말합니다. 즉 더 이상 인간이 인공지능을 통제할 수 없게 되는, 초인공지능이 출현하는 시점입니다. 미래학자 레이 커즈와일은 기술적 특이점이 오는 시기를 2045년이라고 예측하였습니다.

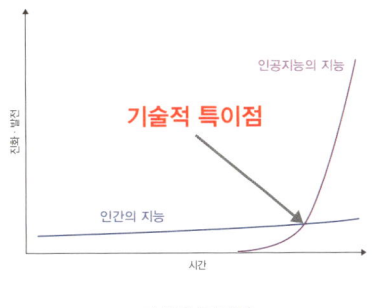

기술적 특이점

인공지능은 인간보다 더 빨리 계산하고, 기억하고, 추론하고, 분석할 수 있지만 공감력, 상상력, 창의력과 같은 감성적 분야는 인간 지능만이 할 수 있는 분야라고 여겨졌습니다. 그러나 최근 인공지능이 음악을 작곡하고 시와 소설을 창작하는 등 감성적인 분야까지 진출하고 있습니다. 이러한 상황에서 기술적 특이점이 2045년보다 더 빨리 올 수 있다는 전문가들의 견해가 나오고 있습니다. 하지만 아직까지 인공지능은 좁은 영역의 정해진 기능 안에서 전문가를 능가하는 수준의 업무 처리 능력을 가지고 있을 뿐, 인간처럼 다양한 영역에서 지식을 자유자재로 활용하지는 못합니다. 또한 인간의 감정을 흉내 내고 학습한 내용에 따라 반응하는 것일 뿐이지, 인간과 같이 실제 감정을 느끼진 못합니다.

인공지능이 인간처럼 지식을 자유자재로 활용하고 감정을 느끼는 수준까지 발전할 수 있을지는 학자마다 의견이 분분합니다. 확실한 것은, 이미 자동화된 작업은 기계가 대체하고 있으며, 현재 인공지능이 잘하는 계산과 추론 능력을 발휘해야 하는 분야에서는 인공지능이 인간보다 더 뛰어나게 수행할 것이기에 그 분야와 관련된 일자리는 사라질 가능성이 높다는 것입니다. 앞으로 인공지능이 발전함에 따라 우리 사회가 어떻게 변화될지 예측하고 미리 대비하는 자세가 필요합니다.

> **생각해 보기**
>
> 기술적 특이점이 오는 시기이면 인공지능이 고도로 발전하여 대부분의 일자리가 인공지능으로 대체되고 사회 여러 분야에서 인공지능 기술이 활용될 수 있습니다. 이처럼 인공지능이 고도로 발전한 미래에 대비하여 우리는 어떤 능력을 길러야 할까요?

021 개인 정보 보호*

개인 정보는 개인을 식별할 수 있는 모든 정보를 말합니다. 예를 들어 이름, 주소, 전화번호, 생년월일, 이메일 주소와 같은 정보들이 이에 해당합니다. 개인 정보가 유출되거나 잘못 사용될 경우 여러 가지 문제가 발생할 수 있습니다. 누군가 여러분의 개인 정보를 훔쳐서 마치 여러분인 것처럼 행동할 수 있으며, 금융 정보가 유출되면 돈을 잃을 수도 있습니다. 따라서 개인 정보를 안전하게 보호하는 것이 매우 중요합니다.

개인 정보 보호 방법

비밀번호 관리

비밀번호는 대문자, 소문자, 숫자, 특수문자를 혼합하여 만들어야 안전하며, 3~6개월 주기로 변경해야 합니다. 또한 사이트마다 다르게 설정해야 합니다. 아무리 보안이 잘되는 대기업 사이트라 할지라도 작은 기업의 사이트와 동일한 비밀번호를 사용한다면 유출 위험성이 커지기 때문입니다. 모든 사이트의 비밀번호를 쉽게 기억할 수 있도록 본인의 패턴을 만들어 비밀번호를 생성하면 개인 정보를 더욱 안전하게 보호할 수 있습니다. 예를 들어, 네이버에 회원 가입을 한다면 나의 비밀번호 맨 뒤에 사이트의 앞 글자인 N을 추가하는 등의 규칙을 만들어 보세요.

오른쪽은 여러분의 비밀번호가 얼마나 안전한지, 어떻게 하면 더욱 안전해지는지 확인할 수 있는 사이트입니다. QR 코드를 찍어 여러분의 비밀번호 안전성을 테스트해 보세요.

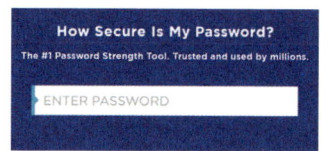 

비밀번호 안전성 테스트하기

소셜 미디어(SNS) 사용

소셜 미디어에서 생일, 주소, 전화번호 등의 개인 정보를 공개할 때는 주의해야 합니다. 자신의 소개글, 게시글에 본인의 개인 정보가 들어 있지는 않은지 점검하세요. 또한 계정의 프라이버시 설정을 조정하여 모르는 사람과의 연결은 피하고, 친구만 보거나 특정 사람만 볼 수 있도록 설정함으로써 개인 정보를 보호해야 합니다.

이메일 및 온라인 계정 보안

알 수 없는 발신자에게서 온 이메일은 열지 않거나 링크를 클릭하지 마세요. 피싱 공격으로 개인 정보를 빼내려는 시도일 수 있습니다. 가능한 모든 계정에서 비밀번호 외에 문자메시지로 전송된 코드로 인증하는 등의 방법을 사용한 이중 인증(2단계 인증)을 통해 개인 정보를 보호해야 합니다.

인터넷 사용 안전

웹사이트 주소가 'https://'로 시작하는지 확인해야 합니다. 이는 데이터 전송 과정에서 암호화가 이루어진다는 것을 의미합니다. 또한 공공 와이파이(Wi-Fi)를 사용할 때는 민감한 정보를 입력하지 말고 'Secure'가 붙은 보안 버전을 사용해야 개인 정보를 보호할 수 있습니다.

소프트웨어 및 보안 업데이트

운영체제, 앱, 브라우저 등은 항상 최신 버전으로 유지하여 보안 취약점을 수정해야 합니다. 신뢰할 수 있는 안티바이러스 프로그램을 설치하고 정기적으로 검사하여 악성 소프트웨어로부터 안전한 환경을 구축해야 합니다.

부록

찾아보기
(가나다순)

1-9

10진수	070
16진수	070
1G부터 6G까지	273
2진수	070
5G	272
8진수	070

A-Z

AC모터	048
AI	194, 236, 242
AIoT	062
ANN	236
AR	267
Bug	042
CCL	274
CDA	098
CD-ROM	020
CIA 삼각형	107
CLOUD	021
cmd	044
CODEC	077
CPU	016
CV	205
DC모터	048
DIKW 피라미드	104
DVD	020
EDA	091, 098
e-센서 보드	052
FIFO	187
float(실수형)	163
GAN	243
GND	030
GUI	043
HTTP, HTTPS	080
IBM 5150	042
ICT	253
int(정수형)	162
iOS 운영체제	032
IoT	060
IT	252
K-Means 알고리즘	235
KNN 알고리즘	228, 234
LAN	022
LAN 포트	023
LED	050
LIFO	184
LLM	242
MAC address	024
mmwave	272
NFT	282
NLP	211
OS	031
OSI 모델	028
PC	042
PCA	091
RAM	018
ROM	018
SNS	254
str(문자형)	163
TCP/IP	028
USB 메모리	020
UTP 케이블	022
VCC	030
VR	267
WiFi	023

ㄱ

가상 자산	279
가상현실	267
강인공지능	195
강화 학습	226, 234
개인 정보 보호	297
거대 언어 모델	242
결측치	092
경로	145
고급 언어	160
공간 복잡도	141
공유 키 암호화	079
군집화	224, 234
그래프	143
그래픽 사용자 인터페이스	043
기계어	160
기계학습	211, 220
기술적 특이점	249, 295
기억장치	018
깊이 우선 탐색	147

ㄴ

너비 우선 탐색	151
네트워크	022, 253
네트워크 슬라이싱	272
논리 연산자	125, 171

ㄷ

다층 퍼셉트론	240
대체 불가능한 토큰	282
대칭 키 암호화	079, 080
데이터	084
데이터 마이닝	104
데이터 보안	107
데이터 분석	098
데이터 속성	090
데이터 수집	087
데이터 시각화	096
데이터 전처리	092
데이터 패킷	024
데이터 형태	084
데이터베이스	102, 253
데이터세트	089
디도스	287
디지털	069
디지털 리터러시	260
디지털 탄소 발자국	072
디지털 포렌식	290
디코딩	073
딥러닝	236, 242
딥페이크	237, 292

ㄹ

라우터	024, 026
래스터 그래픽스	074
랜	022
랜 선	022
램	018
런-길이 압축	077
럼펠-지브 압축	077
레지스터	016
로봇 3원칙	248
로즈 다이어그램	096
로지스틱 회귀 모델	230, 234
롬	018
리눅스	032
리스트	175

ㅁ

마이크로비트	054, 063
마이크로컨트롤러	063, 064
매개변수	180
매킨토시	043
맥 주소	024, 025
맥OS	032
머신러닝	211, 220, 226, 242
멀티미디어 소프트웨어	039
명령 프롬프트	044
메모리	016
메타데이터	291
메타버스	269
모터	048
무방향 그래프	144
무손실 압축	076
무작위 결측	093
문제 분해	121, 122
밀리미터파	272

ㅂ

바이트	071, 073
반복 구조	126
반정형 데이터	085, 086
발광 다이오드	050
방향 그래프	144
배열	173
버그	042
버블 정렬	136
범주	217
벡터 그래픽스	074, 075
변수	090, 167
변수 선언	168
병합 정렬	138
보안	253
보조기억장치	019
복호화	073, 079
부호화	073, 074
분류	228, 230, 234
분할 정복 알고리즘	130
블록 기반 언어	157
블록체인	279
비교 연산자	125, 171
비대칭 키 암호화	079, 080
비무작위 결측	093
비밀 키 암호화	079
비정형 데이터	085, 086
비지도 학습	211, 224, 226, 234
비트	070, 073
비트맵	074, 075
비트코인	279
빅데이터	081
빅브라더	288

ㅅ

사무용 소프트웨어	039
사물인터넷	060
사분위수 범위(IQR)	094
산술 연산자	124, 170
삽입 정렬	134
생성형 인공지능	242
생체 인증	109
서보모터	048, 049
선입선출	187
선택 구조	124
선택 정렬	133

센서	045, 064, 198
센서 보드	052
소셜 네트워킹 서비스	254, 269
소셜 미디어	254
소프트웨어	017, 253
소프트웨어 라이선스	277
손실 압축	076
순서도	117
순차 구조	123
순차 탐색	127
스니핑	287
스마트폰	043
스미싱	287
스위치	024, 025, 026
스택	147, 184
스테퍼 모터	048, 049
스푸핑	287
슬롯	191
시간 복잡도	141
시그모이드 함수	230
심층신경망	240

ㅇ

아날로그	068
아두이노	029, 050, 063
아두이노 우노 보드	029
아스키코드	073, 074
아이폰	043
안드로이드 운영체제	032
알고리즘	114
알고리즘 복잡도	141
알고리즘 조건	114
알고리즘 표현 방법	115
알파고	227

암호화	079
암호화폐	279
압축	076
압축률	076
액추에이터	064
약인공지능	194
어셈블러	161
어셈블리어	160
에니악	041
에드박	042
에이전트	202
연산자	170
연산장치	016
예측	232, 234
5세대 이동통신 기술	272
오일러 경로	146
오일러 회로	146
오프라인	256
온라인	256
와이파이	023
와이파이 공유기	023
완전 그래프	145
완전 무작위 결측	092
외장 하드	021
외장형 하드디스크 드라이브	021
운영체제	031
웨어러블 컴퓨터	265
웹 브라우저	027
윈도	032
유니코드	073
유진 구스트만	197
유틸리티 소프트웨어	039
음성인식	199, 208
응용 소프트웨어	039

의사코드	116
이동형 저장장치	020
이미지 인식	199
이상치	093
이진 분류	231
이진 탐색	128
인공신경망	199, 236, 238
인공지능	194, 236, 242
인공지능 윤리	244, 248
인공지능의 5가지 감각	198
인공지능의 언어 이해	211
인덱스	173
인수	180
인스턴스	181
인식	199
인코딩	073
인터넷	027
인터프리터	161
인포그래픽	100
입력	165
입출력장치	016

ㅈ

자료형	162
자연어	115, 211
장치 드라이버	037
재현율	219
저급 언어	160
저작물 이용 허락 표시	274
적대적 생성 신경망	243
전자화폐	279
정규화	094
정답	216

정렬 알고리즘	133
정밀도	218, 219
정보 기술	252
정보 보안 수칙	023
정보통신기술	253
정형 데이터	084, 086
정확도	218, 219
제어 구조	123
제어장치	016
주기억장치	018
주변 환경 인식	200
주성분 분석	091
중앙처리장치	016
증강현실	267
지능 에이전트	202
지도 학습	211, 222, 226, 234
진입 차수	144
진출 차수	144

ㅊ

차수	144, 156
채굴	280
초연결 지능화	258
추론	214
추상화	120
출력	165

ㅋ

컴파일러	161
컴퓨터 관리하기	033
컴퓨터 비전	205
컴퓨터의 역사	041
컴퓨팅 시스템	016

코덱	077
쾨니히스베르크의 7개의 다리	146
큐	151, 187
크롤링	110
클라우드 컴퓨팅	021, 262
클래스	181

ㅌ

탐색 알고리즘	127
탐색적 데이터 분석	091, 098
테크핀	284
텍스트 기반 언어	158
통신 장치	016
통신용 소프트웨어	039
튜링 테스트	196
트롤리 딜레마	246
트리	155
특성	090
특성 공학	091
특성 선택	091

ㅍ

파일	034
파일 속성	035
파일 형식(확장자)	036
'파일 탐색기' 활용하기	036
퍼셉트론	236, 238
포렌식	290
폴더	034
표준편차	094
프로그래밍 환경	160
프로그래밍언어	119, 157
플러그앤드플레이	037
피지컬 컴퓨팅	029, 064
핀테크	284

ㅎ

하드디스크 드라이브	021
하드웨어	017, 253
함수	178
함수 정의	179
함수 호출	179
해상도	074, 075
해시 테이블	191
해시 함수	191
해싱	190
해저 케이블	257
해킹	286
핵심 요소 추출	120
햄스터	058
햄스터 로봇	058
허브	024, 026
허프만 압축	077
혼합현실	268
화이트 해커	290
확장자	035
확증적 데이터 분석	098
회귀	232
후입선출	184

길벗출판사는 전국의 선생님에게 항상 최상의 교육 콘텐츠를 제공합니다

길벗출판사 교과서

길벗 교과서는 선생님과 학생이 함께 배움을 익히는 교과서를 만듭니다.
누구에게나 쉽고 재밌는 수업이 되도록 실생활 예제로 흥미를 유발하고,
직관적인 설명으로 꼭 알아야 하는 핵심 개념의 학습을 유도합니다.
최고의 집필진과 수 십 명의 현직 교사가 함께 만든 최고의 교과서를 만나보세요.

<중학교 정보>   <고등학교 소프트웨어와 생활>   <고등학교 일본어>   <고등학교 일본어 회화>   <고등학교 일본 문화>   <고등학교 인공지능 기초>

강력한 교사 지원 시스템 **길벗 교과서 홈페이지**

누구나 제공하는 기본 교육 자료는 너무나 당연합니다.
여기에 더해 급변하는 트렌드에 발맞춰 최신 교육 정보를
실시간으로 업데이트하고 선생님과 공유할 예정입니다.

청소년을 위한 IT 교육 단행본

길벗출판사는 청소년을 위한 IT 교육에 진심입니다. <정보> 선생님을
위한 교과 참고용 도서부터, 청소년을 위한 IT 교양서까지 선생님들과
함께 만들어갑니다.

<정보쿠키> 뉴스레터

이미 전국의 <정보> 선생님 대다수가 구독 중입니다.
<정보> 선생님을 위해, <정보> 선생님과 함께 만드는 국내 유일의
교과 뉴스레터. 한 달에 한 번, 최신 교육 정보와 다양한 수업 사례,
다양한 혜택의 이벤트가 배달됩니다.

IT 분야 No.1 출판사

길벗출판사는 IT 분야 선두 출판사로 최신 IT 트렌드를 반영한
도서를 1년에 100종 넘게 출간합니다. <정보> 교육에 필요한
어떤 요구에도 가장 생생하고, 풍부한 솔루션을 제공할 수 있습니다.

〈정보쿠키〉는 전국의 중고등학교 정보선생님들을 위해 최신 IT 교육정보, '정보' 수업 사례, 다양한 교육 관련 정보를 제공하는 온라인 뉴스레터입니다.

〈정보쿠키〉구독을 원하면
오른쪽 QR코드로 접속하세요.

청소년 교양서 시리즈

01

오렌지3로 시작하는 융합 데이터 과학

채상미·김세희·박솔애·우범윤·이준용·정지은·조광진 지음 | 280쪽 | 25,000원

생활 속 궁금증부터 교과학습 궁금증까지 오렌지3로 분석한다!

오렌지3를 이용해 생활 속 궁금증부터 교과학습 궁금증을 풀어보며 데이터 전처리, 시각화, 기계학습 모델링, 평가 및 해석 등 데이터 과학의 주요 과정을 배웁니다. 이론 학습과 더불어 자연스럽게 실습을 할 수 있도록 실습용 다운로드 파일을 제공해 실용성을 높였습니다. 베타테스터로 참여한 현직 정보교사 50명이 추천하는 책!